Bry Village DH Dec. 2016

To George & Cathy

Thank you for your
care & art.

Elizabeth
& Martin

GRAFIKA POLSKA

ESTAMPES POLONAISES - POLISH PRINTS

1918-1939

KOMITET WYDAWNICZY • COMITÉ DE PUBLICATION • PUBLICATION COMMITTEE
Hanna M. Pappius – przewodnicząca, présidente, chairperson
Paweł Wyczyński – redaktor, rédacteur, editor
Regina Czapiewska
Alfred Hałasa
Zofia D. Kirste
Zbigniew Małecki
Andrzej H. Mrożewski
Stefan Władysiuk

ADIUSTACJA • RÉVISION • CORRECTIONS
Jolanta Leśniak – teksty polskie
Régine Delabit-Wyczyńska – textes français
John E. Hare – English texts

OPRACOWANIE GRAFICZNE • RÉALISATION GRAPHIQUE • GRAPHIC DESIGN
Éditions Carte Blanche

Polski Instytut Naukowy w Kanadzie
L'Institut polonais des arts et des sciences au Canada
The Polish Institute of Arts and Sciences in Canada

Polska Akademia Umiejętności, Kraków
L'Académie polonaise des sciences et des lettres
The Polish Academy of Arts and Sciences

GRAFIKA POLSKA
ESTAMPES POLONAISES - POLISH PRINTS
1918-1939

Ze zbiorów Biblioteki Polskiej w Montrealu
Du fonds iconographique de la Bibliothèque polonaise de Montréal
From the collection of the Polish Library in Montreal

L'INSTITUT POLONAIS DES ARTS ET DES SCIENCES AU CANADA
THE POLISH INSTITUTE OF ARTS AND SCIENCES IN CANADA

Montréal

Données de catalogage avant publication (Canada)

L'Institut polonais des arts et des sciences au Canada
et la Bibliothèque polonaise
L'Académie polonaise des sciences et des lettres

Grafika polska, 1918-1939 – Estampes polonaises, 1918-1939 –
Polish prints 1918-1939 : du fonds iconographique de la
Bibliothèque polonaise de Montréal

Le texte en polonais, français et anglais comprend des références
bibliographiques et un index.

ISBN 0-7717-0552-2 (anglais)
ISBN 2-7621-2208-2 (français)

1. Estampes polonaises au 20ᵉ siècle. 2. Estampes polonaises –
Québec (Province). 3. L'Institut polonais des arts et des sciences
au Canada – Montréal. 4. L'Institut polonais des arts et des
sciences au Canada et la Bibliothèque polonaise (Montréal,
Québec). 5. L'Académie polonaise des sciences et des lettres.
I. L'Institut polonais des arts et des sciences au Canada.
II. Polska Akademia Umiejętności. III. Wyczynski, Paul (1921-).
IV. Titre. V. Titre : Estampes polonaises, 1918-1939. VI. Titre :
Polish prints, 1918-1939.

NE735.P6P64   1999   769.9438'09'041   C99-901568-0F

Distribution par Fides
Tél. : (514) 745-4290
Fax : (514) 745-4299

© L'Institut polonais des arts et des sciences au Canada
et la Bibliothèque polonaise, 1999

ISBN 2-7621-2208-2 (Fides)

Dépôt légal - 4ᵉ trimestre 1999
Bibliothèque nationale du Québec
Bibliothèque nationale du Canada

Canadian Cataloguing in Publication data

The Polish Institute of Arts and Sciences in Canada
and the Polish Library
The Polish Academy of Arts and Sciences

Grafika polska, 1918-1939 – Estampes polonaises, 1918-1939 –
Polish prints 1918-1939 : from the collection of the Polish
Library in Montreal

Text in Polish, French ans English includes bibliographical
references and index.

ISBN 0-7717-0552-2 (English)
ISBN 2-7621-2208-2 (French)

1. Prints, Polish – 20th century. 2. Polish Prints – Quebec
(Province). 3. The Polish Institute of Arts and Sciences in
Canada – Canada. 4. The Institute of Arts and Sciences in
Canada and the Polish Library (Montreal, Quebec) 5. Polish
Academy of Arts and Sciences. I. The Polish Institute of Arts
and Sciences in Canada. II. Polska Akademia Umiejętności.
III. Wyczynski, Paul (1921-). IV. Title. V. Title : Estampes
polonaises, 1918-1939. VI. Title : Polish prints, 1918-1939.

NE735.P6P64   1999   769.9438'09'041   C99-901568-0E

Available from McGill-Queen's University Press
through General Distribution Services Ltd
Tel. : (416) 213-1919
Fax : (416) 213-1917

© The Polish Institute of Arts and Sciences in Canada
and the Polish Library, 1999

ISBN 0-7717-0552-2 (McGill Queen's University Press)

Legal Deposit - 4th quarter 1999
National Library of Quebec
National Library of Canada

Wydanie wsparły finansowo następujące instytucje i osoby:
Publié avec l'aide financière des supporteurs suivants :
Published with financial assistance of the following:

Ministerstwo Kultury i Sztuki, Warszawa

Henryk Słaby, Toronto

Stowarzyszenie „Wspólnota Polska", Warszawa

Polska Fundacja Społeczno-Kulturalna w Quebeku, Montreal

Biblioteka Narodowa, Warszawa

Pratt & Whitney Inc., Montreal

Banque nationale du Canada – National Bank of Canada, Montréal

Canadian Polish Millennium Fund – Fundusz Wieczysty Milenium, Toronto

Le prix commémoratif Alba Romer Taylor de la Fondation Romer, Montréal

Elżbieta Czetwertyńska, Vancouver

John E. Hare, Ottawa

Związek Weteranów Polskich im. Marszałka Józefa Piłsudskiego, Montreal

Polska Akademia Umiejętności
L'Académie polonaise des sciences et des lettres
The Polish Academy of Arts and Sciences
Sławkowska 17, Kraków

Polski Instytut Naukowy w Kanadzie
L'Institut polonais des arts et des sciences au Canada
The Polish Institute of Arts and Sciences in Canada
3479, rue Peel, Montréal

PODZIĘKOWANIA

Józef Lityński

Album, który trafia dzisiaj w Państwa ręce — *Grafika polska - Estampes polonaises - Polish Prints 1918-1939* — jest pierwszą książką z dziedziny sztuki opracowaną przez Polski Instytut Naukowy w Kanadzie i Bibliotekę Polską im. Wandy Stachiewicz. Grafiki są częścią zbiorów ikonograficznych Biblioteki Polskiego Instytutu. Trzy drzeworyty Stefana Mrożewskiego —*Leśniczówka, Sianokosy i „Dziubuś"* — zostały ostatnio przekazane Bibliotece tytułem osobistego daru przez profesora Andrzeja H. Mrożewskiego i jego żonę Janinę. Jesteśmy im za to głęboko wdzięczni. Dziękujemy także pani Elżbiecie Namieśniowskiej za dar książki *Exlibrisy Stanisława O.-Chrostowskiego*, czterdzieści sześć oryginałów, z których dwa umieszczamy w naszym albumie.

Polska Akademia Umiejętności w Krakowie ofiarowała nam współpracę w przygotowaniu książki. Pragniemy wyrazić serdeczne podziękowanie profesorowi Kazimierzowi Kowalskiemu, prezesowi PAU, który żywo interesuje się naszą działalnością. Podkreślamy też z uznaniem znaczący wkład magistra Krzysztofa Krużela, kierownika Gabinetu Rycin Polskiej Akademii Nauk w Krakowie, autora artykułu wstępnego naszej publikacji.

Ślemy wyrazy specjalnego uznania Bibliotece Narodowej w Warszawie, której kolejni dyrektorzy — profesor Adam Manikowski, profesor Jakub Z. Lichański i magister Michał Jagiełło — jak również dr Joanna Pasztaleniec-Jarzyńska, dyrektor do spraw badań naukowych, okazywali nam przy każdej sposobności pomoc i życzliwość. Podkreślamy w sposób szczególny wkład magister Agaty Pietrzak, kustosza zbiorów specjalnych, której zawdzięczamy wstępne bibliograficzne opracowanie rycin oraz początkową redakcję not biograficznych artystów reprezentowanych w naszym albumie.

Jesteśmy bardzo zobowiązani profesorowi Tadeuszowi Polakowi, pełnomocnikowi Rządu Rzeczypospolitej do spraw zachowania dziedzictwa kulturowego przy Ministerstwie Kultury za jego przychylne ustosunkowanie się do naszych projektów badawczych.

Album mógł się ukazać tylko dzięki niestrudzonej pracy i inwencji Komitetu Wydawniczego, którego przewodniczącą jest profesor Hanna M. Pappius, redaktorem profesor Paweł Wyczyński, a członkami Regina Czapiewska, Zofia D. Kirste, Alfred Hałasa, Zbigniew Małecki, Andrzej H. Mrożewski i Stefan Władysiuk. Podkreślamy ogrom pracy naszego zespołu adiustacji w składzie: Régine Delabit-Wyczyńska, Jolanta Leśniak i John E. Hare. Rezultatem intensywnej i sumiennej pracy jest książka w trzech językach, polskim, francuskim i angielskim, mówiąca dobitnym słowem i znamiennym obrazem o promieniowaniu polskiej sztuki graficznej w świecie. Wyrażamy gorące podziękowanie i podziw dla wszystkich członków Komitetu Wydawniczego, a w szczególności dla jego przewodniczącej, profesor Hanny M. Pappius i redaktora profesora Pawła Wyczyńskiego. Składamy też podziękowanie profesorowi Ryszardowi Sokoloskiemu za angielskie tłumaczenie artykułu wstępnego magistra Krużela, oraz profesor Françoise Kaye za krytyczny wgląd w tłumaczenie francuskie tego tekstu.

Dziękujemy osobom i instytucjom, które poparły nasz projekt finansowo: ich lista znajduje się na stronie siódmej niniejszego albumu.

Wszystkich, którzy w jakikolwiek sposób przyczynili się do realizacji dziś w szeroki świat idącej publikacji, Polski Instytut Naukowy w Kanadzie zapewnia o swej szczerej i głębokiej wdzięczności.

REMERCIEMENTS

Józef Lityński

L'album qui paraît aujourd'hui — *Grafika polska - Estampes polonaises - Polish Prints 1918-1939* — s'inscrit en toutes lettres dans notre programme d'activité. Bien plus, ce livre, qui est à la fois discours, image et commentaire, tire sa matière de la collection iconographique de la Bibliothèque polonaise de notre Institut où, en plus de quarante mille livres ayant trait à la Pologne, se trouve un imposant ensemble d'œuvres d'art dont cent vingt ornent ici les pages avec une rare expressivité. Trois gravures sur bois de Stefan Mrożewski — *Maison forestière, Fenaison* et «*Dziubuś*» — ont été léguées récemment à la bibliothèque comme don de la collection privée d'Andrzej H. et Janina Mrożewski, envers qui nous sommes très reconnaissants. Nous remercions Mᵐᵉ Elżbieta Namieśniowska pour le don du livre *Exlibrisy Stanisława O.-Chrostowskiego,* quarante-six originaux dont deux figurent dans cet album.

L'Académie polonaise des sciences et des lettres de Cracovie a aimablement offert sa collaboration à l'édition de ce livre. À son président, le professeur Kazimierz Kowalski, toujours attentif à nos travaux, nous exprimons notre profonde gratitude. Nous soulignons aussi l'apport tout exceptionnel de M. Krzysztof Krużel, cheville ouvrière au Cabinet des estampes à l'Académie des sciences à Cracovie: il a préparé l'article de fond qui éclaire avantageusement la matière de cet album.

Notre reconnaissance va aussi à la Bibliothèque nationale de Varsovie dont les directeurs — les professeurs Adam Manikowski et Jakub Z. Lichański et M. Michał Jagiełło — de même que Mᵐᵉ Joanna Pasztaleniec-Jarzyńska, directrice de la recherche, nous ont accordé leur précieux concours. Nous tenons à souligner également la collaboration soutenue de Mᵐᵉ Agata Pietrzak, conservatrice des collections spéciales, à qui nous devons la rédaction initiale des notes biographiques des artistes dont les œuvres figurent dans le livre. Nous exprimons aussi notre gratitude au professeur Tadeusz Polak, délégué du Gouvernement polonais pour la conservation du patrimoine culturel auprès du ministère de la Culture.

Cet album n'aurait jamais vu le jour sans le travail assidu de notre Comité de publication, dont Mᵐᵉ Hanna M. Pappius est la présidente et M. Paweł Wyczyński le rédacteur. Leur dévouement exercé avec doigté a prévalu contre toutes sortes d'embûches pour édifier un livre exemplairement trilingue qu'on souhaite voué au succès. À tous les membres du Comité de publication, Mᵐᵉˢ Regina Czapiewska et Zofia D. Kirste et MM. Alfred Hałasa, Zbigniew Małecki, Andrzej H. Mrożewski et Stefan Władysiuk, nous exprimons notre respect. Nous soulignons le travail soutenu et consciencieux de nos correcteurs: Mᵐᵉˢ Régine Delabit-Wyczyńska, Jolanta Leśniak et M. John E. Hare. Nous avons beaucoup apprécié l'aide de M. Richard Sokoloski pour la traduction anglaise de l'article de M. Krużel et l'apport précieux de Mᵐᵉ Françoise Kaye qui a revu la version française de ce texte.

Aux personnes et aux institutions qui ont bien voulu appuyer financièrement notre projet, nous réitérons nos remerciements; leurs noms figurent en bonne place, à la septième page de l'album.

Que toute personne ou institution qui de près ou de loin a contribué au succès de notre entreprise soit assurée de la vive reconnaissance de l'Institut polonais des arts et des sciences au Canada.

ACKNOWLEDGEMENTS

Józef Lityński

This album — *Grafika polska - Estampes polonaises - Polish Prints 1918-1939* — is the first publication on art, prepared by the Polish Institute of Arts and Sciences in Canada and the Wanda Stachiewicz Polish Library. The book contains reproductions of one-hundred and twenty prints from the Library's collection, created by Polish artists in the interwar period. Three prints by Stefan Mrożewski — *Forester's cottage, Haymaking* and *"Dziubuś"* — were recently given to the Library by Janina and Andrzej H. Mrożewski, for which we are deeply grateful. We also express our thanks to Mrs. Elżbieta Namieśniowska for her recent gift of the book *Exlibrisy Stanisława O. Chrostowskiego*, containing forty-six original book-plates, two of which are reproduced in this volume.

The Polish Academy of Arts and Sciences in Cracow has collaborated with us in preparation of this volume. We would like to express our appreciation to Professor Kazimierz Kowalski, president of the Academy, for his valuable support. We also acknowledge the significant contribution of Krzysztof Krużel, head of the Prints Department of the Academy of Sciences, who is the author of the introductory article in this book.

Special thanks are due to the National Library in Warsaw. Its successive directors, Professor Adam Manikowski, Professor Jakub Z. Lichański and Michał Jagiełło, and Dr. Joanna Pasztaleniec-Jarzyńska, Director of Research, have all supported our initiative enthusiastically from the beginning. Agata Pietrzak, Curator of Special Collections, prepared the initial drafts of the descriptions of the prints and the artists' biographies. We are particularly grateful for her careful work. We wish to express our appreciation to Professor Tadeusz Polak, Plenipotentiary of the Polish Government for the Conservation of the Cultural Patrimony, for his support.

This album would not be possible without the outstanding efforts of our Publication Committee, chaired by Professor Hanna M. Pappius, with Professor Paweł Wyczyński as editor. Other members of the committee are: Regina Czapiewska, Zofia D. Kirste, Alfred Hałasa, Zbigniew Małecki, Andrzej H. Mrożewski, and Stefan Władysiuk. Corrections were in the competent hands of Régine Delabit-Wyczyńska, Jolanta Leśniak, and John E. Hare. Thanks to the hard work and perseverance of all concerned we have achieved our purpose, a trilingual book on Polish graphics. Our most sincere congratulations go to all members of the Publication Committee and especially to Professor Hanna M. Pappius and Professor Paweł Wyczyński for successful completion of this ambitious project. We would also like to thank Professor Richard Sokoloski for the English translation of the text of Mr. Krużel and Professor Françoise Kaye for reading its French version.

We acknowledge with deepest gratitude all individuals and institutions who supported us financially in this publication endeavour. They are listed on page seven.

To all who in any way helped us in the realization of this important project, the Polish Institute of Arts and Sciences in Canada expresses its sincerest appreciation.

OD WISŁY DO RZEKI ŚW. WAWRZYŃCA

Kazimierz Kowalski

Polska Akademia Umiejętności [Académie polonaise des sciences et des lettres – Polish Academy of Arts and Sciences] wita z wielką radością wydanie albumu o polskiej grafice okresu międzywojennego, w którego ukazaniu się ma swój udział. Jest on nawiązaniem do historycznych związków Akademii z Polskim Instytutem Naukowym w Kanadzie, który powstał w r. 1943 jako oddział Polskiego Instytutu w Ameryce, założonego rok wcześniej przez sześciu członków Polskiej Akademii Umiejętności, pragnących w ten sposób stworzyć formę przetrwania tradycji Akademii w okresie okupacji Polski. Nie spodziewano się wówczas, że okres ten przedłuży się o długie lata zniewolenia polskiej kultury i nauki przez władze totalitarne i wrogą ideologię.

Zainteresowanie grafiką Polskiej Akademii Umiejętności ma długą historię, nie bez analogii do dziejów Instytutu. Już w r. 1839, po powstaniu listopadowym, emigracja polska skupiona we Francji, utworzyła w Paryżu Bibliotekę Polską dla pomieszczenia zbiorów bibliotecznych i artystycznych. Miała ona być „zapasem dla bibliotek kraju" po odzyskaniu niepodległości. Biblioteka wzbogaciła się stopniowo o cenne i bogate zbiory grafiki ofiarowane przez kolekcjonerów Polaków, przede wszystkim Karola Ottona Kniaziewicza i Macieja Wodzińskiego, a także przyjaciela Polski, jakim był Francuz Charles Forbes Montalembert.

Trudności z utrzymaniem Biblioteki przez wymierającą emigrację, a zarazem korzystne zmiany polityczne w zaborze austriackim, które pozwoliły na utworzenie w Krakowie Akademii Umiejętności (AU) skłoniły do przekazania paryskiej placówki polskiej na rzecz tejże Akademii, która zadbała o utrzymanie Biblioteki i stworzyła przy niej swą stację naukową.

Po odzyskaniu niepodległości w 1918 r., Polska Akademia Umiejętności (PAU) musiała określić w nowej sytuacji rolę Biblioteki Polskiej w Paryżu. Zdecydowano, że zbiory poloników winny nadal w Paryżu służyć Francuzom jako źródło wiedzy o Polsce, a zbiory obce, zgodnie z intencją twórców Biblioteki i ofiarodawców, zasilić zbiory krajowe. Dotyczyło to także grafiki, której zbiory polskie pozostały w Paryżu, a kolekcje europejskie przewieziono do Krakowa. Połączono je tu z nabytym od Jerzego Moszyńskiego bogatym zbiorem grafik i w r. 1935 stworzono Gabinet Rycin PAU, jeden z największych zbiorów grafiki w Polsce, szeroko wykorzystywany do prac naukowych i wielokrotnie udostępniany na wystawach. Przetrwał on bez większych strat okres wojny, ale w r. 1953 wraz z całym majątkiem PAU został przejęty przez Polską Akademię Nauk i włączony do oddziału biblioteki PAN w Krakowie. W toku są starania o odzyskanie go przez prawowitego właściciela.

Życzę albumowi szerokiego oddźwięku w Kanadzie, gdzie mam nadzieję przyczyni się do lepszego poznania polskich osiągnięć artystycznych, a także w Polsce, gdzie przypomni o ważnej roli kulturalnej kanadyjskiej Polonii.

DE LA VISTULE AU SAINT-LAURENT

Kazimierz Kowalski

L'Académie polonaise des sciences et des lettres a tout lieu de se réjouir de la publication de cet album sur la gravure polonaise de l'entre-deux-guerres. La satisfaction qu'elle éprouve est d'autant plus vive qu'elle a pris part à la mise en œuvre de ce projet. Des liens nous unissent à l'Institut polonais au Canada, fondé en 1943 en tant que section de l'Institut polonais en Amérique. Celui-ci a été créé un an avant à New York par six membres de l'Académie polonaise, désireux de trouver une forme de survivance pour la tradition brimée dans la Pologne occupée. On était loin de penser à l'époque que l'occupation allait prolonger sensiblement la perte de l'indépendance dans un autre système totalitaire.

L'intérêt que porte l'Académie polonaise aux arts graphiques a une longue histoire qui n'est pas sans analogie avec celle de l'Institut polonais. Après l'insurrection de 1830, l'émigration polonaise en France organisa, à Paris, en 1839, une Bibliothèque polonaise destinée à abriter des collections de livres et d'objets d'art qui auraient dû servir de «réserve aux bibliothèques du pays», une fois l'indépendance retrouvée. Graduellement, cette Bibliothèque s'est enrichie de précieuses œuvres d'arts graphiques, offertes par des collectionneurs polonais tels que Karol Otton Kniaziewicz et Maciej Wodziński, de même que Charles Forbes Montalembert, Français et grand ami de la Pologne.

À Paris, l'organisation de la Bibliothèque polonaise rencontrait beaucoup d'obstacles. D'un autre côté, des changements favorables s'opéraient dans le sud de la Pologne, occupée par l'Autriche, changements qui eurent pour conséquence la fondation de l'Académie des sciences et des lettres (AU) en 1872. L'événement fut suivi par la mise sous tutelle de la nouvelle institution de la Bibliothèque polonaise de Paris où l'Académie établit, par la même occasion, son pied-à-terre pour les études et la recherche.

Après l'indépendance de la Pologne en 1918, l'Académie polonaise des sciences et des lettres (PAU) se fit un devoir de réexaminer son rôle face à la Bibliothèque polonaise de Paris. La décision fut prise de laisser à Paris les collections polonaises de documents, d'imprimés et d'objets d'art. En revanche, les donations étrangères devraient enrichir les collections en Pologne, selon la volonté des fondateurs et des bienfaiteurs. Cette décision s'appliquait aussi aux arts graphiques, en vertu de quoi les collections polonaises allaient demeurer à Paris, tandis que les collections européennes allaient être transférées à Cracovie et organisées en un grand ensemble avec un fonds très riche d'estampes de Jerzy Moszyński. Cette fusion est à l'origine du Cabinet d'estampes de la PAU (1935), l'une des plus riches collections d'arts graphiques en Pologne, fréquemment consultée par des chercheurs et souvent utilisée pour des expositions. Le Cabinet d'estampes passa, sans trop de dommages, à travers les vicissitudes de la guerre. Toutefois, en 1953, l'Académie polonaise des sciences se l'appropria, avec tous les biens de la PAU, et l'incorpora à sa bibliothèque de Cracovie. Des pourparlers sont en cours pour rendre le Cabinet d'estampes à son propriétaire légitime.

Il ne me reste plus qu'à souhaiter à l'album beaucoup de succès au Canada où, sans nul doute, il s'attribuera le mérite de mieux faire connaître les réalisations artistiques polonaises. En Pologne, il attirera certainement l'attention sur le rôle culturel des Canadiens d'origine polonaise.

FROM THE VISTULA TO THE ST. LAWRENCE

Kazimierz Kowalski

The Polish Academy of Arts and Sciences (PAU) can take pride on the occasion of the publication of this album of Polish graphics created between the two World Wars. This satisfaction is all the greater since the Academy took an active part in the realization of this project. The ties that unite us to the Polish Institute of Arts and Sciences in Canada, founded in 1943 as a section of the Polish Institute of America, can be found in a common historical heritage. The Polish Institute in New York came into being in 1942 through the efforts of six members of the Academy desirous of preserving in some form the cultural traditions that were being destroyed in occupied Poland. At that time, we could not imagine that the occupation would last so long and that the growth of Polish culture, arts, and literature would be stunted through the loss of independence under another totalitarian regime.

The interest of the Polish Academy of Arts and Sciences in the graphic arts, like that of the Polish Institute, has a long history. After the uprising of 1830, Polish emigrants in Paris organized a Polish Library in 1839 which also included works of art. It was seen as a reservoir for the libraries of the motherland as soon as independence would be gained once more. Gradually the library became the depository of many valuable works of art from famous Polish collectors such as Karol Otton Kniaziewicz and Maciej Wodziński, as well as Charles Forbes Montalembert, a Frenchman who loved Poland. Thus was formed in Paris a collection containing many thousands of prints, many of them with a Polish theme.

As time went by, the position of the Polish Library in Paris became increasingly difficult. Political changes in southern Poland, then under Austrian occupation, permitted the founding in Cracow, in 1872, of the Academy of Arts and Sciences (AU). Soon after, the Polish Academy took over the Library in Paris and established its centre for studies and research there.

After the independence of Poland in 1918, the Polish Academy of Arts and Sciences (PAU) reexamined its role in relation to the Library in Paris. It was decided unanimously to leave in Paris the collection of Polish documents, books, and art works for those in France who were interested in Polish culture. However, the works of non-Polish artists should go to enrich the collections in Poland, according to the wishes of the donors. This decision applied also to works of graphic art, which were transferred to Cracow and combined with the great collection gathered by Jerzy Moszyński. This fusion is at the origin of the Collection of Engravings of PAU (1935), one of the richest in Poland, frequently consulted by experts and often lent for exhibitions. This collection came through the war almost undamaged. However, in 1953 the Polish Academy of Sciences took it over along with all the other properties of PAU. Discussions are now under way to return the collection to its rightful owner.

It only remains to wish this album success. In Canada it will undoubtedly contribute to a better understanding of the great artistic flowering in Poland; in Poland, it will bring to public attention the cultural role of Canadians of Polish extraction.

WSTĘP

Hanna M. Pappius

W roku 1942, w Nowym Jorku, polscy naukowcy z profesorem Oskarem Haleckim założyli Polski Instytut Naukowy w Ameryce (PIASA), który miał być na emigracji odpowiednikiem Polskiej Akademii Umiejętności w Krakowie. Profesor Halecki, znany historyk Uniwersytetu Warszawskiego, bywał często w Montrealu, gdzie wykładał historię wschodniej Europy na francuskim Uniwersytecie Montrealskim i gdzie nawiązał kontakt z garstką polskich profesorów, rzuconych tam losami drugiej wojny światowej. To oni, w październiku 1943 roku, z poparciem profesora Haleckiego, stworzyli oddział kanadyjski PIASA, który później przemieni się w Polski Instytut Naukowy w Kanadzie (PIASC), z sekcjami w Ottawie, Toronto i Vancouver.

Celem kanadyjskiego oddziału było stworzenie forum dla coraz liczniejszej grupy intelektualistów polskich w Kanadzie oraz nawiązanie stosunków z odpowiednimi grupami kanadyjskimi. Przez swą działalność oddział miał szerzyć wiedzę i prawdę o Polsce, jej historii i kulturze, w okresie gdy były one zniekształcane i niszczone w kraju przez brutalnych okupantów.

Od początku swego istnienia oddział, popularnie zwany Instytutem Polskim, miał szczere poparcie wielu przedstawicieli kanadyjskiego świata nauki. Wśród nich wyróżniał się powszechnie znany neurochirurg, Wilder Penfield, profesor Uniwersytetu McGill, który w 1938 r. został wybrany na członka Polskiej Akademii Umiejętności w Krakowie i z tej racji przejął nieoficjalny patronat nad nowopowstającą instytucją. Na liście założycieli Instytutu znaleźć można takie osobistości jak profesor J. B. Collip, prezes Royal Society of Canada, profesor Jacques Rousseau, prezes Association canadienne pour l'avancement des sciences, dziekani Uniwersytetu McGill, Noel Fieldhouse i David L. Thompson, oraz wielu innych w taki czy inny sposób związanych lub sympatyzujących z polską sprawą. Rektor Uniwersytetu McGill, dr F.

Cyril James oraz rektor Uniwersytetu Montrealskiego, Mgr Olivier Maurault zgodzili się przyjąć honorową prezesurę Instytutu. Niezmiernie ważną dla dalszej działalności i długoletniej egzystencji nowej polskiej placówki kulturalnej była decyzja władz McGill'u udzielenia Instytutowi Polskiemu siedziby na obszarze uniwersyteckim, gdzie Instytut i jego biblioteka mieszczą się do dnia dzisiejszego.

Pierwszym dyrektorem kanadyjskiego oddziału PIASA był profesor Józef Pawlikowski z Politechniki Montrealskiej, a przed wojną wykładowca na Politechnice Warszawskiej. Pani Wanda Stachiewicz, bardzo zasłużona w powstaniu oddziału, została wybrana sekretarzem. Przez czterdzieści lat pracowała potem niestrudzenie dla Instytutu i Biblioteki. Następnymi dyrektorami byli: dr Bogdan Zaborski (1950-1957), geograf, poprzednio w Polsce związany z Uniwersytetem Jagiellońskim i z Uniwersytetem Warszawskim, a w Kanadzie najpierw profesor McGill'u a potem dyrektor Instytutu Geograficznego na Uniwersytecie Ottawskim; dr Wiktor Szyryński (1957-1959), profesor psychiatrii na Uniwersytecie Ottawskim; oraz dr Tadeusz Poznański (1959-1962) z Uniwersytetu Laval w Quebek'u, gdzie wykładał statystykę i demografię.

Podczas drugiej wojny światowej i w pierwszych latach po wojnie Polski Instytut w Montrealu organizował różne imprezy, często w języku francuskim lub angielskim. Odbywały się wykłady, konferencje, wieczory poezji, obchody, np. 150-tej rocznicy urodzin Chopina oraz wystawy grafiki i malarstwa. Szczególnym powodzeniem cieszyły się koncerty Małcużyńskiego, Hubermanna i Szerynga. Zorganizowano trzy konkursy wypracowań na temat polskiej historii we francuskich i angielskich szkołach.

Dr Tadeusz Romer, były dyplomata i Minister spraw zagranicznych w Rządzie Londyńskim, a po wojnie profesor w departamencie języka i literatury francuskiej na Uniwersytecie McGill, był dyrektorem kanadyjskiej sekcji PIASA w latach 1962 do

1976, a następnie, do roku 1978, prezesem PIASC. To właśnie z jego inicjatywy sekcja otrzymała status federalnej instytucji kanadyjskiej, oficjalnie zwanej „The Polish Institute of Arts and Sciences in Canada and the Polish Library / L'Institut polonais des arts et des sciences au Canada et la Bibliothèque polonaise", z siedzibą w Montrealu i oddziałami w Ottawie oraz Toronto. Długoletni okres pod kierownictwem profesora Romera był dla Instytutu niezmiernie pomyślny tak w środowisku polskim, jak i kanadyjskim. Pani Wanda Stachiewicz przygotowała szkic historyczny *Alma Mater Jagellonica. The Sixth Centennial of the University of Cracow, Poland.* Zorganizowano bardzo uroczyste obchody i wykłady z okazji 600-nej rocznicy powstania Uniwersytetu Jagiellońskiego (1364-1964) oraz Millenium Chrześcijaństwa w Polsce (966-1966). Instytut był reprezentowany na zjazdach slawistów kanadyjskich w 1965 i 1967 oraz przyczynił się do pracy Royal Commission on Bilingualism and Biculturalism, w której jednym z dziesięciu członków był profesor Paweł Wyczyński. Z okazji wystawy światowej w Montrealu, Expo 67, Instytut brał czynny udział, w ramach Kongresu Polonii Kanadyjskiej, w projekcie podarowania miastu Montreal pomnika Mikołaja Kopernika, który dziś stoi przed miejskim planetarium. W roku 1975 Instytut był gospodarzem Trzeciego Kongresu PIASA, który miał miejsce na Uniwersytecie McGill, z udziałem około czterystu naukowców, pisarzy i artystów polskiego pochodzenia, mieszkających w Europie oraz Północnej i Południowej Ameryce.

Instytut w dalszym ciągu organizuje wykłady, dyskusje, koncerty, promocje książek i wystawy. Dwie specjalne okazje w ostatnich latach zasługują na wspomnienie. Obchód z okazji czterdziestolecia Instytutu w roku 1983 uświetnił swoją obecnością Czesław Miłosz, laureat nagrody Nobla z dziedziny literatury w roku 1980. Ponad tysiąc osób było obecnych gdy poeta czytał swoje wiersze po polsku, angielsku i francusku. Pięćdziesięciolecie Instytutu obchodzone było w październiku 1993, pod patronatem rektorów czterech uniwersytetów w Montrealu i dyrektora bibliotek Uniwersytetu McGill. Gośćmi honorowymi byli Witold Lutosławski, światowej sławy kompozytor, i Zbigniew Brzeziński, powsz-

echnie znany mąż stanu i autor wielu rozpraw naukowych. Profesor Brzeziński wygłosił referat pod tytułem „The Global Dilemmas of Post-Communist Transformation"; mistrz Lutosławski natomiast miał prelekcję p.t. „La musique d'hier, d'aujourd'hui et de demain". Na sesji posterowej zatytułowanej „Wkład Polaków mieszkających w Kanadzie w życie naukowe i kulturalne kraju osiedlenia" 70 ciekawych wykazów afiszowych było przedstawionych z bardzo różnorodnych dziedzin. Kilka dni wcześniej Uniwersytet McGill uhonorował Witolda Lutosławskiego doktoratem *honoris causa*, a koncert jego utworów, zorganizowany przez Wydział Muzyki Uniwersytetu oraz Canadian Broadcasting Corporation, był uroczystym zamknięciem jubileuszu Instytutu. Z tej okazji wydany został specjalny *Biuletyn Jubileuszowy.* Stworzenie oddziału w Vancouver zbiegło się z obchodami 50-tej rocznicy powstania Instytutu. Oddział w Ottawie zorganizował dwujęzyczne sympozjum na Uniwersytecie Carleton, zatytułowane *A Search for Knowledge and Freedom – À la recherche du savoir et de la liberté*, którego prace zostały opublikowane w formie książki w roku 1995.

Biblioteka Polska w Montrealu jest na pewno najważniejszym osiągnięciem Instytutu. W roku 1943 była to zaledwie maleńka kolekcja książek dla jego członków. Pod koniec wojny, a już dokładnie od roku 1950, Biblioteka zmieniła swój charakter, przekształcając się w instytucję dla ogólnego użytku naukowców i studentów zainteresowanych problemami polskimi oraz dla szerokiego ogółu Polonii. Stale powiększający się księgozbiór zawiera przede wszystkim książki z dziedziny literatury, historii, filozofii, sztuki i religii. Większość materiałów jest w języku polskim, ale prace na tematy polskie lub pisane przez polskich autorów po angielsku i francusku też są częścią księgozbioru. Począwszy od roku 1986, książki typu akademickiego w zbiorach Biblioteki Polskiej są włączane do katalogu komputerowego bibliotek Uniwersytetu McGill, i tym samym są dostępne dla czytelników na całym kontynencie amerykańskim. Takich zapisów jest obecnie już ponad 15 000. Czytelnia Biblioteki posiada około 100 periodyków i gazet w języku polskim z całego świata.

Od samego początku swojego istnienia, Biblioteka Instytutu była specjalną troską pani Wandy Stachiewicz, jej założycielki i przez lata jej dyrektora, a potem kustosza. Pod jej kierownictwem wiele osób, pracując społecznie z oddaniem i entuzjazmem, przyczyniło się do rozwoju Biblioteki, ale to wyłącznie jej zasługa, że Biblioteka Instytutu w Montrealu jest obecnie największą polską biblioteką na kontynencie amerykańskim i czołową polsko-kanadyjską instytucją. Dlatego też członkowie zdecydowali na dorocznym zebraniu Instytutu w roku 1984 nazwać Bibliotekę „im. Wandy Stachiewicz". Od 1986 roku funkcję dyrektora Biblioteki sprawuje profesor Hanna M. Pappius.

Biblioteka, po skromnym wstępnym okresie w jednym pokoju, mieści się obecnie w budynku przy ulicy Peel, nr 3479, który jest własnością Uniwersytetu McGill. Ta znacząca pomoc ze strony McGill'u pozwoliła Bibliotece rozwijać się i prosperować. W pewnych okresach finansowa sytuacja Biblioteki była zagrożona, ale ostatnio poparcie Polonii z całej Kanady pozwoliło na modernizację i rozwój tej ważnej placówki kulturowej. Od wczesnych lat osiemdziesiątych Biblioteka otrzymuje co roku pokaźne subwencje od Polskiej Fundacji Społeczno-Kulturalnej w Montrealu i Funduszu Wieczystego Milenium w Toronto. Społeczność polsko-kanadyjska popiera Bibliotekę finansowo odpowiadając pozytywnie na tradycyjny, coroczny, jesienny apel. Od roku 1982 Biblioteka otrzymuje też doroczną dotację od miasta Montrealu na częściowe pokrycie wynagrodzenia bibliotekarza.

W ciągu ponad pół wieku istnienia Biblioteki wiele osób wzbogaciło jej zbiory darami wartościowych książek, map oraz różnorodnych rycin i obrazów, wśród których znajduje się sto dwadzieścia grafik reprodukowanych w publikowanym dziś albumie. Są to prace czterdziestu czołowych polskich artystów grafików, którzy tworzyli dzieła nieprzeciętnej miary w niepodległej Polsce międzywojennej. Kilku z tych artystów żyło i tworzyło za granicą. Był to okres wielkiego rozkwitu grafiki w Kraju. Kolekcja Biblioteki w Montrealu jest tym wartościowsza, że dużo grafik z tej epoki uległo zniszczeniu podczas drugiej wojny światowej. Nie pierwszy to raz, kiedy prace te będą prezentowane w Kanadzie. Wiele z nich było pokazanych na dwóch wystawach *Polish Prints and Textiles* w Galerii Narodowej w Ottawie i w innych miastach Kanady, w latach 1930 i 1938.

Koniec reżymu komunistycznego w Polsce w roku 1989 spowodował, że Instytut, przez długie lata zaangażowany w walce z agresją, może teraz koncentrować się na promowaniu polskiej kultury w Kanadzie, oraz służyć intelektualnym potrzebom polsko-kanadyjskiego społeczeństwa. Wydanie obecnego albumu, poświęconego pracom polskich artystów, które są własnością kanadyjskiej instytucji, jest dobitnym przykładem działalności Polskiego Instytutu w chwili obecnej.

LIMINAIRE

Hanna M. Pappius

En 1942, le professeur Oscar Halecki et quelques-uns de ses amis fondèrent, à New York, l'Institut polonais des arts et des sciences en Amérique (PIASA), avec l'idée sous-jacente de faire en sorte que l'institution en exil devienne un modeste équivalent de l'Académie polonaise des sciences et des lettres (PAU) de Cracovie. Enseignant très connu à l'Université de Varsovie, Oscar Halecki venait souvent à l'Université de Montréal où il donnait des cours sur l'histoire de l'Europe de l'Est. C'était ainsi que l'occasion se prêtait d'entrer en contact avec un groupe d'intellectuels polonais, déplacés au Québec à la suite du déclenchement de la Seconde Guerre mondiale. Ce sont eux, soutenus par le professeur Halecki, qui organisèrent à Montréal la section canadienne du PIASA. Plus tard, celle-ci prit le nom d'Institut polonais des arts et des sciences au Canada (PIASC), avec des sections à Ottawa, à Toronto et à Vancouver.

Ainsi organisé, l'Institut polonais au Canada se donna pour objectif de créer un forum qui serait mis à la disposition des intellectuels polonais de plus en plus nombreux, afin de favoriser des échanges de vues entre eux et leurs collègues canadiens. Il était de leur devoir de propager la vérité sur la Pologne, son histoire et sa culture, vocation d'autant plus d'actualité que les envahisseurs brutaux infligeaient au pays, aux abords de la Vistule, des violences physiques et morales.

Dès le début appelé « Institut polonais », celui-ci allait vite s'assurer la collaboration des Canadiens spécialisés en arts et en sciences, parmi lesquels se distinguait Wilder Penfield, professeur à l'Université McGill, neurochirurgien de renommée internationale et, depuis 1938, membre de l'Académie polonaise des sciences et des lettres de Cracovie : c'est lui qui a bien voulu accepter le patronage officieux du nouvel Institut. Sur la liste des cofondateurs figurent les noms de plusieurs personnalités canadiennes : le professeur J.B. Collip, président de la Société royale du Canada, le professeur Jacques Rousseau, président de l'Asso-ciation canadienne pour l'avancement des sciences, messieurs Noel Fieldhouse et David L. Thompson, doyens de l'Université McGill, et plusieurs personnes sensibilisées à la cause polonaise. Le président de l'Université McGill, F. Cyril James et le recteur de l'Université de Montréal, Mgr Olivier Maurault, ont consenti à être présidents honoraires de l'Institut. La décision de l'administration de l'Université McGill de mettre à la disposition de l'Institut polonais des locaux, sur le campus universitaire de McGill, en fut une d'importance : c'est là que l'Institut et sa bibliothèque allaient se développer, et c'est là qu'on les trouve encore aujourd'hui.

Professeur à l'École polytechnique de Montréal et, avant la guerre, membre du corps enseignant de l'École polytechnique de Varsovie, Józef Pawlikowski fut le premier président de la section canadienne du PIASA. Wanda Stachiewicz, très dévouée à la cause polonaise, fut nommée secrétaire ; elle allait consacrer quarante ans de sa vie à l'Institut et à la Bibliothèque polonaise. Józef Pawlikowski eut pour successeur Bogdan Zaborski (1950-1957), professeur de géographie à l'Université jagellonienne de Cracovie, à l'Université de Varsovie et, par la suite, au Canada, à l'Université McGill et à l'Université d'Ottawa où il dirigea, pendant plusieurs années, l'Institut de géographie. Le troisième président fut Wiktor Szyryński (1957-1959), professeur de psychiatrie à l'Université d'Ottawa, auquel succéda Tadeusz Poznański (1959-1962), professeur de statistique et de démographic à l'Université Laval de Québec.

Durant la Seconde Guerre mondiale et au cours des premières années de l'après-guerre, l'Institut polonais organisa à Montréal toutes sortes d'événements culturels en français et en anglais : cours d'histoire, conférences, soirées de poésie, expositions d'arts graphiques et de peinture, ainsi que le 150ᵉ anniversaire de naissance de Chopin. Les concerts donnés par Witold Małcużyński, Bronisław Hubermann et Henryk Szeryng eurent beaucoup de succès. Il convient de mentionner également les trois concours littéraires qui furent organisés dans des écoles de langues française et anglaise et qui eurent pour sujet l'histoire de Pologne.

L'Institut polonais connut un essor sans précédent sous la présidence de Tadeusz Romer. Diplomate de carrière et ministre des Affaires extérieures du gouvernement polonais à Londres, après la guerre, professeur au Département de langue et de littérature françaises à l'Université McGill, il fut, entre 1962 et 1976, directeur de la section canadienne du PIASA, et ensuite, jusqu'en 1978, président du PIASC. C'était grâce à lui qu'en 1976 la section canadienne du PIASA avait obtenu une reconnaissance du gouvernement fédéral du Canada, et était devenue une institution indépendante qui prit officiellement le nom de « The Polish Institute of Arts and Sciences in Canada / L'Institut polonais des arts et des sciences au Canada ». Son siège social fut établi à Montréal, et des sections furent fondées à Ottawa et à Toronto. L'activité de l'Institut polonais, sous la présidence de Tadeusz Romer — seize ans en tout ! — fut extraordinairement bénéfique pour le milieu polonais autant que pour le milieu canadien. Mme Wanda Stachiewicz publia, en 1964, une esquisse historique : *Alma Mater Jagellonica. The Sixth Centenial of the University of Cracow, Poland*. L'Institut organisa des séances commémoratives et une série de cours à l'occasion du 600ᵉ anniversaire de la fondation de l'Université jagellonienne (1364-1964). De telles célébrations soulignèrent le millénaire de la chrétienté en Pologne (966-1966). La présence de l'Institut se fit sentir aux réunions des slavistes canadiens, de même que dans les travaux de la Commission royale d'enquête sur le bilinguisme et le biculturalisme au sein de laquelle œuvra l'un de nos membres, le professeur Paweł Wyczyński. L'Institut collabora également avec le Congrès polonais du Canada à l'occasion de l'Exposition universelle de 1967 : il s'agit du monument Nicolas Copernicus, offert à la Ville de Montréal ; la statue fut érigée devant le Planétarium. En 1975, l'Institut polonais se vit confier l'organisation du troisième congrès du PIASA ; la rencontre eut lieu à l'Université McGill ; quelque 400 professeurs, écrivains et artistes d'origine polonaise d'Europe, d'Amérique du Nord et d'Amérique du Sud y prirent part.

À l'heure actuelle, l'Institut polonais continue d'offrir des conférences, d'organiser des rencontres, de promouvoir des livres, des concerts et des expositions. Deux événements, qui se sont passés au cours des dernières années, méritent d'être mentionnés : les 40ᵉ et 50ᵉ anniversaires de l'Institut polonais.

La présence de Czesław Miłosz, au 40ᵉ anniversaire de l'Institut polonais, a rehaussé le prestige des célébrations de façon extraordinaire. Le lauréat du prix Nobel 1980 (section littérature) a lu ses poèmes en polonais, en anglais et en français devant un auditoire enthousiaste de quelque mille personnes.

Le 50ᵉ anniversaire de l'Institut polonais eut lieu en octobre 1993, sous le patronage de quatre recteurs des universités de Montréal et du directeur des bibliothèques de l'Université McGill. Parmi les participants, deux invités d'honneur : Witold Lutosławski, compositeur de renommée mondiale, et Zbigniew Brzeziński, homme d'État bien connu, auteur de plusieurs publications de qualité. Le professeur Brzeziński prononça une conférence en anglais intitulée « The Global Dilemmas of Post-Communist Transformation » [Les dilemmes généraux de la transformation post-communiste]. Quant à maître Lutosławski, il traita de « La musique d'hier, d'aujourd'hui et de demain ». La session d'affiches — « Contribution des Polonais du Canada à la vie scientifique et culturelle de leur pays d'adoption » — permit de faire connaître quelque soixante-dix présentations sous forme d'affiches ayant trait aux différents aspects de leur spécialisation. Quelques jours auparavant, l'Université McGill avait décerné à maître Lutosławski, un doctorat *honoris causa*. Un concert, au programme duquel figuraient des œuvres choisies parmi ses compositions, fut organisé par la Faculté de musique de l'Université McGill avec la collaboration de la Société Radio-Canada : ce fut, en quelque sorte, la clôture sonore des célébrations. Un *Bulletin du Jubilé* parut pour souligner l'importance de cet événement. La fondation d'une nouvelle section à Vancouver coïncida avec le 50ᵉ anniversaire de l'Institut polonais au Canada. En novembre 1993, la section d'Ottawa organisa, à l'Université Carleton, un colloque bilingue dont les communications allaient être publiées, en 1995, sous forme d'un livre intitulé *A Search for Knowledge and Freedom — À la recherche du savoir et de la liberté*.

Parmi les entreprises de l'Institut, la Bibliothèque polonaise est sans nul doute la preuve vivante d'une réalisation remarquable. D'une petite collection de livres en 1943, destinée à la lecture courante, elle change de vocation en 1950 : elle se transforme en une institution qui a pour but de satisfaire, chez les étudiants, les professeurs et les chercheurs, la soif de connaître la Pologne. En constante croissance, le fonds livresque regroupe des livres dont les sujets portent sur la littérature, l'histoire, la philosophie, l'art et la religion. La plupart des ouvrages sont écrits et publiés en polonais. Mais il y a aussi des livres en français et en anglais, traitant de la Pologne, dont les auteurs sont polonais et étrangers. À partir de 1986, les livres d'utilité académique sont inclus au catalogue informatisé des bibliothèques de l'Université McGill. Par le fait même, l'ordinateur assure aux intéressés, sur le continent américain et ailleurs, l'accès à quelque quinze mille livres en polonais, en anglais et en français dont les sujets sont polonais.

C'est Mme Wanda Stachiewicz qui donna à la Bibliothèque polonaise, dès sa fondation, un essor à nul autre pareil. Elle a œuvré pendant de longues années à titre de directeur, puis de conservateur. Sous sa direction, bien des volontaires lui emboîtèrent le pas. C'est incontestablement à Mme Wanda Stachiewicz que revient le mérite d'avoir haussé la Bibliothèque de l'Institut polonais au statut de plus grande bibliothèque du genre sur le continent américain. Dans l'espace d'un demi-siècle, elle est passée au rang de prestigieuse institution polono-canadienne. C'est pour cette raison que les membres de l'Institut polonais décidèrent, à la réunion plénière de 1984, de donner à la Bibliothèque le nom de Wanda Stachiewicz. Depuis 1986, la Bibliothèque polonaise est dirigée par Mme Hanna M. Pappius, professeure à l'Université McGill.

Après un début modeste, dans une pièce toute simple, la Bibliothèque polonaise se trouve aujourd'hui au 3479 de la rue Peel, immeuble faisant partie de l'Université McGill. Cette aide précieuse de l'Université McGill a permis à la Bibliothèque polonaise de se développer et de prospérer. À un certain moment, la situation financière de la Bibliothèque était précaire. Dernièrement, l'aide concertée des Polonais du Canada entier a contribué à étendre le rayonnement

culturel de cette importante institution tout en la modernisant. Depuis 1980, la Bibliothèque reçoit chaque année une subvention substantielle de la Fondation socio-culturelle polonaise du Québec de Montréal. Un support appréciable est aussi assuré par le Fonds millénaire canado-polonais de Toronto. La réponse positive de la société polonaise du Canada à l'appel annuel de la Bibliothèque polonaise, en faveur de la cueillette de fonds à une large échelle, s'inscrit désormais dans la tradition de l'Institut. Depuis 1982, chaque année, la Bibliothèque polonaise reçoit également de la Ville de Montréal une subvention qui permet d'assurer, en partie, le salaire du bibliothécaire.

Au cours d'un demi-siècle, la Bibliothèque polonaise a obtenu de précieux dons de livres, de cartes, de tableaux et d'estampes. Cent vingt de ces dernières sont reproduites dans l'album publié aujourd'hui. Il s'agit, plus précisément, d'œuvres de quarante éminents artistes graveurs dont la création remonte à l'époque de l'entre-deux-guerres. La plupart œuvrèrent dans la Pologne indépendante ; quelques-uns réalisèrent leurs travaux à l'étranger. Les deux décennies, entre 1918 et 1939, constituent l'âge d'or des arts graphiques en Pologne. La collection iconographique de la Bibliothèque polonaise de Montréal a d'autant plus d'importance aujourd'hui qu'un grand nombre de gravures de toutes sortes disparurent pendant la Seconde Guerre mondiale. Ce n'est pas la première fois que ces estampes seront présentées ici : plusieurs d'entre elles furent déjà montrées au cours des deux expositions qui se tinrent au Musée des beaux-arts du Canada et dans d'autres villes du pays, en 1930 et en 1938. Un catalogue fut alors publié en anglais : *Polish Prints and Textiles* [Estampes polonaises et tapisseries].

Le régime communiste prit fin en Pologne en 1989. C'était ainsi que l'Institut polonais, longtemps en lutte ouverte contre les oppresseurs, a pu se concentrer davantage sur la promotion de la culture polonaise au Canada ; il peut donc mieux répondre aux besoins de la société polono-canadienne. La publication du présent album, consacré aux œuvres d'artistes polonais — œuvres qui font aujourd'hui partie de l'héritage culturel du Canada, dans une institution canadienne —, témoigne explicitement de ce qui est propre à l'activité actuelle de l'Institut polonais des arts et des sciences au Canada.

INTRODUCTION

Hanna M. Pappius

The Polish Institute of Arts and Sciences of America (PIASA), founded in New York in 1942, was initially envisaged as an extension of the Cracow Academy of Arts and Sciences in exile. Its main mission was to dedicate itself to the highest levels of learning, unattainable in Poland under the brutal Nazi occupation.

Professor Oskar Halecki, an eminent historian, formerly from the University of Warsaw and a member of the Academy of Arts and Sciences, was the first director of PIASA. He was a frequent visitor to Montreal, being at the time Visiting Professor of Eastern European History at the University of Montreal. With his encouragement, a group of Polish academics who had found refuge in Montreal decided to establish the Canadian section of PIASA in 1943. It was to be an "autonomous non-political institution devoted solely to cultural work, to interpreting Polish history and culture for Canadians, and to preserving the threatened tradition of Polish thought and learning". It brought together Polish scholars, scientists, writers, and artists arriving in ever-increasing numbers in Canada, and at the same time promoted their contacts with their Canadian colleagues. Subsequently, the Canadian section became the Polish Institute of Arts and Sciences in Canada (PIASC) with branches in Ottawa, Toronto, and Vancouver.

From its inception, the Canadian section benefited from the invaluable support of several prominent members of the Canadian academia, notable among them Dr. Wilder Penfield who had been a member of the Cracow Academy since 1938. The list of founding members also included Professor J.B. Collip, president of the Royal Society of Canada, Professor Jacques Rousseau, head of l'Association canadienne-française pour l'avancement des sciences, McGill deans Noel Fieldhouse and David Thompson and many others. Dr. F. Cyril James, the principal of McGill University, and Monsignor Olivier Maurault, rector of the University of Montreal, agreed to serve as honorary presidents of the newly formed institution. Of paramount importance was the decision of the Board of Governors of McGill University to set up the Polish Institute within its campus, where it is still located.

Professor Józef Pawlikowski of the Polytechnic of Montreal, formerly of the Warsaw Polytechnic, was elected as the first director of the Canadian section of PIASA, while Mrs. Wanda Stachiewicz became its executive secretary. She was to devote the next forty years to the Institute and, especially, to its library. Professor Józef Pawlikowski was succeeded as director of the section by Dr. Bogdan Zaborski (1950-1957), Associate Professor of Geography at McGill University, formerly of both the Jagiellonian University in Cracow and Warsaw University, later Professor and Head of the Institute of Geography at the University of Ottawa. Subsequently, Dr. Wiktor Szyryński (1957-1959), Professor of Psychiatry at the University of Ottawa, and Dr. Tadeusz Poznański (1959-1962), Associate Professor of Actuarial Science at Laval University, in Quebec City, provided leadership for the Canadian section.

During the war years and immediately afterwards, the Polish Institute, as the section came to be known, organized many activities, often in English or French, or both. Lectures and conferences, poetry readings and concerts were held, taking advantage of the fact that many Polish artists, musicians, and writers, dispersed throughout the world, passed through or settled in Canada. Particularly memorable were concerts by the pianist Witold Małcużyński, and the violinists Bronisław Hubermann and the young Henryk Szeryng. Exhibitions were mounted on Wawel art treasures which were in safekeeping in Canada, graphic art, individual painters, and the one hundred and fiftieth anniversary of the birth of Chopin. Three essay contests in French and English were held for high-school students on subjects related to Polish history. During this period branches in Ottawa and Toronto came into being.

Dr. Tadeusz Romer, a former diplomat and Minister of Foreign Affairs of the Polish government in exile and professor in the Department of French at McGill University, was the director of the Canadian Branch of PIASA from 1962 to 1976 and then president of PIASC till 1978. It was in 1976 that the Canadian Branch of PIASA was federally incorporated and officially became the Polish Institute of Arts and Sciences in Canada and the Polish Library (PIASC), located in Montreal, with branches in Ottawa and Toronto. Under Professor Romer's leadership, the Institute enjoyed a particularly successful period. Commemorative celebrations and lectures were organized and several publications issued to honour the six hundredth anniversary of the founding of the Jagiellonian University in Cracow in 1364 and of Poland's Millennium of Christianity (966-1966). The Institute was represented at the National Conferences on Canadian Slavs in 1965 and 1967. The Institute contributed to the work of the Royal Commission on Bilingualism and Biculturalism, Professor Paweł Wyczyński acting as one of the ten commissioners. On the occasion of Expo 67, the Institute participated in the planning and execution of the project to donate to the City of Montreal a statue of the Polish astronomer Nicolas Copernicus. The statue is now located in front of the city's planetarium. In 1975 the Institute hosted the Third Congress of PIASA, held at McGill University. Some four hundred scientists, scholars, writers and artists of Polish origin attended.

The Institute continues to organize lectures, panel discussions, book launchings and exhibitions. Two events deserve special mention. The first was the participation of Czesław Miłosz, the 1980 Nobel laureate for literature, in the Institute's fortieth anniversary celebrations in 1983. More than one thousand people attended an evening of poetry readings in Polish, English and French by this eminent Polish writer. The second was the Institute's golden jubilee in October 1993, which was celebrated under the patronage of principals and rectors of the four universities in Montreal and the director of McGill University Libraries. A keynote address, entitled "The Global Dilemmas of Post-Communist Transformation" was given by Professor Zbigniew Brzeziński, states-

man, author, and scholar. Witold Lutosławski, the world-renowned composer, presented a special lecture on "La musique d'hier, d'aujourd'hui et de demain". A poster session entitled "Contribution to Cultural and Scientific Life in Canada by People of Polish Descent" summarized over seventy projects on a wide range of subjects. A few days earlier McGill University had granted Witold Lutosławski a doctorate *honoris causa*. A concert of his music organized by the McGill University Faculty of Music and the Canadian Broadcasting Corporation closed the joyous celebrations. A special *Anniversary Bulletin* was published for the occasion. The opening of the Vancouver branch coincided with the fiftieth anniversary of the Institute. The Ottawa branch organized a bilingual symposium at Carleton University entitled *A Search for Knowledge and Freedom — À la recherche du savoir et de la liberté*. Its proceedings were published in 1995.

The Polish Library in Montreal can be considered as the most important and enduring achievement of PIASC. In 1943 it consisted of a small collection of books for the use of its members. At the end of World War Two, and particularly since 1950, it changed its character, developing into a lending library serving not only the Polish community at large, but also all interested scholars and students. Its growing collection consists primarily of works on literature, history, social sciences, fine arts, and religion. The majority of the books are in Polish, but both English and French publications on Polish subjects or by Polish authors are included. Starting in 1986, books considered of academic interest have been included in the McGill University's on-line catalogue. There are now more than fifteen thousand such listings, making the material available to readers throughout Canada and beyond. The rest represents translations into Polish from other languages and material from the popular lending library. The reading room contains approximately one hundred European and North American periodicals in Polish and current daily press from Poland.

From its beginnings, the Polish Library was a special concern of Mrs. Wanda Stachiewicz, its founder and for many years its director and curator. While many volunteers have contributed immeasurably to the growth of the library, it is Mrs. Sta-chiewicz who must be credited with its development into an important Polish cultural institution, recognized throughout North America. In appreciation of her invaluable contributions, at the annual meeting in 1984 members of PIASC voted to name the library the Wanda Stachiewicz Polish Library. Since 1986 the Polish Library has been under the direction of Professor Hanna M. Pappius.

After a modest beginning in a single room, the Library is now housed in a building at 3479 Peel Street belonging to McGill University. Without this very important assistance from McGill, it could not have developed and prospered as it has. While the financial situation of the Polish Library has been precarious at times, in recent years the support of the Polish community in Canada has made it possible for the Library to modernize and to expand its services. Since the early 1980s the Library has received substantial annual funding from the Polish Cultural Foundation of Quebec, and the Canadian Polish Millennium Fund of Toronto. The community at large contributes by responding to the annual public appeal for funds. Since 1982 the Library has also received an annual grant from the City of Montreal towards the salary of a professional librarian.

Over the years numerous individuals have enriched the Polish Library through donations of valuable books, old maps, and a variety of graphic art.

The one hundred and twenty prints reproduced in this volume are representative examples of the work of forty well-known Polish graphic artists, who were active in independent Poland between the two World Wars. They are of particular interest because the period from 1918 to 1939 can be considered the golden age of graphic art in Poland, but much of this art was destroyed during World War Two. It is not the first time these graphics are presented to the Canadian public; many of them were included in two exhibitions of *Polish Prints and Textiles*, mounted at the National Gallery in Ottawa and shown in other cities in Canada, in 1930 and again in 1938.

In 1943 the founders of the PIASC envisaged two major goals for the new institution. One was to preserve cultural and intellectual values threatened in Poland by the war and its geopolitical consequences. The other was to make a contribution to Canadian cultural life by acquainting Canadians with Polish history and culture. With the defeat of the communist regime in 1989, Poland regained its independence. Its culture is thriving and no longer endangered. The Polish Institute can now focus on promoting Polish culture in Canada, reinforcing ties between Canadian and Polish academics, and serving the cultural needs of Polish-Canadian communities. The present album, devoted to works of Polish artists in a collection belonging to a Canadian institution, represents a project in this area of the Institute's activities.

NOTA REDAKTORA

Paweł Wyczyński

Album niniejszy zawiera sto dwadzieścia rycin przedstawiających dzieła czterdziestu polskich artystów, co stanowi zestaw okazów polskiej sztuki graficznej okresu międzywojennego, zachowanych w Bibliotece Polskiego Instytutu Naukowego w Montrealu. Tylko w wyjątkowych wypadkach weszły do publikacji prace graficzne, których rodowód nie mieści się w granicach okresu 1918-1939. Tematyka całości zakreśla się bardzo szeroko: krajobrazy, sceny grupowe, portrety, wątki religijne, zwierzęta, ilustracje książkowe, bajkowe fantazje, ekslibrisy... Perspektywa otwiera się na Polskę, jej historię i folklor, a od czasu do czasu nieoczekiwane uderzenie twórczego rylca ukazuje horyzont dalekiego świata.

Artyści przedstawieni są w porządku alfabetycznym. Nota biograficzna uwzględnia najważniejsze wydarzenia z życia i pracy artysty. Redagowana w trzech językach – polskim, francuskim i angielskim – przybliża ona profil artystyczny autora czytelnikowi w Polsce i zagranicą. Dane bibliograficzne o autorze podane są w porządku chronologicznym na końcu noty biograficznej; nie chodzi tu o bibliografię w całym tego słowa znaczeniu, a raczej o podanie zasadniczych wskazówek odnośnie materiału źródłowego. Bibliografia ogólna stanowi osobną sekcję.

Z małymi wyjątkami, dzieła każdego autora zgrupowane są w porządku chronologicznym. W wypadku, gdy więcej rycin pochodzi z tego samego roku, pierwsza litera tytułu wyznacza miejsce w kolejności przedstawionych prac. Tytuły rycin są w zasadzie dwuczłonowe. Kursywą, wielkimi literami, podajemy tytuł dzieła; tuż po nim, w nawiasie kwadratowym, **wielkimi** normalnymi literami wpisane są tłumaczenia francuskie i angielskie, oddzielone rombem poziomym: <>. Następna linia streszcza opis gatunkowy dzieła: identyfikację rodzajową, rok powstania, wymiary w milimetrach. Jeżeli wyjątkowo potrzebny jest komentarz, umiejscawiamy go na samym końcu, w nawiasie półokrągłym. Tylko pięć prac reprodukowanych w naszym albumie jest bez podpisu: 10, 11, 81, 82 i 84. Data w nawiasie półokrągłym sygnalizuje fakt, że nie figuruje ona na oryginale Biblioteki Polskiej w Montrealu, a znamy ją z innego źródła. Pytajnik w nawiasie (?) oznacza, że data jest nieznana. Jeżeli mamy do czynienia z ryciną barwną – kolorową lub lawowaną czyli podkolorowaną – oznaczamy ją gwiazdką: *. Rycin takich mamy dziewiętnaście; siedemnaście z nich, reprodukowanyel w kolorze zgrupowanych jest w osobnej sekcji.

Zaznaczyć trzeba, że rycina, często wydana w wielu egzemplarzach, może być znana pod różnymi tytułami. W naszym wydaniu, dajemy ten tytuł, który figuruje na oryginale w Bibliotece Polskiej w Montrealu. Tam, gdzie brak tytułu, zapożyczamy go z innego źródła, które uważamy za wiarygodne.

Aspekty merytoryczne przedmiotu, opracowanie graficzne oraz układ stronicowy są owocem współpracy redaktora, Komitetu Wydawniczego i wydawcy. Wykaz skrótów został sporządzony w celu syntetycznego oddania opisu bibliograficznego, opartego na zasadach stosowanych w pracach poświęconych sztuce graficznej. Metodologia nasza bierze pod uwagę przede wszystkim dwa kryteria: oryginalność estetycznego ujęcia przedmiotu oraz precyzję bibliograficznego opisu dzieła.

NOTE DU RÉDACTEUR

Paweł Wyczyński

L'album qui paraît aujourd'hui regroupe cent vingt reproductions d'œuvres graphiques provenant de quarante artistes polonais; les originaux de ces estampes se trouvent à la Bibliothèque de l'Institut polonais des arts et des sciences au Canada qui se situe à Montréal. À de rares exceptions près, les œuvres reproduites ont été réalisées pendant l'entre-deux-guerres. Leur éventail de thèmes se montre vaste et varié: paysages, scènes collectives, portraits, motifs religieux, animaux, illustrations de livres, contes fantastiques, ex-libris... L'horizon s'ouvre sur la Pologne, son histoire et son folklore et, de temps en temps, un coup inattendu de burin laisse entrevoir quelques contours d'un monde lointain.

Les noms des artistes sont regroupés selon l'ordre alphabétique. Rédigée en trois langues — polonaise, française et anglaise —, la notice biographique met en évidence les événements importants ayant trait à l'auteur et à son œuvre. Ainsi conçue, l'information essentielle sur un artiste en particulier peut facilement rejoindre les lecteurs en Pologne et à l'étranger. À la fin de cette notice en version polonaise paraissent quelques titres — livres ou articles — sur l'auteur: il ne s'agit que d'indications de sources indispensables. La bibliographie générale constitue une section à part.

Les estampes de chaque auteur se succèdent presque toujours dans l'ordre chronologique. Dans le cas, cependant, où plusieurs œuvres datent de la même année, la première lettre du titre détermine la place de l'illustration dans l'ensemble dont elle fait partie. En général, l'intitulé d'une œuvre possède une structure binaire. La première unité, à l'aide de majuscules en italique, précise le titre proprement dit; la deuxième, entre crochets, à l'aide de majus-

cules ordinaires, propose les traductions du titre, séparées par un losange horizontal: <>. À la ligne suivante se situe la description de l'œuvre: la catégorie générique, la date d'exécution, les dimensions en millimètres. Lorsqu'un commentaire s'avère nécessaire, il est mis à la fin entre parenthèses.

Toutes les estampes reproduites dans l'album sont signées, à l'exception de cinq seulement: 10, 11, 81, 82 et 84. Une date entre parenthèses signale qu'elle ne figure pas sur l'original de la Bibliothèque polonaise de Montréal: elle vient d'une autre source. Un point d'interrogation (?) signifie que la date est inconnue. Une œuvre en couleurs ou en demi-teintes est accompagnée d'un astérisque: *; l'album en contient dix-neuf; dix-sept sont regroupées dans une section spéciale.

Il convient de remarquer que la reproduction graphique d'une estampe a pu s'effectuer en plusieurs exemplaires dont tous ne portent pas, nécessairement, le même titre. Dans notre édition, nous donnons celui qui figure sur l'original de la Bibliothèque polonaise de Montréal. Dans plusieurs cas, cependant, lorsque le titre manque, nous l'empruntons à une autre source que nous estimons fiable.

La saisie du sujet, la conception graphique et la mise en pages résultent de la collaboration entre le rédacteur, le comité de publication et l'éditeur. Les abréviations et les sigles ont été conçus pour rendre de façon synthétique la description bibliographique des œuvres, tout en respectant l'esprit des études propres à l'art graphique. Notre méthodologie tient compte toujours et avant tout de deux critères: la spécificité générique de l'œuvre et la précision de sa présentation bibliographique.

EDITOR'S NOTE

Paweł Wyczyński

This album presents reproductions of one hundred and twenty graphic works by forty Polish artists. The originals are in the collection of the Library of the Polish Institute of Arts and Sciences in Canada, located in Montreal. The large majority of the compositions were produced during the period between the two World Wars. The range of themes treated is vast and varied: landscapes, group scenes, portraits, religious motifs, animal book illustrations, fables, and book-plates. The perspective dwells on Poland, its history and folklore; from time to time, however, an unexpected touch of the burin hints at the outline of a faraway land.

The artists are presented alphabetically. The biographical information, in Polish, French and English, places the emphasis on the important events of their life and work. In this way, essential information on the artist will be available to readers not only in Poland but also elsewhere in the world. The biographical note in Polish is followed by a short bibliography of the indispensable sources. There is a general comprehensive bibliography in a separate section.

The works of each artist are usually presented in chronological order. When several works date from the same year, the first letter of the title determines the order of presentation. The title of the work is given in capital letters in italics, followed by the translation in French and English. The translations are separated by a diamond-shaped character. The description of the work: general category, the date of composition, and the dimensions in millimetres, is given on the following line. Where necessary, an additional commentary is placed at the end in brackets.

All but five of the compositions reproduced in this album are signed: the exceptions are: 10, 11, 81, 82 and 84. A date in brackets indicates that the original work was not dated: that comes from another source. A question mark (?) signifies that the date is not known. A work in colour — coloured or tinted — is indicated by an asterisk (*); the album has nineteen such works, seventeen of which, reproduced in colour, are grouped in a special section.

It is necessary to point out that the different prints from an engraving can have different titles. In our edition, we give the title as it appears in the work in the Polish Library collection. In cases, however, when the print is untitled, we have taken the title from other reliable sources.

The execution of the project, as well as the artistic conception and the make-up of the album, are the result of the collaboration between the editor, the Publication Committee and the publisher. The abbreviations and the typographical characters have been chosen in order to present in a concise fashion the bibliographical description of the work, in accordance with the accepted methods for the graphic arts. Our methodology is based above all on the aesthetic originality of the subject and the bibliographic precision in the presentation of the works.

SKRÓTY I ZNAKI OBJAŚNIAJĄCE		SIGLES ET SIGNES EXPLICATIFS	ABREVIATIONS AND EXPLANATORY SIGNS
a.	akt	acte	act
AKWAF.	akwaforta	gravure à l'eau-forte	etching
AKWAT.	akwatinta	aquatinte	aquatint
AUTOLIT.	autolitografia	autolithographie	autolithography
C.	cykl	cycle	series
c.	circa	circa	circa
D.G.W.	(D) drzeworyt wzdłużny albo langowy; drzeworyt poprzeczny albo sztorcowy	(G) gravure sur bois de fil; gravure sur bois debout	(W) woodcut; wood engraving
Il.	ilustracja	illustration	illustration
Il. >	ilustracja do	illustration pour	illustration for
LIN.	linoryt	linogravure	linocut
LIT.	litografia	lithographie	lithograph
M.G.E.	miedzioryt	gravure sur cuivre	engraving
s.	strona (pagina)	page	page
S.P.D.	sucha igła (suchoryt)	pointe-sèche	drypoint
vide, v.	zobacz	voir	see
V.M.	miękki werniks	gravure au verni mou	soft-ground etching
(?)	data nieznana	date inconnue	date unknown
(...)	data znana z innego źródła	date connue grâce à une autre source	date from another source
[...]	bez nazwiska autora	sans nom d'auteur	without name of the author
*	rycina barwna: kolorowa lub lawowana	en couleurs ou colorée	colour print, coloured
< 1920	przed (rokiem)	avant	before
▷	przesunięto	déplacé	transfered

O POLSKIEJ GRAFICE MIĘDZYWOJENNEJ

Krzysztof Krużel

Dynamiczny rozwój polskiej szkoły grafiki nowoczesnej dwudziestolecia midzywojennego i jej sukces na arenie międzynarodowej były fenomenem w skali światowej. Artyści polscy tego okresu stworzyli odrębną i niepowtarzalną stylistykę w sztuce graficznej, której urok zachwycił świat swoją świeżością.

Grunt technologiczny dla rozwoju grafiki na terenach Polski podzielonej przez trzech zaborców, Rosję, Prusy i Austrię, był przygotowany już wcześniej. Działały zakłady litograficzne dorównujące klasą najlepszym pracowniom zagranicznym (Maksymilian Fajans), a w drzeworytniach polskich, zainicjowanych przez *Tygodnik Ilustrowany*, wyszkolili się graficy reprodukcyjni na najwyższym europejskim poziomie, m.in. Jan Styfi i Józef Holewiński. Techniki metalowe święciły triumf poza krajem dzięki sztychom Feliksa Stanisława Jasińskiego (1862-1901). Grafika miała jednak wtedy głównie charakter odtwórczy i była oceniana pod względem biegłości technicznej, wykazanej przez grafika podczas odtworzenia dostarczonych mu do reprodukcji obrazów lub fotografii.

W Polsce rytownikiem stanowiącym „pomost pomiędzy tradycją grafiki reprodukcyjnej, a późniejszym rozwojem grafiki nowoczesnej" był w powszechnej opinii Ignacy Łopieński[1]. Niektórzy krytycy uważali go nawet za „wznowiciela polskiej grafiki na przełomie XIX i XX wieku[2]". Portret prof. Stanisława Noakowskiego [49]* dobrze ukazuje swobodę z jaką posługiwał się on niełatwą techniką akwaforty. Ale styl jego rytowania, precyzyjny i uporządkowany, posiadał jeszcze cechy suchego fotograficznego realizmu i był daleki od najświeższych prądów w nowoczesnej sztuce. Tym niemniej, Łopieński wniósł w środowisko artystyczne swój nieoceniony zapał do rytownictwa i przekazał umiłowanie i szacunek dla warsztatu graficznego młodszym generacjom w kraju. Znakomita technika

Łopieńskiego, na tle wysokiego poziomu grafiki reprodukcyjnej, wypracowanego w XIX stuleciu, nie była w stanie zwrócić uwagi na grafikę polską. Potrzebne było otwarcie się polskich artystów na najnowsze kierunki w sztuce i połączenie ich z pierwiastkami rodzimymi, co stworzyłoby nową jakość — odrębną, oryginalną i odróżnialną od innych kręgów grafiki artystycznej na świecie.

Polska grafika secesyjna, realizująca się głównie w sztuce pięknej książki, osiągnęła w twórczości Stanisława Wyspiańskiego wysoki poziom, ale jej charakter pozostał w swej istocie międzynarodowy, pomimo prób wykorzystania lokalnej stylistyki ludowej. Podobnie może być postrzegana twórczość Józefa Pankiewicza, którego znakomite akwaforty i suche igły mieściły się w szerokim kręgu naśladowców paryskiego grafika Charles Meryona (1821-1868) i Amerykanina James Whistlera (1834-1903).

Pankiewicz miał jednak ogromny wpływ na rozwój nowoczesnej grafiki w Polsce. Artysta nauczył krajowych grafików jak uzyskać malowniczy nastrój za pomocą najbardziej lapidarnych środków graficznych. Ukazał im jak oszczędna, lecz zręcznie pociągnięta linia może oddać na sztychu bogactwo słonecznego krajobrazu i jak podczas rytowania nokturnów można wydobyć z mroku światła o różnym natężeniu, za pomocą trafnie zaplanowanych na arkuszu jasnych plam niezadrukowanego papieru.

Pankiewicz przeszczepił na grunt polski najnowsze osiągnięcia nowoczesnej grafiki czarnobiałej, natomiast Leon Wyczółkowski wzbogacił sztukę polską wniesieniem ożywczych trendów impresjonistycznych w grafice barwnej. Artysta próbował różnych technik graficznych — fluoroforta, miękki werniks, radełko, kamienioryt, algrafia — by ostatecznie skupić swoją uwagę na litografii. Jego eksperymenty kolorystyczne oscylowały od intensywnych, wręcz drapieżnych zestawień barwnych, w kierunku subtelnych, ledwie widocznych walorów uzyskiwanych przez delikatne podmalowanie odbitki ryciny akwarelą.

---

* Numery w nawiasie kwadratowym są odnośnikami do rycin niniejszego albumu. Przypisy na s. 66.

Twórczość Wyczółkowskiego, choć nie tak spójna jak Pankiewicza, odsłoniła przed następną generacją nieporównywalnie większą ilość możliwości w zakresie nowoczesnego traktowania grafiki. Wskazał on ponadto młodemu pokoleniu najlepszą ścieżkę realizacji artystycznej w zakresie tematyki, obierając za główny przedmiot swojego zainteresowania otaczającą go w kraju rzeczywistość — ludzi, przyrodę i architekturę.

Na przecięciu dróg wspomnianych dwóch artystów ukształtowała się twórczość Zofii Stankiewicz, nieodmiennie utrwalającej, na malowniczych akwafortach i akwatintach, urodę pejzaży i architektury staromiejskiej ojczystego kraju. W przedstawieniach *Tratw* [97-98] posłużyła się ona swobodną linią rodem z Pankiewicza i, podobnie jak u Wyczółkowskiego, rozłożonymi umiejętnie płaszczyznami, uzyskując w efekcie malownicze, pełne przestrzeni i bogate odzwierciedlenie pozornie nieciekawych i skromnych w szczegóły krajobrazów[3].

Przedsięwzięcia pokolenia wymienionych artystów, wsparte zapałem generacji urodzonej w latach 1880-tych, ukazują nam krok po kroku, systematycznie realizowany program stworzenia w Polsce sztuki graficznej, tak artystycznej jak i stosowanej, na najwyższym światowym poziomie. W 1909 roku, na Akademii Sztuk Pięknych w Krakowie, powstała pierwsza Katedra Grafiki pod kierunkiem Józefa Pankiewicza. Równolegle w Warszawie Piotr Krasnodębski, uczeń Wyczółkowskiego, zaczął prowadzić dwuletnie kursy kształcenia zawodowego grafików w Oddziale Muzeum Rzemiosł i Sztuki Stosowanej. Tutaj ukazało się staraniem Władysława Łazarskiego czasopismo *Grafika* (1912), zawierające cenne artykuły historyczne, postulatywne i obszerną bibliografię. Szeroką działalność propagacyjną grafiki prowadził w Warszawie Antykwariat Polski Hieronima Wildera, autora do dziś cenionego podręcznika *Grafika* (Lwów, 1922). W Zakopanem, w eksperymentalnej pracowni graficznej założonej przez łódzkiego przemysłowca Henryka Grohmana, zorganizowany został w 1911 r. międzynarodowy konkurs integrujący środowisko grafików[4]. W 1912 roku, z inicjatywy Ignacego Łopieńskiego, Zofii Stankiewicz i Franciszka Siedleckiego powstało Towarzystwo Przyjaciół Grafiki. Tradycją stało się publikowanie w czasopismach oryginalnej grafiki (*Chimera*), lub ofiarowanie jej prenumeratorom w formie premii. Organizowane były stałe wystawy grafiki artystycznej przez Towarzystwo Zachęty Sztuk Pięknych w Warszawie i od 1914 r. kolejne konkursy[5]. Graficy hojną ręką obdarzali owocami swego talentu przyjaciół i rodzime instytucje[6].

* * *

W rezultacie, w momencie odzyskania przez Polskę niepodległości w 1918 r., kraj dysponował zastępem świetnych profesjonalnych grafików, konkursy odsłoniły nowe talenty, a zespolone środowisko dzieliło się ze sobą doświadczeniami, wzajemnie inspirując i znajdując bodźce do dalszej pracy. Działalność propagatorska zwróciła uwagę publiczności na wartość i piękno wyrazu artystycznego środków graficznych, co było nie bez znaczenia z prozaicznych powodów materialnych. Zubożeni przez zaborców obywatele kraju nie mieli środków na zakup kosztownych dzieł sztuki, tańsza od malarstwa i rzeźby grafika pozwalała im na zakup wytworów artystycznych, a zarazem artystom na ich sprzedaż.

Toteż w okresie dwudziestolecia międzywojennego grafika zdominowała twórczość artystyczną kraju, a jej centrum usadowione teraz w Warszawie oddziaływało na najdalsze krańce wolnej Polski. Ale warunki w jakich działali artyści graficy nie były wcale łatwe. Protektorat Państwa mógł tylko skromnie wspomóc energiczne poczynania tego środowiska, bo jego dylematy były tylko kroplą w morzu problemów, jakie należało rozwiązać w kraju po I wojnie światowej. Pomimo tego, przedsięwzięcia i wyniki pracy tego pokolenia mogą imponować do dzisiaj swoim rozmachem. Wystawa powołanego w 1919 roku Związku Polskich Artystów Grafików, już w następnym roku odniosła ogromny sukces w Londynie, a następnie odwiedzając kolejne miasta europejskie zebrała entuzjastyczne recenzje. W późniejszych latach wystawa gościła w Kanadzie[7]. Podobnie życzliwie przyjęta była w kraju wystawa okrężna grafiki polskiej w 1922 roku[8]. Równocześnie propagowano w kraju i zagranicą polskie książki i ekslibrisy. Zwieńczeniem licznych wystaw grafiki polskiej w latach dwudziestych i trzydziestych było zorganizowanie w Polsce Międzynarodowych Wystaw Drzeworytów w Warszawie (1933 i 1936)[9]. W stolicy rozkwitło wtedy szkolnictwo; w 1926 roku powstała Szkoła Przemysłu Graficznego im. Józefa Piłsudskiego, a w 1932 Doświadczalna Pracownia Grafiki w Salezjańskiej Szkole Rzemiosł. Ponadto grafiki uczono przy Wydziale Architektury Politechniki Warszawskiej, w Szkole Sztuk Pięknych i Miejskiej Szkole Sztuk Zdobniczych. Nowe czasopisma *Grafika Polska* (1921-1928), *Silva Rerum* (1925-1939), *Grafika* (1930-1939), i inne popularyzowały różnorodną współczesną ilustrację graficzną. Mocno popierana była grafika ludowa. Zaczęto zwracać baczną uwagę na krajowe zbiory grafiki dawnej — Stanisława Sawicka i Zofia Ameisenowa stały się w tym zakresie specjalistami światowej rangi. Założono nowy gabinet rycin w Polskiej Akademii Umiejętności, jeden z najznakomitszych w kraju (1935). Grafika polska stała się szeroko uznana na świecie, a jej przedstawiciele zdobyli sporo nagród i wyróżnień międzynarodowych.

* * *

Twórcą polskiej szkoły drzeworytu nowoczesnego, techniki będącej wizytówką grafiki polskiej okresu międzywojennego, był Władysław Skoczylas. Artysta pracujący początkowo jako rzeźbiarz i próbujący swoich sił w malarstwie, objawił swój nadzwyczajny talent rytowniczy jako uczestnik konkursów im. Henryka Grohmana, w 1911 i 1914 roku, gdzie zdobył główne nagrody, najpierw za akwafortę, potem za drzeworyt. W latach przedwojennych ukształtowały się też wszystkie charakterystyczne cechy jego stylu. Skoczylas, świadomy potrzeby nadania polskiej sztuce właściwego piętna, sięgał do sztuki ludowej — malarstwa na szkle, drzeworytnictwa i elementów dekoracyjnych. W tym nurcie połączył monumentalizm i statyczność sztuki średniowiecza z nowymi środkami wyrazu formalnego czasów współczesnych. Zaczynając swoją twórczość od ekspresyjnych akwafort, celowo zrezygnował z impresjonizmu i prymitywną prostotą drzeworytu wzdłużnego wytyczył drogę po jakiej powinna pójść, według niego, nowa grafika

polska. Dzięki wypracowanemu w ten sposób własnemu stylowi, jego twórczości nie sposób zakwalifikować do któregokolwiek z ówczesnych kierunków w grafice europejskiej. Stanowi ona zupełnie odrębną gałąź, z której rozwinęły się pokrewne, acz równie oryginalne talenty jego uczniów i kontynuatorów, tworzące nowe, wyzwolone z zagranicznych wpływów oblicze grafiki polskiej.

Charakterystyczną cechą wyglądu skoczylasowskich drzeworytów jest biały obraz na czarnym tle. W przypadku mocnego zagęszczenia kresek, oku widza staje się obojętne, które z linii, białe czy czarne, tworzą zarys poszczególnych elementów przedstawienia i zaczyna oddziaływać na niego przede wszystkim nastrój białorytu, mroczny i tajemniczy, całkiem odmienny od tworzonego przez tradycyjną czarną kreskę na białym tle arkusza.

Większość jego kompozycji graficznych zbudowana jest na zasadzie prostoty i symetrii, a główny temat przedstawienia umieszczony jest pośrodku obrazu niczym emblemat tarczy. Niekiedy towarzyszą mu stylizowane na ludowo ornamenty roślinne tzw. „leluje". Składający się z równoległych kresek szrafirunek, charakterystyczny dla początków rytownictwa, tworzy tzw. „grzebienie", nawiązujące do ludowego drzeworytu i wycinanek.

Wyszczególnione cechy można zaobserwować na pracy pt. *Św. Sebastian* [84]. Drzeworyt ten ukazuje celowe zastosowanie rytmu u artysty, wszystkie elementy otaczające postać są bowiem podporządkowane w swej funkcji dekoracyjnej pozie przyjętej przez męczennika. Folklor Podhala, główne źródło fascynacji grafika, znalazł swoje patetyczne odzwierciedlenie w *Pochodach Zbójników* [86-87]. Zwarta grupa silnych górali na pierwszym z przedstawień stanowi nierozerwalną jedność, podkreśloną dodatkowo zarysem chmury i nasuwa skojarzenia z płaskorzeźbą, dziedziną bliską Skoczylasowi. *Łucznik* [85] zawiera spory ładunek dynamicznej ekspresji, wprawiającej w ruch statycznie wypuszczającego strzałę rozbójnika. Skoczylas uzyskał ten efekt dzięki celnie poprowadzonym w różnych kierunkach wyżłobieniom kreski w klocku. Ilustracje do książki *Taniec Zbójnicki* Jana Kasprowicza [88-89] są kontynuacją ulubionych tematów Skoczylasa i nawiązują do jego wcześniejszych dokonań.

W pierwszych latach niepodległości Polski, ruch artystyczny wykazywał niezwykłą ruchliwość owocującą powstaniem rozlicznych ugrupowań. Członkowie „Rytmu", którego Skoczylas był współzałożycielem, pragnąc wypracować „stylistykę polską" podążyli wkrótce swoimi własnymi drogami. Związek Polskich Artystów Grafików, założony z inicjatywy artysty, skupiał w swoich szeregach temperamenty bardzo różnorodne i zajmował się głównie pracą organizacyjną. Realizacji swojej idei odrodzenia sztuki drzeworytniczej w kraju, Skoczylas spróbował zatem poszukać w swoim własnym ugrupowaniu. W 1925 roku, już jako profesor warszawskiej Szkoły Sztuk Pięknych, zorganizował grupę „Ryt", której trzon stanowili jego wychowankowie. Jednym z członków-założycieli „Rytu" był Edmund Bartłomiejczyk, wykładowca sztuki użytkowej. Wszechstronne zdolności i rozległe zainteresowania tego artysty, nie pozwalały mu długo zdecydować się w jakim kierunku rozwinąć swój talent. Wykwalifikowany jako chromolitograf, studiował malarstwo, często zmieniając swych mistrzów, architekturę i sztukę stosowaną. Właśnie w tej ostatniej, zabarwionej kolorytem sztuki ludowej odnalazł swoje prawdziwe spełnienie, a stąd był już tylko krok do artystycznie uprawianego drzeworytu. Ten krok uczynił niewątpliwie pod wpływem Skoczylasa. Jego pierwsze dojrzałe w tej technice prace ukazały się dopiero na początku lat 1920-tych. Do dzisiaj bywa niesprawiedliwie uważany za epigona Skoczylasa, choć wzajemne podobieństwo ich prac wynika głównie ze wspólnych fascynacji folklorem.

Wyjazd w pole [1], jeden z jego najlepszych drzeworytów, pokazuje wyraźnie, że w przeciwieństwie do Skoczylasa, Bartłomiejczyk rozdrabniał formy, rozpraszał światło, a jego stylizacja postaci ludzkich i zwierzęcych oraz przedmiotów była bardzo nieśmiała i tkwiła korzeniami w realistycznym sposobie ujęcia. Bezbłędna diagonalna perspektywa, przedstawionej z góry w manierze drzeworytów japońskich sceny, pozwala nawet przypuszczać, że artysta wykorzystał fotografię. *Vielico Tirnovo* [2] jest podobnie mocno osadzone w realiach, i tylko walory graficzne przemieniają jego proste przesłanie dokumentalne w niezwykły, tajemniczy pejzaż.

Jakkolwiek obydwie te prace, wystarczająco charakterystyczne dla większości jego drzeworytów, są technicznie kontynuacją stylu Skoczylasa, swoją migotliwością plam czarnych i białych, bardziej przypominają średniowieczny drzeworyt groszkowy, niż klasyczny białoryt liniowy.

* * *

Idee estetyczne szkoły Skoczylasa uparcie rozpowszechniał Tadeusz Cieślewski syn, nieustannie poszukujący w swoich pracach teoretycznych argumentów na rzecz atrakcyjności grafiki, zwłaszcza drzeworytu[10]. Ale w jego sztuce trudno odnaleźć mistrza. Był artystą na wskroś oryginalnym, ukształtowanym przez własną wrażliwość i wyobraźnię, które sam ujął rzeczowo w wąskie ramy poszukiwań formy i rytmu w opozycji bieli (światła) i czerni (mroku). Choć występował przeciwko obcym wpływom, do jego sztuki przeniknęły pierwiastki metafizyczne, lecz wywodzące się raczej z jego wewnętrznego niepokoju niż ze wzorów jakich dostarczyć mu mogło paryskie środowisko. Stąd pochodzą szokujące zestawienia elementów realistycznych na rycinie *Halucynacja warszawska* [12], gdzie irracjonalnie skumulowane fragmenty architektury starego miasta umieszczone są, niczym w Wenecji, nad wodą po której płynie żaglowa łódź. Właśnie Warszawa, z całą jej ówczesną „architektoniczną rupieciarnią", zniszczonymi tynkami, krzywymi dachami, schodkami i niezgrabnymi przybudówkami była jego inspiracją. Tutaj poszukiwał „od symbolu poprzez kształt treści", jak sam to kiedyś wyraził. I rzeczywiście, duszę mrocznego uroku i klimat stolicy potrafił oddać nawet na rycinie z pracami remontowymi, co pokazuje *Przebudowa Arsenału* [14].

Miłość do Warszawy rozwijał od zarania pod wpływem ojca, malarza Starego Miasta. Praca jego dziadka, śpiewaka operowego, spowodowała z kolei, że jego przedstawienia przypominają niekiedy scenerie teatralne, które fascynowały jego wyobraźnię w dzieciństwie. Takie można odnieść wrażenie spoglądając na *Wolne Miasto Gdańsk* [13]. Składająca się z trzech poziomych części rycina pokazuje nam biegłość techniczną, gdyż choć skomplikowana i zagęszczona w fakturze, jest jasna i klarowna.

Cieślewski w przeciwieństwie do innych członków „Rytu" unikał dłutka, używał rylców i igły, co pozwalało mu uzyskiwać drobiazgową szczegółowość w przedstawieniu. Widoki miast i ekslibrisy są najbardziej znaną częścią jego twórczości, ale Cieślewski pozostawił także wiele niecodziennych, niepokojących drzeworytów, które są zbliżone do niektórych nurtów w dzisiejszej sztuce.

Przyjaźń i duchowe pokrewieństwo połączyły Cieślewskiego ze Stefanem Mrożewskim. O ile jednak ten pierwszy stwarzał nastrój za pomocą rozjaśnienia mroku, to Mrożewski odnajdywał radość tworzenia w wydobywaniu z niego kaskad światła, a swoim mistrzowskim rytowaniem osiągnął efekty, które sprawiedliwie nadały mu miano „Czarodzieja rylca[11]". Z grafików „Rytu" Mrożewski osiągnął największy rozgłos na świecie, jego pracami szczycą się dzisiaj najpoważniejsze kolekcje graficzne[12]. Początkowo artysta ulegał wpływom Skoczylasa i Bartłomiejczyka, co ukazuje urocza, lecz epigońska *Leśniczówka* [57]. Ale na początku lat trzydziestych Mrożewski wypracował indywidualny styl, „nie dając się zamknąć do żadnej szuflady". Jak zauważył Cieślewski, „formy na rycinach Mrożewskiego robią wrażenie utkanych z promieni świetlnych", a trafności takiego osądu dowodzą *Sianokosy* (OKSA) [58], wyczarowane przez artystę z mroku ciemnego odbicia klocka, tysiącami cienkich zarysowań rylcem. *Kolk* [61] ukazuje podobne jak u jego przyjaciela deformacje liniowe, zapowiadając najbardziej charakterystyczne cechy jego stylu, rezygnację z perspektywy i poprawności rysunku na rzecz ekspresji i dynamiki w zaludnionych i przeładowanych szczegółami przedstawieniach. Jego zręczność techniczną dobrze reprezentuje *Apokalipsa* [59], pełna koronkowych kształtów w iście barokowej scenerii. Jarmarczno-kuglarskie cechy jego postaci, wywodzące się z ojczystego folkloru przypominają, że choć tworzył zagranicą pozostawał wciąż artystą polskim. W jego sztuce są także pierwiastki fantastyczne jakby zapożyczone od Hieronymusa Boscha lub Pietera Bruegla Starszego. Niekiedy kompozycje artysty bywają oszczędne i wyrafinowane, jak to się uwydatnia w drzeworycie *Cynie* [62], lub na jego świetnych portretach, takich jak upozowany na ludowo portret jego żony [60].

Styl kolejnego wybitnego rytownika z pracowni Skoczylasa, Stanisława Ostoji-Chrostowskiego, ukształtował się ostatecznie na przeciwstawnym biegunie do twórczości jego mistrza. Drzeworytnik odżegnał się od wpływów sztuki ludowej i realizował głównie na polu wyrafinowanego zdobnictwa i ilustracji książkowej. Wirtuozeria techniczna, łącząca swobodnie i finezyjnie realizm ze stylizacją współczesną, zapewniła Chrostowskiemu szerokie uznanie międzynarodowe. Przychylna krytyka nadała mu miano „Arystokraty rylca[13]" i „Chluby polskiej grafiki[14]". Pełne napięcia dramatycznego linie jego drzeworytówześrodkowują wewnątrz przedstawienia ogromną energię nadającą ruch jego scenom. Tadeusz Cieślewski syn trafnie określił jego manierę „akrobacją rylcem". Warto przytoczyć ówczesny opis drzeworytu *Smętek* [5], aby przypomnieć jak oddziaływały jego prace na miłośników sztuki w tym okresie: „...przedziwnej piękności drzeworyt. Pnie sosen pochylają się ku lewej stronie, jakby poruszone tajemniczym rozkazem, człowiek-duch przemyka przez cienie lasu, nawpół lecąc, chwycony w ruchu tak lekkim, jak wiewiórka skacząca u góry między koronami, a w głębi poświata księżycowa na spokojnej, ale drżącej powierzchni morza. Całość wibruje, zachwyca poezją[15]".

Wcześnie poznany i doceniony zagranicą Chrostowski został wybrany przez renomowaną firmę wydawniczą w Londynie do ilustracji dzieł zbiorowych Szekspira, jako jeden z dziewięciu najlepszych drzeworytników świata[16]. Wykonał sześć znakomitych rycin do sztuki *Perykles, książę Tyru*, szekspirowskiej wersji tekstu angielskiego poety Gowera [zm. 1408], wyróżnionych pierwszą nagrodą w 1940 roku w Londynie [6-11]. Prawdziwym arcydziełem wśród nich jest *Burza na morzu* [9], przedstawiająca niezwykle sugestywnie skłócone ze sobą żywioły — ogień, powietrze i wodę. Wtopiony w ich walkę ledwie dostrzegalny pośród piany fal statek podkreśla grozę sytuacji.

Do najwybitniejszych artystów „Rytu" należał Tadeusz Kulisiewicz (1899-1988), którego pełne ekspresji i deformacji sceny ludowe mocno oddziaływały na grafikę nowoczesną i odcisnęły również głęboki ślad na współczesnej sztuce polskiej. Nie można tu nie wspomnieć trzech utalentowanych drzeworytników, którymi byli: Wiktor Zbigniew Langner, Ludwik Tyrowicz, Józef Tom i Władysław Lam.

Wobec tak silnych i oryginalnych indywidualności twórczych, pozostali członkowie „Rytu" pracowali niejako w cieniu, choć każdy z nich wnosił w wizerunek ugrupowania swój własny niepowtarzalny talent.

Maria Dunin-Piotrowska swoje najlepsze prace wykonała w latach 1930-tych, kiedy odrzuciła wyrafinowanie techniczne na rzecz zwięzłej i szorstkiej kreski, rozdzielając plastycznie szerokie plamy bieli i czerni, tworzące jej kompozycje. Lapidarna, urocza *Dziewczynka i akwarium* [16] przynosi chlubę całemu „Rytowi". Dwie późniejsze grafiki, *Cyrk-kulisy* [17] oraz barwna *Maria czytająca* [18] świadczą o niespełnionych poszukiwaniach własnej drogi i próbach wypracowania swojego charakterystycznego stylu.

Podobna szorstkość i zamierzony prymitywizm cechuje drzeworyty Marii Rużyckiej-Gabryel [79-82]. Uproszczona forma realistycznych przedstawień ukazuje jej wierność wskazówkom Skoczylasa, ale jednocześnie artystka rozprasza migotliwie fakturę swoich drzeworytów podobnie jak czynił to Bartło-miejczyk.

Silny wpływ Tadeusza Cieślewskiego syna łatwo dostrzec w białorytach *Powiśle* [36] i *Pont Marie in Paris* [37] Mieczysława Jurgielewicza. Sferyczny i teatralny sposób widzenia Cieślewskiego spotkał się tutaj z percepcją malarza, który chętnie projektował witraże i scenografie oraz uprawiał grafikę. Dwie kolejne grafiki ukazują jak starannie i bogato cyzelował on płaskie formy na płaszczyźnie, podzielonej u niego zazwyczaj na niezależne od siebie pola. Każde z nich mogłoby tworzyć osobną, miniaturową kompozycję. W połączeniu z tymi cechami, zwarty *Rustic Christ* [38] i rytmiczne *Polowanie* [39] pokazują w jaki sposób jego drzeworyty nawiązywały wizualnie do witraży i artystycznych tkanin.

Twórczość graficzna Wiktora Podoskiego była z kolei mocno podparta teoretycznymi rozważaniami i myślą krytyczną. Wprowadzał on świadomie ograniczenia tematyczne i formalne do swojej sztuki. Nie wynikało to z wpływów Skoczylasa, z których się szybko wyzwolił, lecz z jego malarskiego postrzega-

nia rzeczywistości. Grafiki międzywojenne Podoskiego, najczęściej oszczędne w kompozycji (*Sen na chmurze* (Akt I) [68], *Martwa natura III* [69]) ukazują jego tendencje do skupiania swojej uwagi na próbach uzyskania coraz to nowych niuansów w fakturze drzeworytniczej. W tym celu atakował on klocek drzeworytniczy rozmaitymi narzędziami i uzyskiwał niezwykłe dla tej techniki efekty. Wskutek tego banalny motyw w kompozycji *Kopanie szparagów* [66] objawił się jako jeden z najciekawszych dzieł „Rytu". W przedstawieniu smutnego podwórka na Pradze ukrywa się ironia zawarta w nadanym rycinie przez Podoskiego tytule *Fragment wielko-miejski (Ulica Mała)* [67][17].

Podobne eksperymentalne podejście do drzeworytu przejawiała Wiktoria Goryńska. Jej oeuvre drzeworytnicze jest tak różnorodne technicznie i formalnie oraz otwarte na nowe prądy, jakby skupiało w sobie kilka ciekawych i odmiennych od siebie osobowości twórczych. Spędzenie przez nią wczesnych lat życia w Londynie i Wiedniu oraz szerokie zainteresowania były powodem jej trudności z wypracowaniem zdecydowanego oblicza artystycznego. W rycinie *Stefan Batory* [29] widać jak wpływy angielskiej i wiedeńskiej secesji nałożyły się na idee graficzne Skoczylasa i Cieślewskiego. Z kolei, w drzeworycie *Szermierka* [30], popisała się umiejętnością uproszczenia formy i uzyskiwania ekspresji za pomocą celnie poprowadzonej linii, podziałów sceny i gry kontrastów. Potrafiła też oszczędnymi środkami wyrazu trafić w sedno indywidualności i psychiki portretowanych przez nią z zamiłowaniem zwierząt, czego dobrym przykładem jest dwubarwny *Kot syjamski* [31].

Osobne „perły" w serii o tematyce sportowej wyszły spod ręki Janiny Konarskiej-Słonimskiej. W twórczości artystki pojawiły się one w momencie jej zafascynowania grafiką japońską i jej eksperymentów z barwą i tonalnością monochromów. Na jednej z takich rycin malarsko potraktowane płaską plamą figurki narciarzy na tle subtelnego pejzażu, zbliżają przedstawienie do efektów uzyskiwanych raczej w akwareli niż drzeworytnictwie [44].

Rozwój utalentowanej Bogny Krasnodębskiej-Gardowskiej przeszedł przez kilka etapów. Początkowo, tak jak większość młodych członków „Rytu", poddawała się wpływom Skoczylasa, próbując przetransformować stylizację ludową na własne postrzeganie dzieła sztuki. Lecz już na początku lat 1930-tych, nie bez wpływu rozważań Cieślewskiego i rylca Chrostowskiego, postawiła na matematycznie dokładne obrazy graficzne budowane na ostrych kontrastach bieli i czerni. *Sieci* [45], jeden z najsławniejszych drzeworytów ugrupowania, stanowią w tym momencie jej kariery punkt szczytowy. Pietyzm i wnikliwość w przedstawieniach przyrody, jaką Krasnodębska-Gardowska wykazała m.in. w swoim cyklu „Drzewa" z lat 1933-1934, zasługują na szczególną uwagę [46-47]. Nie wnikając w walory graficzne tych wspaniałych drzeworytów, warto sięgnąć w tym miejscu do wspomnień Jacka Woźniakowskiego. Przypomina on, że to pokolenie Polaków nie ogarniało przyrody przelotnym i pospiesznym spojrzeniem i potrafiło dobrze rozróżnić „bratki, ślaz, cykorię, rutę, szałwię i dzięgiel [18]".

W kontekście przedstawionych dotąd członków "Rytu", działania Konstantego Marii Sopoćki mogą wydawać się mało ambitne. Monumentalny *Noe* [92], może zaciekawić zgrabnym szrafirunkiem poprzecznym i krzyżowym, ale sam drzeworyt mieści się w klasycznej ludowej konwencji Skoczylasa i Bartłomiejczyka. Urocze, barwne lub podcieniowane widoki z lat 1935-1937 nie wydają się mieć aspiracji bycia czymś więcej ponad „ładne obrazki" [93-96]. Po wojnie, jego bezpretensjonalne, lecz wysmakowane ilustracje w książkach dla dzieci i młodzieży kształtowały wyobraźnię kilku kolejnych nowych generacji w Polsce.

* * *

Wybuch II wojny światowej przerwał na zawsze pracę twórczą ugrupowania w którym działało w sumie 24 artystów. Do „Rytu" należeli również w różnym stopniu zaangażowania: Wacław Borowski, Ludwik Gardowski, Zygmunt Kamiński, Stanisław Rzecki, Wacław Wąsowicz, Ludwik Tyrowicz, Józef Perkowski, Konrad Srzednicki, Edward Manteuffel i Salomea Hładki-Wajwódowa. Współpracowali z nim ponadto artyści nie związani deklaracją, m. in. Jerzy Hulewicz i Adam Półtawski.

Apogeum twórczości graficznej niedocenianego w Polsce Jerzego Hulewicza wypadło w okresie jego aktywności w awangardowej, poznańskiej grupie „Bunt", działającej pod silnym wpływem niemieckiego ekspresjonizmu[19]. Tendencje prezentowane w „Buncie", najprężniej działającego w latach 1918-1920, nie znajdują właściwego odzwierciedlenia w znajdujących się w naszym albumie pracach. Oprócz Hulewicza grafikę uprawiali w nim Stanisław Kubicki i jego żona Margaret Schuster-Kubicka, Jan Jerzy Wroniecki, Stefan Szmaj, Władysław Skotarek, Artur Maria Swinarski i Jan Panieński. (Podobnym ekspresjonistycznym ugrupowaniem było żydowskie „Jung Idysz", działające w Łodzi w latach 1918-1922). Hulewicz stworzył wówczas szereg niezwykłych, dramatycznych rycin, którymi zapisał się na trwałe w sztuce światowej. Dzisiaj odbitki jego drzeworytów z tego okresu znajdują się w najznakomitszych kolekcjach sztuki ekspresjonistycznej[20]. Później środki wyrazu w twórczości Hulewicza uległy złagodzeniu i artysta oddalił się od skrajnie awangardowych prądów. Drzeworytnictwo, którego renesans w Polsce zapoczątkowało właśnie poznańskie ugrupowanie, zbliżyło Hulewicza ideowo do „Rytu". Jego przykład wnosił powiew świeżości nie pozwalający skostnieć najbardziej wpływowemu w kraju ugrupowaniu w raz na zawsze wypracowanej stylistyce. Trzy grafiki, *Głowa Chrystusa* [33], *Kobieta i mężczyzna w bibliotece* [34] i *Róże* [35], odsłaniają jego fascynacje ekspresjonizmem, kubizmem i formizmem.

Poważną część spuścizny artystycznej „Rytu" stanowiły prace związane z bibliofilstwem, prowadzone pod hasłem wypracowania stylu narodowego w zdobnictwie książkowym. W tym kontekście postać Adama Półtawskiego miała kluczowe znaczenie dla grafiki polskiej. Wybitny polski typograf okresu międzywojennego miał niemały wpływ na artystów, którzy wchodzili na ten obszar sztuki stosowanej — doradzał Chrostowskiemu, polemizował z Cieślewskim. Choć Półtawski zaczął uprawiać drzeworyt dopiero w 1925 r., szybko doszedł w nim do prawdziwej wirtuozerii. Prace typograficzne, szczególnie jego uwieńczona sukcesem próba stworzenia czcionki narodowej, tzw. „antykwa Półtawskiego", nie zostawiały mu wiele czasu na uprawianie grafiki planszowej. Tym niemniej, drzeworyt *Żaglowiec* [71], przygotowany specjalnie na I Międzynarodową Wystawę Drzeworytów w Warszawie w 1933 r., został od razu wyróżniony nagrodą i dyplomem honorowym. Także wystawiony wtedy *Wodotrysk* [70] jest pracą mistrzowską, a obie stanowią świetny przykład impresjonizmu w grafice i ukrytych w klocku drzeworytniczym możliwości. Na II Wystawę w 1936 r. artysta przygotował trzy grafiki, wśród nich realistyczne i dojrzałe *Domki* [72].

„Ryt", w którym nigdy nie narzucano członkom ortodoksyjnego programu tłumiącego swobodę twórczą, przedstawiał w dziełach swoich twórców ogromną ilość wzorów, z których czerpać mogli przykłady artyści oddaleni od środowiska warszawskiego, lub nie zrzeszeni w ugrupowaniu. Wpływ „Rytu", bezpośredni lub połączony z kolorytem lokalnym miejsca działalności różnych grafików, ukazują zarówno prace rówieśników Skoczylasa i Bartłomiejczyka, jak i młodszego pokolenia. W stylu Skoczylasa przedstawiała rodzinne okolice lwowianka Janina Nowotnowa [63]. Charakterystyczne skoczylasowskie „leluje" odnajdujemy na grafice Marii Sieraczyńskiej [83]. Odniesienia do Skoczylasa całkiem jasno przedstawiały się zawsze w twórczości piewcy folkloru huculskiego Władysława Leliwy-Żurawskiego, tu reprezentowanego zmysłową ryciną *Przy oknie* [120]; nie inaczej było z kieleckim grafikiem Kazimierzem Wiszniewskim [103-108]. Nie starali się wybić ponad wypracowaną w „Rycie" stylistykę również Roman Kłopotowski [42-43] i Henryk Gaczyński [25-28], prezentując rzetelne rzemiosło, podobnie jak setki innych rytowników na terenie ówczesnej Polski. Jeden z nich, Paweł Steller, zyskał przydomki „śląskiego Dürera" i „śląskiego Skoczylasa". Pod wpływem „Rytu" tworzyło również środowisko grafików wileńskich kierowane przez Jerzego Hoppena.

W całej plejadzie świetnie wyszkolonych grafików nie było trudno znaleźć młodych artystów, którzy kontynuowaliby tradycje polskiej szkoły graficznej w utworzonym specjalnie dla nich ugrupowaniu. Założenie takie było podstawą ideową powołanego w 1936 roku Zespołu Grafików Czerń i Biel. Honorowy patronat nad nim objął Leon Wyczółkowski, a prezesurę Tadeusz Cieślewski syn. Zespół skupił kilku artystów całkiem od siebie odmiennych. W dalszej perspektywie mogło to przy-

nieść ciekawe rezultaty, lecz krótki okres działalności nie pozwolił rozwinąć się ugrupowaniu i wpłynąć znacząco na grafikę w kraju.

W grupie pięciu członków wyraźnie odróżniała się monumentalną ekspresją Janina Kłopocka. Prostota jej prac, *Kobiety idące* [40] i *Krajobraz górski* [41], może podobać się i dzisiaj, choć te grafiki są oczywistym przeniesieniem cech europejskiego ekspresjonizmu w realia polskie. Pozostali czterej graficy dążyli w przeciwieństwie do Kłopockiej do uzyskania bogatych walorów malarskich na obrazie graficznym.

Działalność Zofii Elżbiety Fijałkowskiej, uczennicy Chrostowskiego, była w dużej mierze kontynuacją rozwiązań wypracowanych w „Rycie". Najwcześniejsze tutaj prace: *Koncert* [20], utrzymany w staromodnej manierze ilustracyjnej i ciekawie rozwiązane *W izbie* [21], powstały w okresie jej poszukiwań własnej drogi. *Kasztan* [22] i *Sarny w lesie* [23] ukazują, że artystka czuła się powołana do wnikliwej poetyckiej analizy przyrody. Przedstawiała ją za pomocą drobiazgowego szrafirunku, który odzwierciedlał zróżnicowane natężenie światła na jej najdrobniejszych elementach. Czystość kreski, wyniesiona od Chrostowskiego, w połączeniu z rozbiciem obrazu na punkty powoduje, iż jej drzeworyty są bliższe faktury malarskiej niż graficznej.

Jeszcze dalej posunął się pod tym względem Fiszel Zylberberg. Jego sposób opracowania klocka stanowi w tym momencie punkt graniczny w zbliżeniu się drzeworytu do możliwości tonalnych osiąganych tylko w malarstwie sztalugowym [117-119].

Bernard Frydrysiak, który był przede wszystkim malarzem, wykonywał okazjonalnie ryciny w technice suchej igły. Źródeł inspiracji jego dzieła *Widok na jezioro* [24] można doszukać się na co najmniej kilku grafikach Józefa Pankiewicza. Ale sztych Frydrysiaka jest jeszcze lepszym od nich przykładem w jaki sposób można przekonująco zbudować nastrój i przestrzeń dowolnego krajobrazu za pomocą kilkunastu kresek i delikatnie rozłożonego na miedzianej płycie tonu.

Litografie Aleksandra Sołtana [90-91] wspominane są dzisiaj tylko jako „blady odblask sztuki Leona Wyczółkowskiego[21]". Młodzi ludzie z tego zespołu, w którym pokładano wiele nadziei, niewątpliwie obracali się już w kręgu znanych wcześniej rozwiązań. Twórczość ugrupowania ukazywała schyłek „złotego wieku grafiki polskiej", mającego miejsce w krótkim okresie międzywojennym. Głównym założeniem artystów tworzących „Czerń i Biel" było wyrzeczenie się barwy i kontynuowanie głębokiego przekonania Tadeusza Cieślewskiego syna, że istota grafiki polega na operowaniu tylko dwoma, tytułowymi dla ugrupowania kolorami. O ile łatwo udowodnić fałsz historyczny takiego osądu — gdyż pierwsze drzeworyty były niemal zawsze kolorowane —, to sprawa zapatrywań estetycznych jest oczywiście otwarta.

W „Rycie" akceptowano problem barwy, lecz nie zdominował on grupy. W kontekście programu walki o odnowienie sztuki graficznej w Polsce, artyści musieli zdawać sobie sprawę, że sama gra bieli i czerni nie wystarczy, aby zdobyć szeroką publiczność. Wiedzieli też, że w opozycji do kolorów, grafika czarnobiała nabiera szczególnego smaku i znacznie atrakcyjniej wypada na wystawach skonfrontowana z barwą, niż wystawiana samotnie. Poglądy Cieślewskiego nie były na tyle powszechnie przyjęte, aby dzisiaj monochromatyczna w przeważającej mierze grafika międzywojenna nie mogła nam odsłonić na licznych przykładach swojego drugiego, tęczowego oblicza. Zawdzięczamy to głównie kobietom, które wyspecjalizowały się w barwnych i tonalnych poszukiwaniach. Ich rozwiązania bywały zróżnicowane, najczęściej oparte na harmonii łagodnych tonów, ale zdarzały się również kolory jaskrawe, niekiedy zahaczające, szczególnie w nurcie ludowym, o gwałtowne kontrasty wzajemnie wykluczających się barw.

W tym zakresie grafika polska zrzuciła z siebie balast mocno oddziaływujących na całą Europę wpływów drzeworytu japońskiego, tak bardzo rzucający się w oczy jeszcze na litografiach Wyczółkowskiego z lat 1920-tych i wypracowała własny, świeży styl.

Najpłodniejszą artystką w drzeworytnictwie barwnym była obok członkini „Rytu" Janiny Konarskiej, nigdzie niezrzeszona Wanda Telakowska. Jej zainteresowanie wzornictwem przemysłowym znalazło odbicie w wyglądzie jej rycin, przypominających utkane maszynowo kilimy, wykonywane z myślą o dekoracji wnętrza [99-102]. Zazwyczaj pogodne, wręcz relaksowe widoki przyrody Telakowskiej nie przetrwały niestety w zbyt wielu odbitkach. Artystka, nie lubiąca się powtarzać, mocno różnicowała poszczególne odbitki kolorystycznie.

Całkowitym przeciwieństwem Telakowskiej była Stefania Krzyżanowska-Pawłowska. Jej przedstawienia składały się z załamanych linii, które żywymi plamami barwy, rozdzielały ich elementy. Na jej drzeworytach, rzeczywiste widoki przemieniały się w nierealny, „bajkowy" świat [48].

Warto wspomnieć o niepowtarzalnych kompozycjach Anieli Cukier, która z kolei rozbijała obraz na gamę rozproszonych i elegancko współgrających ze sobą tonów. Niemal cały dorobek artystki przepadł niestety podczas wojny.

Mniej odkrywcze, lecz nadzwyczaj urocze są barwne sztychy Ireny Mińskiej-Golińskiej, o witrażowych, rytmicznych układach [50-52]. Prace tej mało znanej artystki zasługują na popularność. Jej dzieło graficzne uzupełnia tutaj zabawna impresja z małpkami [53].

Barwne grafiki Marii Wolskiej-Berezowskiej nawiązują wdzięcznie do wczesnorenesansowych malowideł i fresków nierzadko inspirujących ówczesnych artystów [109-110]. Każdemu nasuną się tutaj skojarzenia z Giotto, a szczególnie z Paolo Uccello. Wzbogacają one obraz polskiego rytownictwa ciekawymi reminiscencjami z odległej przeszłości.

Ze szkodą dla grafiki polskiej, zbyt rzadko zajmowała się nią malarka Aniela Pawlikowska z Medyki. W okresie międzywojennym wykonała cykl „Bogurodzica[22]" i kilka rycin religijnych o ciekawych sylwetkowych ujęciach. Nawiązująca do jej wczesnej twórczości *Matka Boska Księżycowa* [65] naśladuje kilkoma zręcznymi liniami i plamami ludowe malarstwo na szkle. Taka oszczędność pozwoliła jej oddać nastrój głębokiego skupienia i religijności, cechy będącej jedną z głównych treści w grafice polskiej dwudziestolecia międzywojennego.

Dominacja środowiska warszawskiego i mocne oddziaływanie „Rytu" na terenie kraju nie powinny przysłonić znacznie bogatszego faktycznie wizerunku grafiki polskiej w omawianym okresie. W prowincjonalnym Drohobyczu działał na przykład odosobniony geniusz — Bruno Schulz — pisarz, grafik i rysownik (1892-1942). Rozsławiali ją także artyści działający zagranicą, których kierunki poczynań twórczych współgrały z bieżącymi sugestiami artystycznymi środowiska paryskiego. Wystarczy przypomnieć tutaj Konstantego Brandla (1880-1970) i Tadeusza Makowskiego (1882-1932). Podobnymi drogami szła twórczość kilku artystów wykształconych w ośrodkach graficznych poza krajem, takich jak pracujący w Krakowie Wanda Komorowska (1873-1946) i Wojciech Weiss (1875-1950) lub też krystalizujący swój styl przez długie lata w Paryżu, Karol Mondral. Jego miękkie, plastyczne zaułki krzemienieckie [54-55] są mocno usadowione w akwafortowym nurcie pejzażu miejskiego, który kontynuowany jest do dzisiaj w grafice europejskiej i amerykańskiej. Pejzaże krzemienieckie przypominają widoki wielu innych miasteczek na świecie. *Deszcz* [56] natomiast przedstawia niewątpliwie obraz wsi polskiej i najlepsze cechy stylu narodowego, nie ukrywając nieuchronnego wpływu „Rytu" na kompozycję Mondrala.

Niekiedy odzywały się jeszcze u grafików echa twórczości Stanisława Wyspiańskiego — *Portret Dziewczynki* Marii Obrębskiej-Stieberowej [64] przypomina sposobem ujęcia jego sławne portrety dzieci. Artystka stworzyła go kreskami i plamami miękkiego werniksu, pozornie niedbałymi, ale trafnie oddającymi młodość i urodę dziewczynki.

Nieustannym źródłem inspiracji pozostawał cykl „Drzewa" Leona Wyczółkowskiego. Motyw ten, jeden z ulubionych wówczas nie tylko w grafice krajowej, nabrał wyraziście symbolicznego znaczenia na akwatincie *Stary dąb* [15] Zofii Dembowskiej-Romer. Adam Herszaft, przedstawiał je często koncentrując uwagę na pięknie i harmonii przyrody [32].

Litograficzne widoki zabytków Krakowa Leona Wyczółkowskiego stały się wzorem, który masowo naśladowano. W widokach takich, ich twórcy łączyli impresjonistyczne postrzeganie z wiernością przedstawienia i dokładnością w oddaniu szczegółów. Do tej grupy rycin można zaliczyć prace Kazimierza Dzielińskiego [19] i Władysława Zakrzewskiego [111-116]. Teki z widokami należały w okresie dwudziestolecia do najbardziej charakterystycznych zjawisk na rynku sztuki. W przeciwieństwie do albumów, arkusze grafik nie były w nich ze sobą zszywane, wybraną można było wyjąć i eksponować na ścianie. Dlatego niewiele ich przetrwało w komplecie z okładką, kartą tytułową i rycinami.

Oryginalnie odosobniona jawi się na tle innych twórczość Aleksandra Raka [73-78]. To sztychy dla koneserów, którzy bez trudu odnajdują ich smak w przeniesieniu siedemnastowiecznych tradycji grafiki holenderskiej na realia współczesne. Postacie z jego grafik ocierają się subtelnie, nie tyle jednak o styl najbardziej znanego z Holendrów Rembrandta, co raczej mniej znanych mistrzów niderlandzkiej akwaforty, którzy z zamiłowaniem odtwarzali w jego epoce pracę, zawody i rozrywki ludu. Są tutaj również echa akwafort Norblina (1745-1830) i Kajetana Wincentego Kielisińskiego (1808-1849), a na jednej z rycin tendencje klasycyzujące, rodem jakby z Poussina lub jego epigonów [78].

* * *

Druga wojna światowa brutalnie przerwała pracę tej szlachetnej generacji grafików, pragnącej wnieść swój wkład w polską rzeczywistość za pomocą „oddanego społeczeństwu rylca"[23]. Dla niektórych wojna wyznaczyła już kres życia, często przerwanego gwałtownie z ręki okupanta. Innych, nie godzących się z powojenną sytuacją w kraju zmusiła do emigracji i niełatwej asymilacji w nowych ojczyznach. Styl „Rytu" oparty na mocnych kontrastach bieli i czerni, adaptowany w kraju na potrzeby sztuki socjalistycznej działał przygnębiająco w mrocznej stalinowskiej rzeczywistości. Choć dobrze dopasowany do scen proletariackich, nie znajdował i nie mógł znaleźć spontanicznego oddźwięku w społeczeństwie. Niekiedy, zastosowany dla upamiętnienia komunistycznych obchodów, paradoksalnie powodował, iż nokturnowy „obraz bardziej robił wrażenie zebrania spiskowców niż uroczystego wiecu"[24]. Nieoficjalne kręgi bohemy artystycznej w Polsce przeciwstawiały mu przekornie od początku jaskrawo-krzykliwą estetykę amerykańską. Po „odwilży" (1956), sztuka krajowa podążyła w stronę abstrakcji i awangardy, a niepowtarzalny styl grafiki międzywojennej stał się zamkniętym rozdziałem przeszłych, interesujących dokonań w sztuce polskiej.

LA GRAVURE DANS LA POLOGNE
DE L'ENTRE-DEUX-GUERRES

Krzysztof Krużel
Traduit par Paweł Wyczyński

Le développement dynamique des arts graphiques modernes en Pologne pendant l'entre-deux-guerres, autant que leur succès sur le forum international, peut être considéré comme un événement d'envergure mondiale. À cette époque, les artistes polonais ont créé leur propre style, d'une fraîcheur étonnante, style qui exerça son emprise sur certaines orientations dans le monde de l'art.

Les conditions technologies propices au développement des arts graphiques dans la Pologne partagée entre trois envahisseurs — la Russie, la Prusse et l'Autriche — avaient été préparées plus tôt. Dès la seconde moitié du XIXᵉ siècle, de nombreux ateliers lithographiques avaient déployé une grande activité, comparable à celle des meilleures entreprises du même genre à l'étranger (Maksymilian Fajans). Des ateliers de gravure sur bois, soutenus par *Tygodnik Ilustrowany* [*L'Hebdomadaire illustré*], sont sortis plusieurs graveurs d'arts appliqués dont les connaissances artistiques n'avaient rien à envier au plus haut niveau de la formation européenne dans ce domaine : citons, entre autres, Jan Styfi et Józef Holewiński. Les techniques appliquées à la gravure sur métaux remportaient à l'étranger, grâce aux œuvres de Feliks Stanisław Jasiński (1862-1901), un triomphe à nul autre pareil. Il faudrait, toutefois, souligner que les arts graphiques de cette période avaient principalement pour objectif de copier. Ils étaient évalués selon la dextérité de l'artiste qui exécutait des copies de tableaux et de photographies mis à sa disposition.

Selon l'opinion généralement répandue dans la Pologne des graveurs, c'est Ignacy Łopieński[1] qui a servi, en quelque sorte, de « trait d'union entre la gravure de reproduction et l'art moderne ». Certains critiques voyaient même en lui un « rénovateur des arts graphiques au tournant du XIXᵉ siècle[2] ». En regardant le portrait de Stanisław Noakowski [49]*

---

* Les numéros entre les crochets renvoient aux illustrations dans cet album. Les notes se trouvent à la page 66.

on remarque avec quelle aisance il savait utiliser la technique, par ailleurs difficile, de la gravure à l'eau-forte. Dans l'ensemble, cependant, sa manière de graver, se pliant aux exigences d'ordre et de précision, n'était pas exempte d'un réalisme sec et d'une approche photographique, loin des courants récents de l'art moderne. Toutefois, il faut bien reconnaître que Łopieński a inspiré à son milieu artistique un grand désir de créer et qu'il est parvenu à transmettre aux générations montantes sa passion de graver de même qu'un bienveillant respect pour les estampes. Łopieński resta fidèle à la gravure de reproduction du XIXᵉ siècle. Sa technique, si remarquable soit-elle, n'avait malheureusement aucune chance d'attirer l'attention du monde sur l'art en Pologne. Les artistes polonais auraient dû faire preuve d'une plus grande ouverture d'esprit à l'égard des courants novateurs dans le domaine de l'art. S'ils avaient suivi les théories modernes sur l'importance d'intégrer à l'art le caractère national spécifique, ils auraient donné aux arts graphiques polonais une originalité distinctive dans ce monde aux vastes horizons.

La gravure de l'Art nouveau en Pologne, particulièrement visible dans les motifs décoratifs du livre, atteignit un haut degré de perfection chez Stanisław Wyspiański. Et pourtant, malgré des efforts louables pour s'orienter vers la stylisation populaire régionale, cette créativité restait essentiellement internationale. Sous cet angle, l'œuvre de Józef Pankiewicz paraît similaire : ses gravures à l'eau-forte d'une très belle qualité et ses pointes sèches suffisent largement pour le classer parmi les imitateurs du graveur parisien Charles Meryon (1821-1868) et de l'artiste américain James Whistler (1834-1903).

Et pourtant, Pankiewicz exerça une influence durable sur les arts graphiques modernes en Pologne. Il a montré à ses contemporains comment parvenir à une expressivité picturale, en utilisant des moyens graphiques des plus lapidaires. Il leur a indiqué qu'une ligne sobre, mais habilement tracée, peut enrichir l'étendue du paysage ensoleillé autant qu'un paysage nocturne gravé dans la pénombre. Les deux peuvent jouer avec des lumières de différentes intensités, grâce à la disposition calculée des touches lumineuses sur la feuille de papier à imprimer.

Pankiewicz transposa sur le sol polonais les résultats de la gravure la plus moderne opérant en noir et blanc, tandis que Leon Wyczółkowski a stimulé l'art polonais, par des tendances dynamiques, en joignant l'esprit propice de l'impressionnisme à l'estampe en couleurs. L'artiste vérifia l'efficacité des différentes techniques graphiques — fluoforte, gravure au verni mou, binette, camaïeu, algraphie — pour concentrer finalement son attention sur la lithographie. Ses expériences de coloriste oscillaient, tout en convergeant, des combinaisons de couleurs intenses, presque criardes, vers des estampes subtilement teintées d'aquarelle, aux tons délicats, délayés, à peine perceptibles.

Sans être aussi unifiée que la création de Pankiewicz, celle de Wyczółkowski permit aux générations montantes de découvrir — incomparablement mieux — le grand nombre de possibilités qui s'offraient aux arts graphiques en plein renouveau. De plus, ce créateur d'expérience a ouvert aux jeunes graveurs de son époque la voie artistique vers la thématique inhérente à la réalité significative de leur pays : l'homme, la nature et l'architecture.

L'œuvre de Zofia Stankiewicz, invariablement fixé dans ses gravures à l'eau-forte et ses aquatintes, dans lesquelles revit la beauté des paysages et l'architecture des vieilles villes de son pays natal, pourrait être situé au carrefour des chemins qui mènent vers l'art de Pankiewicz et celui de Wyczółkowski. Dans la représentation des *Radeaux* [97-98], l'artiste utilise sans contrainte un trait libre qui semble provenir de Pankiewicz ; en même temps, comme c'est le cas chez Wyczółkowski, elle dispose adroitement les touches pour en tirer des paysages pittoresques aux larges espaces, bien qu'ils soient, pourrait-on dire, thématiquement peu intéressants et limités à des détails simplistes[3].

Les efforts de la génération des artistes qu'on vient de nommer, de même que l'ardeur des jeunes des années 1880, ont donné un tel essor au programme artistique et technique, systématiquement réalisé, qu'il est devenu possible de tendre au plus haut niveau de la perfection. En 1909, à l'Académie des beaux-arts de Cracovie, fut fondée la chaire des arts graphiques, la première du genre en Pologne, sous la direction de Józef Pankiewicz. Parallèlement, à Varsovie, au Musée des métiers et des arts décoratifs, Piotr Krasnodębski, élève de Wyczółkowski, inaugura un cours de deux ans qui devait assurer l'instruction professionnelle des graveurs. Grâce à l'initiative de Władysław Łazarski, la revue *Grafika*, fortement appréciée pour ses articles historiques et ses prises de position, de même que pour sa riche bibliographie, vit le jour en 1912. À Varsovie, l'« Antykwariat Polski » d'Heronime Wilder mit tout en œuvre afin de promouvoir les arts graphiques. Wilder, on le sait, est l'auteur d'un manuel, toujours en usage, intitulé *Grafika*, publié à Lwów, en 1922. C'est également à Zakopane, dans un atelier expérimental d'arts graphiques, mis sur pied par Henryk Grohman, industriel de Łódź, que fut organisé, en 1911, un concours international dont le but bien précis visait à donner une certaine unité au milieu des graveurs[4]. En 1912, Ignacy Łopieński, Zofia Stankiewicz et Franciszek Siedlecki fondèrent la Société des amis des arts graphiques. Une tradition allait s'établir en vertu de laquelle on reproduisait dans des revues — *Chimera,* par exemple — une estampe originale qu'on adressait en prime aux abonnés. La Société pour la promotion des beaux-arts de Varsovie organisa des expositions permanentes, et à partir de 1914, des concours consécutifs[5]. Les artistes tenaient à remercier généreusement leurs amis et les institutions bienfaitrices en leur offrant les fruits de leur talent[6].

* * *

Au moment de retrouver son indépendance en 1918, la Pologne comptait un grand nombre d'excellents graveurs professionnels. Les concours permettaient de découvrir des talents nouveaux ; le milieu unifié favorisait les échanges entre les artistes et stimulait la recherche. La politique de promotion des arts graphiques attira l'attention du public sur la valeur et la beauté de l'expression graphique, qui permettait de contrer le prosaïsme de la vie quotidienne. Appauvris par les occupants, les Polonais n'avaient pas les moyens d'acheter des chefs-d'œuvre de la peinture et de la sculpture. Quant aux estampes, moins chères, elles étaient plus à la portée de la bourse des intéressés, ce qui permit aux artistes graveurs de tirer profit de leurs œuvres.

C'est pour cette raison que, dans la période de l'entre-deux-guerres, la gravure l'emportera sur tous les autres genres de création artistique. Varsovie devint le centre de la gravure, bien que cet art étendît son rayonnement jusqu'aux coins les plus reculés de la Pologne libérée. Toutefois, les conditions de travail des artistes graveurs n'étaient guère faciles. L'État ne pouvait apporter qu'une fort modeste contribution aux entreprises audacieuses du milieu artistique, obligé qu'il était de faire face aux innombrables problèmes de l'après-guerre. Malgré ces contraintes, l'essor spectaculaire de cette génération artistique et les fruits de son travail peuvent encore servir d'exemple de nos jours, tellement l'élan créateur était fort. Fondée en 1919, l'Association des artistes polonais d'arts graphiques s'est mise rapidement à organiser une exposition qui, l'année suivante, allait remporter un succès peu commun à Londres, et mériter, par la suite, des recensions enthousiastes dans d'autres villes européennes. Quelques années plus tard, l'exposition se tiendra au Canada[7]. En 1922, l'exposition itinérante d'arts graphiques fut accueillie en Pologne avec le même enthousiasme[8]. À ce moment, on entreprit, au pays et à l'étranger, la promotion du livre et de l'ex-libris. Ces nombreuses expositions d'arts graphiques polonais, au cours des années 1920 et 1930, ont eu leur apogée à Varsovie, en 1933 et 1936[9], lors des Expositions internationales de la gravure sur bois. Varsovie avait auparavant procédé à l'ouverture de deux écoles: en 1926, l'École d'industrie graphique Józef-Piłsudski; en 1932, l'Atelier expérimental d'arts graphiques relié à l'École des métiers des Salésiens. De plus, les arts graphiques figuraient aux programmes de la Faculté d'architecture à la Polytechnique de Varsovie, de l'École des beaux-arts et de l'École municipale des arts décoratifs. Les nouvelles revues — *Grafika Polska* (1921-1928), *Silva Rerum* (1925-1939), *Grafika* (1930-1939) et d'autres encore — contribuèrent à la popularité des illustrations graphiques de toutes sortes. La gravure

populaire mérita un fort appui. On commença à porter une attention particulière aux collections des estampes d'autrefois: les artistes Stanisława Sawicka et Zofia Ameisenowa sont parvenues, dans ce domaine, à une renommée internationale. L'Académie polonaise des sciences et des lettres de Cracovie mit sur pied, en 1935, un cabinet d'estampes des plus distingués au pays. L'importance des arts graphiques polonais fut reconnue dans le monde entier, et leurs représentants se virent attribuer bien des prix et distinctions.

* * *

Władysław Skoczylas est le créateur de l'école polonaise contemporaine dans le domaine de la gravure sur bois. Sa technique était comparée au «passeport» des arts graphiques de la période de l'entre-deux-guerres. D'abord sculpteur, bientôt à la recherche de sa voie dans le monde de la peinture, il commença à percer, comme artiste graveur, lors des concours Henryk-Grohman, en 1911 et 1914, où il a remporté des prix prestigieux, d'abord pour la gravure à l'eau-forte, ensuite pour la gravure sur bois. Les caractéristiques de son style s'étaient précisées dans les années qui ont précédé la guerre. Parfaitement conscient de la nécessité pour l'art polonais de se doter d'une véritable identité, il se tourna vers l'art populaire: la peinture sur verre, la gravure sur bois et les éléments décoratifs. C'est dans ce courant d'idées qu'il entrevoyait de former un tout, amalgamant le caractère monumental et statique de l'art du Moyen Âge et la nouveauté de l'expression formelle contemporaine. En commençant sa création par la gravure à l'eau-forte en couleurs, il s'est dégagé à dessein de l'impressionnisme. En optant pour la primitive sobriété de la gravure sur bois debout, il indiqua du coup la marche à suivre aux arts graphiques. Tenant compte de ce phénomène, il est impossible de situer la création de Skoczylas dans l'un ou l'autre des courants artistiques en pleine évolution. En conséquence, l'art unique et fort distinctif du créateur a donné naissance à des talents apparentés, originaux à leur façon, de disciples et de continuateurs de Skoczylas, qui ont œuvré au profit de l'art polonais nouveau, libéré des influences étrangères.

Le trait caractéristique des gravures sur bois de Skoczylas est l'image blanche sur fond noir. Dans le cas où le foisonnement des lignes donne l'impression d'une masse compacte, il arrive que l'œil ne se préoccupe pas de savoir quelles lignes — blanches ou noires — tracent le contour de la représentation. Ce qui compte avant tout, c'est l'ambiance créée par l'espace d'un blanc sombre et énigmatique, ambiance tout à fait différente de celle qu'une ligne noire traditionnelle voudrait mettre en évidence sur le fond blanc d'une feuille.

La plupart de ses compositions sont basées sur la recherche de la simplicité et de la symétrie; le thème essentiel prend place au centre de l'image à l'instar du signe emblématique d'un écusson. Parfois, le sujet a pour ornement des motifs de plantes populaires dites «leluje». Un autre décor, constitué graphiquement de hachures — procédé déjà connu à l'origine de la gravure —, produit des effets dentelés propres à la gravure sur bois et au découpage populaires.

Toutes ces caractéristiques ci-dessus mentionnées sont perceptibles dans l'estampe *St Sébastien* [84]. Cette sculpture sur bois révèle l'importance du rythme dans le processus créateur de l'artiste. Tous les éléments décoratifs qui entourent la figure du saint sont subordonnés aux exigences de la pose du martyr. Le graveur a trouvé son inspiration dans le folklore de Podhale qui le fascinait et auquel il a donné une expression pathétique dans la série *Marche des brigands* [86-87]. Dans la première composition de cet ensemble, un groupe de robustes montagnards constitue un bloc indivisible, embelli par surcroît du contour d'un nuage, ce qui semble s'associer à l'art du bas-relief, fort bien connu de Skoczylas. Son *Archer* [85] s'est approprié sans nul doute une belle charge expressive quand il a fallu donner du mouvement à la pose, en elle-même statique, afin que le brigand bande son arc avec force avant que la flèche prenne son élan. Skoczylas a obtenu cet effet grâce aux cannelures de la ligne sur le bois, dirigée dans tous les sens. Les thèmes préférés de l'artiste se retrouvent dans les illustrations du livre *La Danse des brigands* de Jan Kasprowicz [88-89], qui ne sont pas sans rapport avec ses premiers travaux.

Au cours des années qui ont suivi l'indépendance de la Pologne, la vie artistique connut une activité étonnante qui résulta en la fondation de nombreux groupements. Skoczylas fut cofondateur de l'organisation «Rytm» dont les membres, qui avaient une volonté commune d'élaborer un «style bien polonais», se sont aussitôt mis, avec détermination, à la recherche de la nouveauté, chacun poursuivant son propre chemin. Skoczylas fut aussi l'initiateur de l'Association des artistes polonais d'arts graphiques au sein de laquelle on pouvait compter des adeptes bien différents; l'objectif principal de cette Association était l'organisation de ces éléments hétérogènes en un seul mouvement. Skoczylas voulait réaliser pleinement cette renaissance de la gravure sur bois au pays, et pour ce faire, il tenta d'avancer cette idée dans les rangs de son organisation. Dans ce but, déjà en 1925, en tant que professeur de l'École des beaux-arts de Varsovie, il avait mis sur pied, avec l'aide de quelques autres enthousiastes, en majeure partie ses élèves, la Société d'artistes polonais d'arts graphiques «Ryt». Edmund Bartłomiejczyk, professeur d'arts appliqués, en fut l'un des cofondateurs. Cet artiste d'une envergure universelle avait tellement de dons qu'il ne savait pas dans quelle direction son prodigieux talent devait aller pour se réaliser pleinement. Chromolithographe d'expérience, il étudia la peinture — changeant souvent de maîtres! — au même titre que l'architecture et les arts appliqués. C'est cette dernière discipline, embellie du coloris de l'art populaire, qui lui a donné sa plus grande satisfaction. Pour passer de là au champ artistique de la gravure sur bois, il n'y avait qu'un pas qui fut vite franchi et ce, sans nul doute, sous l'influence de Skoczylas. Aujourd'hui encore, il est injustement considéré comme l'épigone de Skoczylas; la ressemblance de leurs œuvres ne peut s'expliquer autrement que par leur goût commun du folklore.

Le *Départ pour le champ* [1], l'une de ses meilleures gravures sur bois, montre que Bartłomiejczyk, contrairement à Skoczylas, éparpille les détails, disperse la lumière pour trouver une stylisation modérée de figures d'hommes, d'animaux et d'objets, procédé qui n'est pas sans relation avec la saisie réaliste de la représentation thématique. Une perspective diagonale sans faute, correspondant au coup d'œil perpendiculaire des gravures sur bois japonaises, fait que la scène même laisse supposer que l'artiste a pu tirer profit d'une photographie. Sa composition *Vielico Tirnovo* [2] semble aussi avoir ses racines dans une réalité; ce ne sont que des effets d'art qui transforment la simple sémantique du document en un paysage insolite et mystérieux. Ces deux estampes qui représentent assez bien l'œuvre xylographique de Bartłomiejczyk n'échappent pas à l'emprise du style de Skoczylas. Et pourtant, leur matière avec son miroitement des espaces noirs et blancs, ramène à l'esprit la gravure sur bois médiévale de la technique criblée, bien plus que la gravure en taille blanche classique.

* * *

Tadeusz Cieślewski propagea obstinément les idées esthétiques de Skoczylas, en cherchant sans cesse, dans ses travaux théoriques, des arguments en faveur des arts graphiques et de la gravure sur bois en particulier[10]. Toutefois, c'est en vain que l'on s'efforcera de trouver chez le disciple l'influence du maître. Cieślewski est un artiste foncièrement original, façonné par sa propre sensibilité et sa propre imagination qui lui ont d'ailleurs servi dans la recherche des formes et du rythme, par l'opposition du blanc (lumière) et du noir (pénombre). Malgré la fermeté qu'il manifeste à l'égard des influences étrangères, son œuvre n'est pas exempt d'éléments métaphysiques dont la présence s'explique par son inquiétude intérieure bien plus que par des modèles provenant du milieu parisien. C'est ainsi qu'on peut interpréter la juxtaposition injustifiée des éléments réalistes dans la composition *Hallucination varsovienne* [12]: irrationnellement accumulés, des fragments d'architecture de vieille ville surgissent de l'eau, où navigue un voilier, comme s'ils faisaient partie de Venise. Et pourtant, l'artiste se complaît justement dans cette Varsovie, avec son capharnaüm de bric-à-brac architectonique, ses crépis lépreux, ses toits crochus, ses escaliers en miniature et ces appentis maladroitement adossés: c'est de là que la muse inspiratrice est venue à la rencontre de l'artiste. D'après sa propre confidence, la soif de connaître a mené Cieślewski «du symbole au sens». Fait indéniable, il est parvenu à saisir l'âme grisâtre de la capitale. L'expérience se répète dans l'estampe *Reconstruction de l'Arsenal de*

Varsovie [14] qui a pour thème les travaux de rénovation d'un immeuble vétuste.

Son amour pour Varsovie lui vient de son père, un peintre, lui aussi épris de la vieille cité. Il vient aussi de son grand-père, un chanteur d'opéra dont le souvenir remonte au jeune âge de Cieślewski. Celui-ci se rappelait des scènes de théâtre gravées dans son imagination d'enfant, images ternies par le temps, mais toujours présentes dans le subconscient, occasionnellement ranimées par des souvenirs d'événements et de ville. Examinons de près la composition *Ville libre de Gdańsk* [13]. Dans les trois sections qu'on peut y distinguer, en regardant l'image horizontalement, ce qui frappe, c'est la vivacité d'esprit qui a dicté à l'artiste la technique d'exécution car, même si l'ensemble paraît compliqué et touffu au point de vue strictement formel, l'image en soi est claire et transparente. Contrairement aux autres membres de la «Ryt», Cieślewski a mis de côté le ciseau, en utilisant de préférence le burin et la pointe sèche, ce qui lui permettait d'obtenir une composition d'infimes détails. Les panoramas de villes et les ex-libris constituent la partie la mieux connue de son œuvre. Cieślewski a laissé un nombre considérable de gravures sur bois, parfois de teinte sombre, mais essentiellement uniques: on peut les rapprocher, par certains de leurs aspects du moins, des arts graphiques d'aujourd'hui.

Cieślewski se lia d'amitié avec Stefan Mrożewski. Il y avait entre eux des affinités d'esprit. Le premier parvenait à doter ses œuvres d'une ambiance particulière grâce à la pénétration prudente de la lumière dans la pénombre; le second, animé d'une joie profonde, faisait jaillir, du fond sombre, des cascades de lumière: les effets ainsi obtenus sont à l'origine de son surnom, justement mérité, de «magicien du burin[11]». Parmi les graveurs de la «Ryt», Mrożewski a atteint un niveau élevé de popularité sur le forum international. Les estampes du maître enrichissent aujourd'hui les meilleures collections d'arts graphiques[12]. Il est vrai qu'au tout début l'artiste subissait l'influence de Skoczylas et de Bartłomieczyk, ce que laisse transparaître sa charmante *Maison forestière* [57], gravure sur bois, épigone de ses premiers engouements. Cependant, au début des années 1930, Mrożewski parvint à concevoir son propre style qui n'entrait dans aucune des catégories existantes. Cieślewski l'a bien remarqué : « les éléments fixant la forme des estampes de Mrożewski donnent l'impression d'être brodés de rayons de soleil ». La justesse de cette observation est confirmée par *Fenaison* (Oksa) [58], une gravure sur bois, qui prend forme sous les milliers de menus traits de burin que l'artiste magicien inscrit dans le bois noirâtre. L'œuvre intitulée *Kolk* [61] révèle des déformations de lignes, procédé qui est aussi celui de son ami. Ici se précise la signifiante originalité du style de Mrożewski : laisser de côté la perspective et l'exactitude du dessin au profit de la dynamique de la représentation du sujet dans le miroitement de l'image, image par ailleurs touffue. Le doigté de l'artiste se devine dans l'*Apocalypse* [59], estampe d'une telle finesse qu'elle fait penser à de la dentelle dans une mise en scène baroque. Animées par le folklore polonais, mêlées au brouhaha de foire et aux tours des prestidigitateurs, les silhouettes humaines de Mrożewski tiennent fortement à leurs racines nationales. Mais il n'en est pas moins vrai que son œuvre révèle aussi des éléments fantastiques, empruntés, supposément, à Hieronymus Bosh ou à Pierre Breugel l'Ancien. D'autres estampes offrent un raffinement d'exécution calculée perceptible dans la gravure sur bois *Zinnia* [62] et qui se perpétue dans ses portraits brillamment stylisés, entre autres dans le portrait de la femme de l'artiste, vêtue pour l'occasion d'un costume folklorique [60].

Stanisław Ostoja-Chrostowski est un autre graveur de talent, sorti de l'atelier de Skoczylas. Parvenu à sa pleine maturité artistique, le disciple constate que sa place se trouve à l'antipode de celle du maître. Il a pris, en effet, ses distances par rapport à l'art populaire et a opté pour l'art décoratif raffiné et pour l'illustration de livres. La gravure d'expressivité blanche et la précision dans les arts appliqués représentent peu d'intérêt pour lui. Il en va de même pour le dessin trop porté à calquer la réalité. L'artiste opte pour une virtuosité technique qui permet — librement et avec élégance — de lier le réalisme à une stylisation nettement contemporaine. C'est justement cette attitude qui a assuré à Chrostowski une renommée internationale. Favorable à l'artiste, la critique lui a attribué les titres enviables d'« aristocrate du burin[13] » et de « maître glorieux de la gravure polonaise[14] ». Les lignes de ses gravures sur bois, animées d'une tension dramatique, concentrent à l'intérieur de l'image une extraordinaire énergie qui ajoute du mouvement à l'espace scénique. Tadeusz Cieślewski fils a trouvé une expression appropriée pour traduire verbalement cette façon de procéder : l'« acrobatie du burin ». Il convient de se remémorer une description célèbre à l'époque de l'artiste, concernant son œuvre *Smętek* [5] pour évaluer l'impact de ses œuvres sur la sensibilité de son temps : « une gravure sur bois d'une beauté merveilleuse. Les troncs des pins s'inclinent vers la gauche comme s'ils obéissaient à un ordre mystérieux ; l'homme-esprit se faufile furtivement à travers l'ombre d'une forêt, en flottant presque, saisi dans ce mouvement léger, ressemblant à un écureuil sautant de la cime d'un arbre à l'autre et, tout au fond, un clair de lune à la surface de la mer à la fois tranquille et tremblante. Le tout vibre au rythme d'une poésie charmante[15] ».

La renommée dont jouit Chrostowski s'est étendue à l'étranger, ce qui fit qu'une maison d'édition prestigieuse de Londres le choisit pour illustrer les œuvres complètes de Shakespeare : il s'est classé parmi les neuf meilleurs graveurs du monde[16]. Pour la pièce dramatique *Périclès, prince de Tyr* (dans la version de Shakespeare du texte du poète anglais John Gower, né vers 1325, décédé en 1408), l'artiste polonais a créé six estampes pour lesquelles il allait obtenir à Londres, en 1940, le premier prix [6-11]. Dans cet ensemble, la composition *Tempête sur la mer* [9] réunit toutes les qualités d'un chef-d'œuvre. Il dépeint la lutte de trois éléments déchaînés : le feu, l'air et l'eau. À peine perceptible sur les crêtes des vagues tumultueuses, un bateau semble signaler l'infinie profondeur d'une inexprimable épouvante.

Parmi les plus éminents artistes de la « Ryt » figurait Tadeusz Kulisiewicz (1899-1988). Ses œuvres expressives, nourries de déformante imagerie populaire, ont fortement marqué les arts graphiques modernes et ont laissé, sur l'art de la Pologne contemporaine, des traces indélébiles. Il est impossible de ne pas se remémorer, à cette occasion, les noms de quatre graveurs dont les œuvres perdurent, grâce à leurs qualités intrinsèques : Wiktor Zbigniew Langner, Ludwik Tyrowicz, Józef Tom et Władysław Lam.

Face aux figures marquantes ci-dessus évoquées, les autres membres de la « Ryt » travaillaient, pour ainsi dire, dans l'ombre. Modestement, chacun d'eux s'est contenté de soutenir l'organisation de son talent personnel.

Les meilleures œuvres de Marie Dunin-Piotrowska datent des années 1930. C'est à cette époque qu'elle renonça au raffinement technique et opta pour une ligne concise et rude, afin de donner plus d'effet plastique au partage des espaces noirs et blancs qui formaient la base de ses compositions. Sa toute simple et charmante estampe *La Petite Fille et l'aquarium* [16] représente pour la « Ryt » un événement qui a été souligné avec une fierté tout à fait légitime. Six ans plus tard, deux compositions — *Les Coulisses d'un cirque* [17] et *Marie qui lit* [18] — témoignent des rêves inassouvis de l'artiste qui avait tenté de se forger un style personnel.

Une rudesse similaire et un primitivisme intentionnel se laissent deviner dans les gravures sur bois de Maria Rużycka-Gabryel. Par ses formes réalistes et simplifiées, marquant la représentation des sujets, l'artiste se conforme fidèlement aux indications de Skoczylas, tout en dispersant habilement le scintillement de ses compositions comme le faisait Bartłomiejczyk [79-82].

Les gravures sur bois de Mieczysław Jurgielewicz, où la blancheur s'impose — *Powiśle* [36] et *Pont Marie à Paris* [37] —, laissent transparaître la forte influence de Tadeusz Cieślewski fils. On constate que le point de vue sphérique et théâtral de ce dernier se heurte ici à la perception du peintre, qui nourrit des projets d'art, de vitraux et de scénographie, visant ainsi à satisfaire ses goûts par la création de gravures sur bois. Deux de ses compositions permettent de constater que la technique de Jurgielewicz consiste à ciseler, soigneusement et richement, les formes plates d'un espace partagé d'habitude en plusieurs champs indépendants dont chacun, à la rigueur, pourrait se transformer en une composition miniature. Sous cet angle, la composition compacte *Christ affligé* [38] et celle agréablement rythmique intitulée *La Chasse* [39] montrent comment la gravure de Jurgielewicz entretient, grâce aux effets visuels, des liens avec l'art des vitraux et celui des tissus artistiques.

À son tour, l'œuvre du graveur Wiktor Podoski semble profiter de fortes assises théoriques. C'est consciemment qu'il s'est imposé comme règle de conduite d'astreindre son art à une problématique thématique et formelle. Cela ne lui vient pas de l'influence de Skoczylas, dont il s'est vite libéré, mais de la saisie picturale de la réalité. Ses œuvres de l'entre-deux-guerres — *Akt I* [68], *Nature morte* [69] — sont des compositions d'une grande sobriété. Elles mettent en évidence cette nette tendance à concentrer l'attention afin de tirer le maximum de nuances pour le perfectionnement de la forme. Pour y parvenir, il a travaillé le bois en utilisant divers outils. Les effets ainsi obtenus ont contribué à affiner sa technique, perceptible dans la composition *Récolte des asperges* [66] : le motif peut ici paraître banal, mais la gravure fut considérée comme l'œuvre distinctive parmi les plus significatives de la « Ryt ». Et que dire de l'ironie, ayant pour fond une triste petite cour de Praga, où tout s'éclaire dans le titre : *Fragment de grande ville — rue Petite* [67][17].

Chez Wiktoria Goryńska, on remarque une attitude expérimentale du même genre. Dans leur ensemble, ses gravures sur bois sont techniquement si différentes et ouvertes aux courants nouveaux qu'elles donnent l'impression que plusieurs créateurs seraient à l'origine de cette œuvre. Si Goryńska a de la difficulté à découvrir sa vraie personnalité, c'est sans doute parce qu'elle a vécu à Londres et à Vienne pendant son jeune âge. Effectivement, dans l'estampe *Stefan Batory, le roi* [29] on voit les influences anglaise et viennoise superposées en quelque sorte, sur les idées de Skoczylas et de Cieślewski. À son tour, dans la composition *Escrime* [30], Goryńska a manifestement utilisé son talent pour simplifier la forme et accentuer l'expression à l'aide d'une ligne génialement dirigée, effectuant ainsi le partage des scènes et le jeu des contrastes. L'artiste a également su, et ce toujours avec une économie de moyens, aller jusqu'en le tréfonds de la nature des animaux dont elle a tant aimé faire les représentations : le *Chat siamois* [31] en deux couleurs en est un bon exemple.

Au chapitre de la thématique sportive se classent les « petits bijoux » que sont les œuvres de Janina Konarska-Słonimska. Elles s'inscrivent dans la période où l'artiste était fascinée par la gravure japonaise et, au fil de ses expériences, par les couleurs et les teintes de ses monochromes. Sur l'une des estampes de ce genre, le graveur, à l'instar d'un peintre, esquisse des silhouettes de skieurs sur un fond de paysage délicat, effets qui tiennent bien plus de l'aquarelle que de l'art de la gravure sur bois [44].

L'évolution de la talentueuse Bogna Krasnodębska-Gardowska comprend plusieurs étapes. Comme c'était le cas de certains membres de la « Ryt », l'artiste consentit au début à subir l'emprise du style de Skoczylas, tout en essayant d'intégrer la stylisation populaire à ses propres œuvres d'art. Mais au début des années 1930, elle opta pour des images mathématiquement calculées, construites par la force des contrastes entre le blanc et le noir, ce qui n'est pas sans rappeler les concepts de Cieślewski et le burin de Chrostowski. Les *Filets* [45], l'une des plus célèbres gravures sur bois de la « Ryt », constitue le point culminant de sa carrière. La piété et la perspicacité pénétrante que Krasnodębska-Gardowska applique à la transposition artistique de la nature méritent d'être remarquées, entre autres dans le cycle « Arbres polonais » de 1933-1934 [46-47]. Pour mieux comprendre les valeurs intrinsèques de ces magnifiques gravures sur bois, on peut faire appel aux souvenirs de Jacek Woźniakowski. D'après lui, il n'était pas dans les habitudes de cette génération de Polonais de saluer la nature à la hâte, d'un simple regard, mais elle savait fort bien distinguer entre « la pensée, la guimauve, la chicorée, la rue, la sauge et l'angélique[18] ».

Dans le contexte qu'on vient de présenter, on pourrait supposer que l'activité de Konstanty Maria Sopoćko est sans grande ambition. Son *Noé* [92] peut intriguer par ses gracieuses hachures transversales et croisées, mais en réalité, l'expression de cette gravure sur bois convient fort bien à la convention populaire classique de Skoczylas et de Bartłomiejczyk. Les belles vues des années 1935-1937, tantôt en couleurs tantôt en demi-teintes, ne semblent être guère plus que de « jolies petites images » [93-96]. Après la guerre, ses illustrations dans des livres pour la jeunesse, mièvres et sans prétention, alimentèrent l'imagination de quelques générations montantes.

＊ ＊ ＊

Le déclenchement de la Seconde Guerre mondiale a mis fin à l'activité de la Société « Ryt » au sein de laquelle vingt-quatre artistes avaient évolué. Bien que différemment engagés, d'autres artistes que ceux dont on a parlé ont signé leur carte de membre : Wacław Borowski, Ludwik Gardowski, Zygmunt Kamiński, Stanisław Rzecki, Wacław Wąsowicz, Ludwik Tyrowicz, Józef Perkowski, Konrad Srzednicki, Edward Manteuffel et Salomea Hładki-Wajwódowa. D'autres ont collaboré à la « Ryt » sans en être pour autant membres, entre autres Jerzy Hulewicz et Adam Półtawski.

L'apogée de l'activité artistique de Jerzy Hulewicz, injustement sous-estimé en Pologne, correspond à la période de son affiliation au « Bunt », groupe d'avant-garde de Poznań, sous la forte influence de l'expressionnisme allemand[19] dont le plus intense rayonnement se fit sentir entre 1918 et 1920. Malheureusement, les pages de notre album ne traduisent pas cette vitalité prodigieuse. Outre Hulewicz, dans le « Bunt », d'autres graveurs étaient artistiquement engagés : Stanisław Kubicki et sa femme Margaret Schuster-Kubicka, Jan Jerzy Wroniecki, Stefan Szmaj, Władysław Skotarek, Artur Maria Swinarski et Jan Panieński. Au cours des années 1918-1922, un groupe similaire juif, actif à Łódź, le « Jung Idysz », fut attiré par l'expressionnisme. Hulewicz a créé à cette époque une belle série d'estampes dramatiques et, par le fait même, il s'est taillé un beau succès dans l'histoire des arts graphiques. On trouve aujourd'hui des illustrations provenant de ses gravures sur bois dans des collections d'une importance primordiale, intéressées à l'héritage de l'expressionnisme[20]. Peu à peu, cependant, Hulewicz s'est éloigné des courants d'avant-garde et, par conséquent, son style a évolué. Son talent de graveur lui a valu un rayonnement certain — c'est le groupe de Poznań qui en a parlé le premier — et lui a permis de se frayer un chemin vers les idéaux de la « Ryt ». Il représentait un exemple de fraîcheur et de force contre la stagnation des groupes artistiques qui croyaient qu'une fois élaboré, le style devenait éternel. Trois œuvres de Hulewicz témoignent de son adhésion à l'expressionnisme, au cubisme et au formisme : *Tête du Christ* [33], *Homme et femme à la bibliothèque* [34] et *Roses* [35].

Une partie importante de l'héritage artistique de la « Ryt » consiste en travaux liés à la bibliophilie, menés dans le but précis de trouver un style national pour l'art du livre. Dans ce contexte, la personnalité d'Adam Półtawski occupe une place centrale. Typographe éminent de la période de l'entre-deux-guerres, il exerçait une influence — et non des moindres ! — sur les artistes venus dans ce champ d'arts appliqués : il adressait ses conseils à Chrostowski et faisait valoir son point de vue dans des polémiques avec Cieślewski. Même si Półtawski n'a commencé à pratiquer l'art de la gravure sur bois qu'en 1925, il atteignit très rapidement une virtuosité sans pareille. Ses travaux typographiques — surtout sa tentative, couronnée de succès, d'inventer un caractère national d'imprimerie dit « antykwa Półtawski » — n'ont pas laissé à l'artiste beaucoup de temps pour s'attaquer au bois. Néanmoins, sa composition *Voilier* [71], spécialement préparée pour la première Exposition universelle des gravures sur bois à Varsovie, en 1933, mérita à l'artiste un prix et un diplôme honorifique. Son œuvre *Fontaine* [70], destinée à la même exposition, témoigne aussi de sa maîtrise. Ces deux œuvres peuvent servir d'exemple pour montrer que le bois offre beaucoup de possibilités à l'impressionnisme cherchant son visage dans les arts graphiques. Pour la deuxième Exposition du genre, tenue à Varsovie en 1936, Półtawski a créé trois gravures sur bois parmi lesquelles *Maisonnettes* [72], œuvre artistiquement mûre, de coloration réaliste.

Dans la « Ryt » il n'y avait pas de programme orthodoxe qui aurait pu limiter la liberté créatrice. C'est pour cette raison que, dans les œuvres de ses membres, se dessine un nombre considérable de modèles dont les artistes éloignés du milieu de Varsovie, ou sans appartenance à un groupe, ont pu tirer profit. L'influence de la « Ryt », ajoutée au coloris local, est perceptible dans les œuvres des artistes du même âge que Skoczylas et Bartłomiejczyk, autant que dans les compositions de créateurs plus jeunes. Une artiste de Lwów, Janina Nowotnowa [63] présentait sa région natale suivant le style de Skoczylas. Nous retrouvons les significatives « leluje » de Skoczylas dans les estampes de Maria Sieraczyńska [83]. L'influence de Skoczylas se mani-

feste tout aussi clairement dans les œuvres de Władysław Leliwa-Żurawski, barde du folklore des Houtsoules, dont on signale ici la scène sensuelle de la gravure sur bois *Près de la fenêtre* [120]. Chez Kazimierz Wiszniewski [103-108], un graveur de Kielce, on remarque une ressemblance conforme au même type de transposition. Dans la même ligne de pensée de la « Ryt » se situent Roman Kłopotowski [42-43] et Henryk Gaczyński [25-28], bons artisans sans plus, comme l'étaient aussi des centaines d'autres graveurs, moins connus sur le vaste territoire de la Pologne. L'un d'entre eux, Paweł Steller, a mérité les surnoms de « Dürer de Silésie » et de « Skoczylas de Silésie ». Sous la direction de Jerzy Hoppen, influencé par la « Ryt », un centre déploya une activité artistique à Wilno.

Il n'était pas difficile de trouver, dans la pléiade des artistes graveurs bien formés, quelques jeunes et ardents créateurs, déterminés à perpétuer les traditions polonaises des arts graphiques dans un groupement prévu spécialement pour eux. Un tel objectif fut à la base idéologique du groupe « Noir et Blanc », fondé en 1936, sous le patronage honoraire de Leon Wyczółkowski ; la présidence fut confiée à Tadeusz Cieślewski fils. Le groupe a accueilli dans ses rangs quelques artistes totalement différents l'un de l'autre. Ce groupe hétérogène semblait prometteur à long terme, mais sa brève existence ne lui a pas permis d'atteindre le développement auquel il rêvait. Il lui fut impossible d'exercer une influence bénéfique sur le sort des arts graphiques au pays.

Dans ce groupe de cinq membres se distinguait Janina Kłopocka, dont les œuvres étaient empreintes d'une expressivité majestueuse. La simplicité de ses compositions, même aujourd'hui, ne perd rien de son attrait. Ses créations *Femmes en promenade* [40] et *Paysage de montagne* [41] témoignent de la transposition évidente de certains éléments de l'expressionnisme européen dans la réalité polonaise. Contrairement à Kłopocka, les quatre autres membres du groupe tentaient d'obtenir de riches effets picturaux.

Élève de Chrostowski, Zofia Elżbieta Fijałkowska incarne dans ses œuvres les idées élaborées au sein de la « Ryt ». Dans les compositions de sa prime jeunesse — *Concert* [20] et *Dans une isba* [21] — transparaît le souci de trouver sa propre voie artistique. C'est ainsi qu'on constate dans la première estampe un procédé démodé d'anciennes illustrations, tandis que la seconde revalorise le thème de l'intérieur d'une maison forestière par l'heureuse architecture de l'ensemble. Les pièces *Marronnier* [22] et *Biches dans une forêt* [23] signifient clairement que l'artiste possédait le don inné de rendre poétiquement la nature. Elle le fait au moyen de hachures finement exécutées, ce qui permet d'intensifier la différenciation de la lumière sur les moindres éléments. La pureté absolue des lignes, héritée de Chrostowski, favorise l'épanouissement de l'image criblée, procédé qui approche la matière de ses gravures à celle d'une peinture.

L'artiste Fiszel Zylberberg est allé plus loin encore. La technique qu'il emploie pour travailler le bois révèle instantanément le point de rencontre entre la gravure sur bois et les possibilités tonales propres à la peinture au chevalet [117-119].

Peintre avant tout, Bernard Frydrysiak produisit, à l'occasion, des estampes à la pointe sèche. Sa composition *Vue sur le lac* [24] s'inspire de certaines gravures de Józef Pankiewicz. Toutefois, l'estampe de Frydrysiak est une preuve tangible de l'atmosphère qu'on peut créer de façon convaincante. Il en va de même du paysage qui peut être rendu à l'aide de quelques lignes tracées délicatement sur une planche de cuivre.

La lithographie d'Alexander Sołtan [90-91] est évoquée aujourd'hui comme un « pâle reflet de l'art de Leon Wyczółkowski[21] ». Les jeunes enthousiastes de ce groupe, sur qui on fondait tant d'espoir, ont pu, sans nul doute, profiter de nombreuses solutions trouvées antérieurement.

L'activité artistique du groupe s'inscrit dans l'« âge d'or des arts graphiques polonais », qui — hélas ! — n'a été que de courte durée, la période de l'entre-deux-guerres étant déjà sur son déclin.

Dans l'idée principale des artistes du groupe « Noir et Blanc », on sentait fortement la conviction de renoncer aux couleurs et de continuer dans la même veine que Tadeusz Cieślewski fils. Celui-ci, on le sait, préconisait l'emploi de deux couleurs seulement, d'où le nom du groupe. Il est relativement facile d'établir l'erreur historique d'une telle affirmation, car les premières gravures sur bois s'approprièrent presque toujours des couleurs. Mais le droit aux libres opinions esthétiques demeure entier.

À vrai dire, la « Ryt » a toléré l'usage des couleurs, mais ce principe ne parvint pas à rallier la majorité. Dans le cadre des programmes en vue de renouveler les arts graphiques en Pologne, les artistes eux-mêmes auraient dû se rendre compte que le seul jeu du noir et blanc ne suffirait pas à capter l'attention du public. Par contre, s'il y avait une opposition à l'utilisation des couleurs, les artistes savaient fort bien qu'au moment d'une exposition, la manifestation de l'art en noir et blanc gagne en expressivité à côté des œuvres en couleurs. Les idées de Cieślewski ne faisaient pas l'unanimité. La gravure monochromatique, généralement dominant à l'époque de l'entre-deux-guerres, révèle aujourd'hui son deuxième visage, celui de l'arc-en-ciel lumineux. Ce sont surtout les femmes qui se sont engagées, corps et âme, dans des recherches pour saisir l'importance et la tonalité des couleurs. Les solutions qu'elles ont trouvées étaient variées. Dans la plupart des cas, ce fut une harmonie de tons doux et tendres. Il y avait, toutefois, des coloris vifs, parfois même de fortes teintes criardes, ce qui, dans le courant populaire, ne se faisait pas sans provoquer des contrastes et l'affadissement des couleurs.

Dans ce domaine précis, la gravure polonaise libéra son style de l'influence de l'estampe japonaise, si influente dans toute l'Europe, et dont les réminiscences sont facilement perceptibles dans les lithographies de Wyczółkowski des années 1920. Il était alors important, pour l'art polonais, d'élaborer son propre style, frais et convaincant.

Faisant bande à part, Wanda Telakowska — aux côtés de Janina Konarska de la « Ryt » — se révéla l'artiste la plus prolifique dans le domaine de la gravure sur bois en couleurs. Son intérêt pour le modelage industriel se précise dans ses estampes rappelant les tapis kilims fabriqués sur les métiers à tisser en vue de décorer un jour quelque intérieur [99-102]. Il est regrettable que les paysages champêtres de Telakowska, d'habitude paisibles et sereins, n'existent aujourd'hui qu'en un petit nombre d'épreuves. L'artiste, en effet, n'aimait guère se répéter et coloriait avec acharnement chaque empreinte différemment.

Stefania Krzyżanowska-Pawłowska se situe à l'opposé de Telakowska. Ses images subissaient l'emprise des lignes brisées, tandis que les couleurs voyantes mettaient en évidence le partage des éléments composants. Sa gravure sur bois, c'est le paysage à peine réel, transformé en un « monde de fable » [48].

Encore faudrait-il se rappeler les compositions uniques d'Aniela Cukier qui, à son tour, ciselait ses images pour les transformer en une gamme de teintes élégamment harmonieuses. Hélas ! presque tout l'œuvre de l'artiste a été perdu pendant la Seconde Guerre mondiale.

Moins révélatrices, mais agréablement charmantes, sont les gravures sur bois en couleurs d'Irena Mińska-Golińska, significatives par leur composition rythmique proche de celle des vitraux [50-52]. Les travaux de cette artiste peu connue méritent qu'on lui fasse de la publicité, afin d'accroître sa popularité. Le présent album apporte au lecteur son amusant *Jeu de singes* [53].

Les estampes en couleurs de Maria Wolska-Berezowska évoquent les tableaux et les fresques de la première Renaissance, sources d'inspiration de plusieurs artistes [109-110]. Un rapprochement avec Giotto, et plus encore avec Paolo Uccello, vient spontanément à l'esprit. Ainsi, la gravure polonaise s'enrichit, dans son ensemble, d'intéressantes réminiscences d'un passé déjà lointain.

Aniela Pawlikowska, de Medyka, s'adonnait occasionnellement à la gravure sur bois. L'art polonais aurait pu profiter davantage de son talent. À l'époque de l'entre-deux-guerres, elle a créé un cycle d'estampes, intitulé « Mère de Dieu[22] » et quelques autres œuvres d'inspiration religieuse dans lesquelles sont mises en évidence des silhouettes originalement brossées. L'estampe *Notre-Dame-de-la-lune* [65] imite, à l'aide de quelques lignes et de tracés prononcés, la technique propre à la peinture populaire sur verre. L'économie de moyens a permis à l'artiste d'imprégner son œuvre d'un profond recueillement religieux, ce qui constitue l'un des aspects significatifs de l'essence même des arts graphiques polonais à l'époque de l'entre-deux-guerres.

La domination du milieu de Varsovie et une forte influence de la « Ryt » sur tout le territoire polonais ne devraient pourtant pas voiler le tableau d'ensemble des arts graphiques à cette époque où la richesse de la création se présente dans sa totalité. À titre d'exemple, citons un génie solitaire habitant Drohobycz, petite ville provinciale : il s'agit de Bruno Schulz, écrivain, graveur et dessinateur. Les artistes œuvrant à l'étranger eurent également une part — et pas la moindre ! — dans ce renouveau des arts graphiques polonais. Souvent, leurs tentatives créatrices se mettaient au diapason du milieu artistique parisien. Qu'on se souvienne ici des noms de Konstanty Brandel (1890-1970) et de Tadeusz Makowski (1882-1932). Les artistes affinèrent parfois leur technique en dehors du pays, comme Wanda Komorowska (1873-1946) et Wojciech Weiss (1875-1950), de Cracovie, ou Karol Mondral qui, pendant de longues années, avait cherché la perfection à Paris. De formes délicates et plastiquement expressives, les ruelles de Krzemieniec [53-54] de Mondral sont bien ancrées dans le courant de la gravure à l'eau-forte, ayant pour thème le paysage des villes, style qui aujourd'hui encore est vivant dans les arts graphiques de l'Europe et de l'Amérique. D'ailleurs, les paysages de Krzemieniec [54-55] rappellent les panoramas de plusieurs coins du monde. Par contre, la *Pluie* [56] représente sans nul doute l'image de quelque village polonais, à laquelle se sont associées les meilleures caractéristiques du style national, sans qu'il soit possible de sous-estimer l'influence évidente de la « Ryt ».

Parfois, parviennent aux graveurs de l'époque les échos du processus créateur de Stanisław Wyspiański. Ainsi, *Portrait d'une petite fille* [64] de Maria Obrębska-Stieberowa fait penser aux célèbres portraits d'enfants du maître Wyspiański. Obrębska-Stieberowa est parvenue à réaliser sa composition en employant des lignes et des touches au verni mou, en apparence hâtivement exécutées, ce qui n'a pourtant pas empêché de mettre en évidence la beauté de la fillette.

La suite des lithographies de Leon Wyczół-kowski, intitulé « Arbres », a largement servi en Pologne de source d'inspiration. Le motif de l'arbre était également bien vu à l'époque chez les graveurs étrangers. Signe évocateur, l'arbre atteignit une résonance symbolique dans l'aquatinte *Vieux chêne* [15] de Zofia Dembowska-Romer. Adam Herszaft a procédé de la même façon, en concentrant son attention sur les merveilles de la nature [32].

Les vues lithographiques de Leon Wyczółkowski — dans lesquelles venaient de revivre les monuments historiques de Cracovie — devinrent rapidement une source d'inspiration pour d'innombrables artistes. En composant des vues panoramiques, les créateurs tentaient d'unir la saisie impressionniste et globale du sujet à la représentation fidèle des détails. À cette catégorie d'estampes on peut joindre les travaux de Kazimierz Dzieliński [19] et de Władysław Zakrzewski [111-116]. À l'époque de l'entre-deux-guerres, les portefeuilles groupant des paysages se sont avérés des phénomènes de grande attraction sur le marché. Contrairement à l'album, dans le portefeuille les estampes n'étaient pas cousues ensemble ; on pouvait donc, une fois la feuille choisie, la sortir facilement et l'afficher. C'est pour cette raison que très peu de portefeuilles ont pu perdurer au complet avec la couverture, la page de titre et les estampes.

Loin de toutes les tendances de l'époque se dresse, solitaire, Aleksander Rak [73-78]. Ses estampes s'adressent, en effet, aux connaisseurs qui y retrouvent, sans difficulté, l'originalité de la gravure hollandaise du XVIIe siècle, ancrée dans la réalité polonaise. Les silhouettes humaines de Rak sont loin des modèles de Rembrandt : elles conduisent plutôt vers les maîtres néerlandais moins connus de la gravure à l'eau-forte, qui copièrent à cette époque, avec une rare persévérance, le travail, les métiers et les divertissements du peuple. On trouve aussi chez Rak les traces des gravures à l'eau-forte de Norblin (1774-1830) et de Kajetan Wincenty Kielisiński (1808-1849) et même, dans une classique apparence, sur l'une de ses estampes, l'influence de l'art de Poussin ou, peut-être, des épigones du maître [78].

∗ ∗ ∗

La Seconde Guerre mondiale a interrompu brutalement le travail de cette noble génération d'artistes graveurs, pleinement engagés dans la réalité polonaise, afin d'y imprimer leur volonté créatrice, réalisée à l'aide d'un « burin au service de la société[23] ». Pour certains, la guerre a mis un terme à leur vie, rupture brusque venue de la main de l'envahisseur. Pour d'autres, peu satisfaits de la situation de l'après-guerre en Pologne, s'est ouvert le chemin raboteux de l'émigration, menant à une assimilation difficile dans de nouvelles patries. Le style de la « Ryt », cantonné dans les principes contrastants du noir et du blanc, adopté en Pologne pour satisfaire les besoins de l'art socialiste, produisit des effets accablants au cours de la sombre période stalinienne. Même s'il s'efforçait de s'adapter aux besoins du prolétariat, ce style n'a pas pu trouver une résonance positive dans la société. Souvent au service de la commémoration d'événements communistes, mesurée à la grandeur de quelque nocturne triste et rembruni, l'« image donnait l'impression d'un rassemblement de conjurés bien plus que celle d'une réunion solennelle[24] ». Le milieu non officiel de la bohème artistique de la Pologne de l'après-guerre adoptait un air goguenard, en faisant parader devant l'art « officiel » l'esthétique américaine, bariolée et criarde. Après le « dégel » de 1956, l'art polonais s'est tourné vers l'abstraction et l'avant-garde. En même temps, le destin du style unique des arts plastiques de l'entre-deux-guerres se cristallisa en un chapitre clos. Les accomplissements intéressants de l'art polonais entre 1918 et 1939 se sont figés dans l'Histoire.

POLISH GRAPHIC ART OF THE INTER-WAR PERIOD

Krzysztof Krużel
Translated by Richard Sokoloski

The rapid development of a modern school of Polish graphic art in the inter-war period, and the subsequent acclaim it garnered internationally — were achievements of a global magnitude. Polish graphic artists at this time elaborated a distinct and unparalleled style, whose beauty captivated the world with its freshness.

The technological groundwork for this evolution within Poland — then divided among the three partitioning powers, Russia, Prussia and Austria — had been prepared earlier. Lithographic workshops whose quality equalled those of the finest ateliers abroad were already in operation (Maksymilian Fajans), and wood engravers (Jan Styfi, Józef Holewiński, among others), working in engraving studios founded by *Tygodnik Ilustrowany* [*The Illustrated Weekly*], had been schooled according to the highest European standards. Similarly, successes in metal techniques were achieved beyond Poland's borders thanks to the engravings of Feliks Stanisław Jasiński (1862-1901). At this time, however, graphic art was largely imitative in character and was valued on the basis of its technical proficiency, which the artist demonstrated in the reproduction of paintings or photographs previously supplied to him.

In Poland, it is generally accepted that Ignacy Łopieński[1] constituted "a bridge between reproductive engraving in a traditional sense, and the subsequent evolution of modern graphic art." Some critics have even considered him "the restorer of Polish graphic art at the beginning of the last century."[2] His portrait of Professor Stanisław Noakowski [49]* clearly illustrates his ease with the difficult technique of etching. His style of engraving, exact and ordered, still retained features of dry photographic realism and remained aloof from recent trends in modern art. Yet

Łopieński brought to the artistic milieu a unique fervour for engraving and instilled in younger generations of Poles a love and respect for the technique of graphic art. The excellent technical quality of Łopieński's work, viewed against the high level of print reproduction developed in the nineteenth century, was nonetheless incapable of attracting more attention to Polish graphic art. Polish artists needed greater access to the most recent tendencies, which they could then combine with native elements, to in turn create a new quality — distinct, original and dissimilar from other movements of graphic art in the world.

Polish graphic art of the Art Nouveau period, which flourished primarily in the field of book design, reached a high level in the work of Stanisław Wyspiański. Yet its character remained in essence international, despite efforts to incorporate local folk elements. Similarly, Józef Pankiewicz's excellent etchings and works in dry point place him within a wide circle of imitators of the Parisian graphic artist Charles Meryon (1821-1868) and the American James Whistler (1834-1903).

Pankiewicz did, however, have an enormous impact on the development of modern graphic art in Poland. He taught Polish graphic artists how to achieve a painterly atmosphere through use of the most concise means of artistic engraving. He revealed to them how in a print an economical yet deftly extended line could render the beauty of a sunny landscape and how it was possible in the engraving of night scenes to derive from darkness a light of varying intensity by the use of stragically positioned bright patches on a sheet of unprinted paper.

Pankiewicz managed to disseminate throughout Poland the newest advances in black-and-white graphic art, whereas Leon Wyczółkowski had enriched Polish art by introducing impressionistic trends in coloured prints. He had resorted to a variety of techniques — fluoroforte, soft-ground etching,

---

* The numbers in square brackets refer to illustrations in this album. For notes see p. 66.

roulette, lithographic engraving, algraphy — ultimately focusing his efforts on the art of lithography. His experiments with colour had oscillated from intense, even violent colour arrangements, toward subtle, barely perceptible values achieved through a delicate grounding of the impression of the cut with water-colours.

Wyczółkowski's creative work, though less precise than that of Pankiewicz, had revealed to the new generation an entire range of possibilities when applying modern methods of graphic art. Even more, he had shown the younger generation of artists a new path to artistic fulfillment by adopting as his theme the reality surrounding him in his native land — its people, nature and architecture.

It was in fact a convergence of the work of these two artists that informed the work of Zofia Stankiewicz, who preserved in her picturesque etchings and aquatints the beauty of the landscapes and the old-city architecture of her homeland. In her representations of *Rafts* [97-98], she employed a free line derived from Pankiewicz and, like Wyczółkowski, skilfully arranged surfaces, achieving in effect a vivid, highly spacious, and richly reflected image of seemingly banal and modestly detailed landscapes.[3]

The strivings of this second artistic generation, spurred on by the enthusiasm of those born in the 1880s, illustrate the gradual development, both in an artistic and applied sense, of a systematic program of graphic art in Poland according to the highest world standards. The first Chair of Graphic Art was established in 1909 at the Academy of Fine Arts in Cracow, under the direction of Józef Pankiewicz. At the same time in Warsaw, Piotr Krasnodębski, a former student of Wyczółkowski, began offering a two-year course for professional graphic artists at the Museum of Trades and Applied Art. Here in 1912, as a result of the efforts of Władysław Łazarski, the publication *Grafika* appeared which contained articles of both a historical and postulative significance, together with an extensive bibliography. The reference manual *Grafika* (1922), written by Hieronim Wilder of the Polish Antiquarian Shop, had a wide impact in the promulgation of graphic art and is still highly respected. In 1911 in Zakopane, in an experimental studio of graphic art founded by the Łódź industrialist

Henryk Grohman, an international competition was established which helped promote unity among the diverse sectors of graphic art.[4] In 1912 the Society of Friends of Graphic Art was founded by Ignacy Łopieński, Zofia Stankiewicz, and Franciszek Siedlecki. Before long it became a tradition to publish original works of graphic art in periodicals such as *Chimera*, or to offer them as prizes to subscribers. Permanent exhibitions of graphic art as well as successive competitions[5] were organised in Warsaw by the Society for the Advancement of Fine Arts. Graphic artists generously shared with friends and national institutions alike the fruits of their talents.[6]

* * *

As a consequence, when Poland regained independence in 1918, the country boasted a multitude of excellent professional graphic artists, competitions were constantly uncovering new talents, and a cohesive artistic environment was able to share its experience, inspiring and discovering new incentives for further work. Public relations initiatives further brought the public's attention to the value and beauty of artistic expression found in graphic art, a fact which for purely material reasons was not without meaning. Poles, impoverished by the partitions, lacked the wherewithal to purchase costly works of art, whereas graphic art, which was less expensive than painting or sculpture, gave them a chance to acquire artistic creations and an opportunity for artists to sell them.

Thus, during the inter-war period, graphic art dominated Polish artistic creativity, and its centre, firmly established in Warsaw, influenced the farthest reaches of free Poland. Yet, the working conditions of graphic artists, were not at all easy. State sponsorship offered only modest support for the energetic efforts of this sector, whose concerns seemed infinitesimal compared to the sea of unresolved problems in Poland following the First World War. Nonetheless, the achievements of this generation remain impressive today by virtue of their sheer dynamism. An exhibition mounted in 1919 by the Association of Polish Graphic Artists was to achieve resounding success in London in the following year, and after travelling to a number of European cities, received enthusiastic reviews. In subsequent years, the exhibition visited Canada.[7] Similarly, within Poland, a travelling exhibition of Polish graphic art in 1922 received a favourable reception.[8] At the same time the production of fine Polish books and *ex libris* art were propagated both in Poland and abroad. A crowning achievement for the numerous exhibitions of Polish graphic art in the twenties and thirties was the organisation in Poland of the International Exhibition of Woodcuts, in Warsaw in 1933 and 1936.[9] Education in the capital also witnessed a flowering: in 1926 the Józef Piłsudski School for the Manufacture of Graphic Art was founded, and in 1932 the Experimental Studio for Graphic Art in the Salesian School of Artistic Crafts. In addition, graphic art was taught in the Department of Architecture at the Warsaw Politechnic, at the School of Fine Arts, and at the Municipal School of Decorative Art. New periodicals — *Grafika Polska* (Polish Graphic Art, 1921-1928), *Silva Rerum* (1925-1939), *Grafika*, among others — served to popularise diverse methods of contemporary graphic design. Folk graphic art was strongly supported. Careful attention was now given to state collections of old prints, and Stanisława Sawicka and Zofia Ameisenowa became world specialists in this domain. At the Polish Academy of Arts and Sciences, a new Print Room was established, one of the most celebrated in the country. Polish graphic art was becoming widely known throughout the world, and its representatives received a host of international awards and distinctions.

※ ※ ※

The creator of the modern Polish school of woodcut, whose technique served as a supreme representative of Polish graphic art of the inter-war period, was Władysław Skoczylas. Working initially as a sculptor, but also testing his skill at painting, Skoczylas gave the first evidence of his extraordinary talent for engraving in competitions sponsored by Henryk Grohman in 1911 and 1914. There he was assigned the highest distinctions, first for etching and then for engraving. It was during this period that the characteristic features of his style crystallised. Realising the need to endow Polish art with its own distinctive

features, Skoczylas turned to folk art: to painting on glass, woodcuts, and decorative motifs. Within the context of this tradition, he managed to combine features of monumentalism and the stability of medieval art with new, more contemporary means of expression. Beginning with picturesque etchings, he deliberately turned away from impressionism and towards the primitive simplicity of the woodcut, and in so doing, marked the new path that, in his view, Polish graphic art should take. Given the specific artistic style which he was to elaborate, it is impossible to relegate his creative work to any of the then-prevailing trends in European graphic art. His work constituted an altogether independent branch, one which was to produce disciples of equal talent and originality who in turn formulated new manifestations of Polish graphic art, devoid of all foreign influence.

The characteristic appearance of a typical woodcut by Skoczylas is a white image on a black surface. In any section where there is a profuse concentration of lines, the viewer's eye becomes oblivious to which lines are white or black, for an outline of wholly disparate elements is created within the overall artistic rendering, and an atmosphere of white-line woodcut, obscure and mysterious, begins to affect the artistic presentation in a manner altogether different from the means afforded by the traditional black line on a white background.

Skoczylas's graphic composition is based primarily on the elements of simplicity and symmetry, and the main theme is situated within the image's centre, almost like an emblem on a coat-of-arms. At times the theme is accompanied by ornamental plant motifs *[leluje]* stylised in folk fashion. Composed in lines of parallel hatching characterisitic of the early stages of engraving, a comb-like effect is created which recalls folk-style woodcuts and decorative paper cut-outs.

Such specific features are readily seen in the work *St. Sebastian* [84]. This woodcut reveals the artist's deliberate use of rhythm; all elements surrounding the figure are made subordinate in their decorative function to the pose adopted by the martyr. The folklore of the Podhale [Highland] region, a central source of fascination for this woodcut artist, found its sympathetic reflection in *March of the brigands* [86-87]. In the first depiction, a group of robust highlanders forms an inseparable whole, further intensified by the outline of a cloud, which prompts the association with bas-relief, a domain which was of great interest to Skoczylas. *Archer* [85] contains a considerable amount of dynamic expression inserted into the movement of the brigand steadfastly releasing his bow. Skoczylas achieved this effect through a deliberate placement of line furrows extending in various directions in the woodcut. The illustrations for *Dance of the brigands* by Jan Kasprowicz [88-89], which represent a continuation of themes favoured by Skoczylas, recall his earlier efforts.

During the first years of Polish independence, artistic movements throughout the country were extremely active, culminating in the formation of various individual groupings. Members of the group "Rytm" [Rhythm], of which Skoczylas was a co-founder, anxious to establish a "Polish" style, would soon embark on their own individual artistic paths. The Association of Polish Graphic Artists, also founded as an initiative of Skoczylas, had assembled within its ranks members of various artistic styles and concerned itself for the most part with organisational work. Skoczylas attempted to discover among his own group of associates a means of realising his dream of a rebirth of the art of the woodcut in Poland. In 1925, as a professor at the Warsaw School of Fine Arts, he organised the group "Ryt" [The Cut], whose core members consisted of his former pupils. One of the founding members was Edmund Bartłomiejczyk, a lecturer in applied arts, whose versatile abilities and diffuse interests for many years prevented him for deciding in which direction to develop his talents.

A qualified specialist in colour lithography, Bartłomiejczyk had studied painting — often resorting to a variety of masters — as well as architecture and applied art. It was in the latter form, combined with a tincture of the subtle colourings of folk art, that he found his true vocation. Henceforth, it proved only a short step to the artistic workings of the woodcut. There can be no doubt that he took that step under the influence of Skoczylas. His first mature works in that particular style were only to make their appearance at the beginning of the twenties. Today he is still unjustifiably viewed as a mere epigone of Skoczylas, despite the fact that the similarity of their works derives above all from a shared fascination with folklore.

One of his best woodcuts, *Starting for the fields* [1], clearly shows that, in contradistinction to Skoczylas, Bartłomiejczyk fragmented his forms, and diffused his light, whereas his penchant for stylising human and animal figures, or objects, remained somewhat understated and stayed rooted in a realist manner of depiction. His flowless diagonal perspective, portrayed in the manner of scenes from Japanese woodcuts, suggests that the artist made use of photography. *Velico Tirnovo* [2] is likewise strongly endowed with realistic detail, and only its graphic values transform its uncomplicated documentary premise into an extraordinary and mysterious landscape. To whatever degree these two works are characteristic of the majority of Bartłomiejczyk's woodcuts, they constitute a technical extension of Skoczylas's style; their glimmering quality of black-and-white dottings are more reminiscent of medieval dotted prints than the classical white-line woodcut.

* * *

The aesthetic principles of the school of Skoczylas were steadfastly propagated by Tadeusz Cieślewski, who in his work unremittingly explored theoretical arguments in support of the attractiveness of graphic art, above all the woodcut.[10] Yet, it is difficult to discern in his work the presence of his master. Thoroughly original as an artist, he was the product of his own particular sensibility and imagination, which he embraced in a matter-of-fact manner within the narrow confines of his investigations of form and rhythm involving the opposition of white (light) and black (dark). While he spoke out against foreign influences, metaphysical elements did manage to infiltrate his art, though they found their origins more in an internal malaise than from any models which he might have known from Parisian circles. This accounts for the shocking juxtapositions of realistic elements in *Warsaw hallucination* [12], wherein irrationally assembled fragments of architecture from the Old Town are placed, as if in Venice, at the water's edge alongside a passing sailboat. It was indeed Warsaw, together with all the "architectural bric-a-brac" of its day, its crumbling plaster, crooked roofs and stairs, and its misshapen structural additions that served as his inspiration. Here he explored "from the symbol through to the shape of content," as he once expressed it. And rightly so, for he managed to reflect the soul of the obsurely tedious beauty and climate of the capital even in an illustration depicting renovation work, such as *Reconstruction of the Warsaw Arsenal* [14].

He had developed an early love for Warsaw under the influence of his father, who painted scenes of the Old Town. The work of his grandfather, an opera singer, in turn explains why his artistic work occasionally recalls the theatre, which fascinated him as a child. Such an impression is apparent in *Free City of Gdańsk* [13]. Comprising three levels, the illustration exhibits technical dexterity; in spite of the complexity and density of the *fattura*, it remains clear and lucid. Cieślewski, in opposition to other members of "Ryt", avoided use of the chisel or scauper, employing rather tint tools and spitsticks, which allowed him to achieve a minute attention to detail. His cityscapes and his book-plates remain the best known part of his work, although he also left a number of unusual and disturbing wood engravings which bear a resemblance to certain trends in today's art.

A personal friendship and a spiritual bond linked Cieślewski with Mrożewski. Whereas the former constructed mood through an elucidation of darkness, Mrożewski discovered the joy of creation in extracting from it virtual cascades of light, and through his masterly form of engraving he achieved effects which rightfully earned him the name "wizard of the burin."[11] Of all the members of "Ryt", Mrożewski attained the greatest international renown, and the most serious collections of graphic art are proud to include his works.[12] Initially the artist was influenced by Skoczylas and Bartłomiejczyk, a fact which is evident in the charming though derivative work *Forester's cottage* [57]. By the beginning of the thirties, however, Mrożewski was beginning to create his own individual style, "not allowing himself to be catalogued." As Cieślewski observed, "the forms in Mrożewski's illustrations give the impression of being interwoven with beams of light." The

aptness of his judgment is proven in *Haymaking* (OKSA) [58], which the artist conjured up from the obscurity of the dark imprint of the wood through thousands of fine delineations of his burin. *Kolk in Amsterdam* [61], in a manner similar to that of his friend, exhibits features of linear deformation, thus foretelling the most characteristic element of his style — a resignation from perspective and the strictures of drawing, for a greater expressiveness and dynamism in illustrations that are densely populated and lush in detail. His technical deftness is clearly apparent in *Apocalypse* [59], which is full of lace-like shapes in a florid setting. The figures, with features reminiscent of fairground jugglers, derive from his native folklore and remind one that, despite working in a foreign milieu, Mrożewski still remained a Polish artist. There also appear in his art elements of the fantastic as if borrowed from Hieronymus Bosch or Bruegel the Elder. Occasionally the artist's compositions are economical and refined, as in *Zinnias* [62], or in his superb portraits, as, for example, one of his wife in a typically folk-style pose [60].

Another illustrious artist from Skoczylas's studio, Stanisław Ostoja-Chrostowski, ultimately sought out a position diametrically opposed to that of his master. As an artist in woodcut, he renounced the influence of folk art and worked largely in the field of elegant decorative art and book illustration. His technical virtuosity, which delicately combined realism with contemporary stylisation, ensured Chrostowski a wide international reputation. Critics dubbed him "the aristocrat of the burin"[13] and "the pride of Polish graphic art".[14] In his woodcuts, his lines, brimming with dramatic tension, consolidate within the internal structure of the work an enormous energy which instills in his scenes a sense of movement. Cieślewski aptly defined his manner as "graver-tool acrobatics." It is worthwhile quoting a contemporary description of his woodcut *Smętek* [5] in order to appreciate the effect of his work on lovers of art at that time: "... a woodcut of astounding beauty. Trunks of pine trees incline to the left as if set into motion by some mysterious directive, a man-spirit flitters through the dark of the forest, in semi-flight, captured in such light buoyant movement, like a squirrel jumping upwards amid the treetops, and in the distance the faint glow of the moon over a placid sea whose surface remains restless. The entire piece palpitates, bewitching one with its poetry."[15]

Chrostowski, who earlier had been known and acclaimed abroad, was chosen by a highly regarded publishing house in London — as one of the nine best wood engravers in the world[16] — to illustrate a collected edition of Shakespeare. He completed six remarkable wood blocks for *Pericles, Prince of Tyre*, Shakespeare's dramatic adaptation of a work by the English poet John Gower (c.1325-1408), for which he received first prize in 1940 in a competition in London [6-11]. A true masterpiece among them, *Storm at sea* [9], depicts an extraordinary evocation of the elements of fire, air, and water, locked in struggle. A sailing vessel, engulfed in this conflict and barely perceptible among the frothing waves, underlines the ominous situation.

Among the most outstanding artists of the "Ryt" group was Tadeusz Kulisiewicz (1899-1988), whose folk scenes, replete with their expressiveness and deformation, exercised considerable influence on modern graphic art and left a strong imprint on contemporary Polish art. It is also appropriate here to recall three other talented artists: Wiktor Langner, Ludwik Tyrowicz, Józef Tom i Władysław Lam.

In the presence of such powerful and original creative spirits, the remaining members of "Ryt" seemed to be working in their shadows, despite the fact that each contributed to the larger picture of the group through his own individual talents.

Maria Dunin-Piotrowska achieved her greatest work in the thirties, when she renounced technical refinement for the sake of a terse and rugged line, separating broad patches of white and black in strong relief, thus formulating her manner of composition. Her concise and charming *Little girl and aquarium* [16] does honour to the entire group of "Ryt". Two later prints, *Circus: in the wings* [17] and the handcoloured woodcut *Maria reading* [18] are a testimony to unfulfilled searchings for her own particular way and attempts to establish her own characteristic style.

A similar bluntness and striving for primitivism distinguish the woodcuts of Maria Rużycka-Gabryel [79-82]. The simplified form of her realistic rendering reveals her fidelity to guidelines found in Skoczylas, yet at the same time she diffuses the *fattura* of her woodcuts in a way not unlike that of Bartłomiejczyk.

In the white-line woodcuts of Mieczysław Jurgielewicz entitled *Powiśle* [36] and *Pont Marie in Paris* [37], one easily detects the influence of Tadeusz Cieślewski. Here, Cieślewski's spherical and theatrical manner of observing meets with the perception of a painter who could readily design stained-glass windows and scenography, as well as pursue printmaking. Two of his successive woodcuts reveal the deliberate and lavish way he would meticulously sculpt flat forms from a surface that he customarily divided into mutually autonomous sections. Each one was capable of comprising a separate composition in miniature. Thus, the compact *Rustic Christ* [38] and the rhythmic *The Hunt* [39] demonstrate how his woodcuts were visually related to stained-glass windows and decorative weaving.

On the other hand, the wood engravings of Wiktor Podoski were strongly imbued with theoretical considerations and critical thought. He purposely imposed thematic and formal limitations on his art. This feature did not derive from the influence of Skoczylas, from which he quickly freed himself, but from his way of observing reality. Podoski's woodcuts from the inter-war period, most frequently sparing in compositional structure (*Nude* [68], *Still life* [69]), exhibit a tendency to focus his attention on ways of achieving ever more novel subtleties in the *fattura* of the wood engravings. To this end he attacked the wooden surface with a myriad of tools and achieved uncommon effects with his technique. As a result the prosaic theme of *Harvesting asparagus* [66] constituted one of the most remarkable works of the "Ryt" group. In an artistic rendering of a small forlorn courtyard in the Praga section of Warsaw, a hidden irony was concealed in Podoski's title for the print — *Fragment of a big city (Small street)* [67].[17]

Wiktoria Goryńska displayed a similar experimental approach. In the woodcut, her artistic endeavours are so technically and formally diverse, in addition to incorporating new trends, one might think that she had a myriad of curious and distinct creative personalities. Perhaps because she spent her early life in London and Vienna and had a broad variety of interests it was difficult for her to acheive a precise artistic persona. One can detect in her wood engraving *Stefan Batory* [29] how influences of English Art Nouveau and the Viennese Secession overlapped with the ideas of Skoczylas and Cieślewski. In *Fencing* [30] she displayed a skillful knowledge of simplification of form and the ability to achieve creative expression through deliberate extension of line, scenic division, and a play on contrasts. She also managed through an economy of expression to capture the individual essence of the personalities of animals, portraits of which she carried out with great affection. A fine example is found in her two-coloured *Siamese cat* [31].

Uniquely beautiful "pearls" involving a series of sport motifs were produced by Janina Konarska-Słonimska. They derive from a period when the artist entertained a fascination for Japanese graphic art and experimented with colour and monochrome tonalities. On one such wood engraving — figures of skiers against a subtle background — rendered in painterly fashion through the use of flat dabbing, she makes the treatment more akin to the effects achievable in water colours rather than in wood engraving [44].

The talented artist Bogna Krasnodębska-Gardowska evolved through a number of stages. Initially, like many of the young members of "Ryt", she succumbed to the influence of Skoczylas, attempting to convert folk stylisation into her own perception of a work of art. But by the beginning of the thirties — with some influence derived from the ideas of Cieślewski and the burin of Chrostowski — she had decided to pursue mathematically precise graphic images conceived on the basis of sharp white-and-black contrasts. *Nets* [45], one of the most renowned woodcuts of the entire group, constitutes a pivotal moment in her career. Here a pietism and insight into the artistic depiction of nature — which Krasnodębka-Gardowska displayed, among other things, in her cycle *Trees* in the years 1933-1934 — are deserving of special attention [46-47]. The artistic qualities of these splendid wood engravings notwithstanding, it is worthwhile to cite the reminiscences of Jacek Woźniakowski, who recalled that this specific generation of Poles did not merely look at nature with a passing and cursory glance, but was capable of differentiating "pansies, mallow, chicory, rue, salvia and angelica."[18]

Compared to the members of "Ryt" already mentioned, the activity of Konstanty Maria Sopoćko may seem somewhat unambitious. Though the monumental *Noah* [92] might arouse interest with its deft regular and cross-hatching, the woodcut itself belongs to the classical folk convention of Skoczylas and Bartłomiejczyk. His charming, brightly coloured or at times shade-filled vistas from the years 1935-37 seem to lack any ambition to be more than simply "quaint images" [93-96]. Following the war, his unassuming though tastefully conceived book illustrations for children and teenagers helped to shape the imagination of several successive generations of Poles.

* * *

The outbreak of the Second World War brought to a permanent end the activity of "Ryt" which had comprised some twenty-four artists. Other artists, who also belonged to the group in a limited capacity, included: Wacław Borowski, Ludwik Gardowski, Zygmunt Kamiński, Stanisław Rzecki, Wacław Wąsowicz, Ludwik Tyrowicz, Józef Perkowski, Konrad Srzednicki, Edward Manteuffel, and Salomea Hładki-Wajwódowa. The artists Jerzy Hulewicz and Adam Półtawski had collaborated with the group, yet remained undeclared members.

Unappreciated in Poland, Hulewicz's work as a graphic artist reached its pinnacle during his association with the Poznań group "Bunt" [Revolt], which was then under the strong influence of German expressionism (1918-1920).[19] The directions pursued by "Bunt", most energetically in the period 1918-1920, are not reflected in the works in this album. In addition to Hulewicz, those members of that group who engaged in graphic art included: Stanisław Kubicki and his wife Margaret Schuster-Kubicka, Jan Jerzy Wroniecki, Stefan Szmaj, Władysław Skotarek, Artur Maria Swinarski, and Jan Panieński. A similar circle of expressionist artists was the Jewish "Jung Idysz", which was active in Łódź in the years 1918-1922. At this time, Hulewicz created a series of extraordinarily dramatic prints which left their impact on world art. Today reproductions of his woodcuts from this period can be found in the most celebrated collections of expressionist art.[20] Later his creative means of expression became diminished and he distanced himself from extreme avant-garde trends. The art of the woodcut, whose rebirth in Poland was initiated by the Poznań group, placed Hulewicz ideologically close to "Ryt". His example was a breath of fresh air which prevented the most influential movement in the country from deteriorating into laboured striving for one style. Three prints — *Head of Christ* [33], *Man and woman in a library* [34], and *Roses* [35] — give evidence of his fascination with expressionism, cubism, and formism.

A significant portion of the artistic legacy of "Ryt" comprised work related to a love of books, carried out under the banner of elaborating a national style in decorative book design. In this connection, Adam Półtawski played a pivotal role in Polish graphic art. This outstanding typographer of the interwar period exercised a considerable impact on those artists who entered this particular domain of applied art; he advised Chrostowski, and he polemicised with Cieślewski. Though Półtawski began working in wood only in 1925, he quickly reached the level of a virtuoso. His typographical efforts, especially his ultimately successful attempt to create a national form of Polish typeface — "Półtawski antique" [*antykwa Półtawskiego*] — left him little time to cultivate graphic art. Nonetheless, his wood engraving *Sailboat* [71], prepared for the First International Exhibition of Woodcuts in Warsaw in 1933, was immediately recognized with an award and an honorary diploma. Another work which he exhibited, *Fountain* [70], is a masterful piece and both serve as excellent examples of impressionism in graphic art and of the potentials of woodcuts. For the Second International Exhibition of Woodcuts in 1936, Półtawski prepared three works, among them the realistic and mature *Houses* [72].

"Ryt", which never imposed on its members a strict code of orthodoxy to stifle creative freedom, provided an enormous variety of artistic models from which other artists, removed from the Warsaw scene or not amalgamated in any form of association, could draw examples. The influence of the group, whether made directly manifest or harnessed to certain features of regional colour in the work of any number of graphic artists, is discernible both in individuals of the same age group — such as Skoczylas and Bartłomiejczyk — as well as in the younger generation. Like Skoczylas, Janina Nowotnowa of Lwów created depictions of her native region [63]. Typical stylised plant motifs derived from Skoczylas can be seen in the work of Maria Sieraczyńska [83]. Allusions to Skoczylas could also be detected in the work of the enthusiast of East Carpathian folklore, Władysław Leliwa-Żurawski, represented here by the sensual illustration *At the window* [120]; the same holds true for Kazimierz Wiszniewski, a graphic artist from the region of Kielce [103-108]. Nor did Roman Kłopotowski [42-43] or Henryk Gaczyński [25-28] make any attempt to transcend the style elaborated by "Ryt", displaying a solid sense of craft in a manner no different from numerous other graphic artists in Poland at that time. One of them, Paweł Steller, was given the nicknames "the Silesian Dürer" and "the Silesian Skoczylas." Also working under the influence of "Ryt" was a group of graphic artists in Wilno, under the direction of Jerzy Hoppen.

Within this assemblage of brilliantly schooled artists, it was easy to find young members willing to establish associations set up especially to preserve the traditions of a Polish school of graphic art. Such an assumption formed the ideological basis of the Black-and-White Group of Graphic Artists, convened in 1936. Leon Wyczółkowski acted as its honorary patron, and its president was Tadeusz Cieślewski. The group managed to gather together several individuals of varying artistic temperaments. Viewed in perspective, this initiative might have yielded interesting results; yet its short period of activity precluded the group's further development and any significant impact it might have had on graphic art in Poland.

Within this group which consisted of five members, the monumental manner of expression of Janina Kłopocka clearly stood out. The simplicity of *Women walking* [40] and *Mountain landscape* [41] are pleasing even today, despite the fact that these prints are an obvious transposition of the features of

European expressionism onto Polish realities. Unlike Kłopocka, the other four artists of the group sought to achieve lavish painterly effects.

The activity of Zofia Elżbieta Fiałkowska, a student of Chrostowski, was to a large extent a continuation of the ideas developed by "Ryt". Some of her earliest works represented here — *Concert* [20], which retained the antiquated style of an illustration, and the curious resolution of *In an isba* [21] — were executed when she was seeking her own artistic path. *Chestnut tree* [22] and *Deer in a forest* [23] reveal that she felt drawn to a penetrating poetic analysis of nature. This she accomplished with the aid of minutely structured hatching, which reflected the variations of intensities of light on the most diminutive of elements. The purity of her line, derived from Chrostowski, combined with a dissolution of the image into individual points, endows her wood engravings with a handling that is nearer in essence to painting than to graphic art.

The artist Fiszel Zylberberg went even further in this regard. His manner of working the wood constitutes a critical point by bringing the wood engraving closer to the tonalities possible only in easel painting [117-119].

Bernard Frydrysiak, who was first and foremost a painter, on occasion produced prints in dry-point technique. One might well look to a number of graphic works by Józef Pankiewicz for sources of inspiration for Frydrysiak's *View of the lake* [24]. Still, compared to them, his manner of etching is a better example of how one can convincingly reflect the mood and space of any landscape through a moderate number of lines and a delicate arrangement of tone on a copper plate.

The lithographic work of Aleksander Sołtan [90-91] is recalled today as merely "a pale reflection of the art of Leon Wyczółkowski."[21] The younger members of the Black-and-White group undoubtedly operated in the context of ideas which had been uncovered earlier. The endeavours of this group proved to be the final chapter of the golden age of Polish graphic art which flourished in the short period of the inter-war years. The main premise of the artists of this group was the renunciation of colour and the pursuit of Cieślewski's profound conviction that the essence of graphic art involved only the colours of black and white. Although the historical inaccuracy of such a judgment might easily be proven — given that the first woodcuts were almost exclusively coloured — aesthetic opinions, of course, always remain an open matter.

Within "Ryt", the issue of colour was discussed, though it had never fully preoccupied the group. In the struggle to revive graphic art in Poland, artists had to realise that by itself the play of black against white was insufficient to capture the larger public. They also knew, in their own opposition to colour, that black-and-white graphic art assumed a distinctive quality and appeared considerably more attractive when contrasted with colour at exhibitions, than when exhibited alone. Today the predominantly monochromatic graphic art of the inter-war period can display numerous examples of its other more colourful side. For this we are mainly indebted to women who were engaged specifically in work involving different tonalities of colour. The pieces they produced were to be varied and were most often based on the harmony of soft tones, although garish colour schemes occurred as well, at times bringing together, primarily in the folk trend, violent contrasts of mutually exclusive colours.

At this time, Polish graphic art was also able to free itself from the influence of the Japanese woodcut which held a strong position throughout Europe and was still clearly conspicuous in Wyczółkowski's lithographs from the twenties. In doing so, Polish graphic art developed its own specifically fresh style.

Along with Janina Konarska, the most prodigious figure in the art of coloured woodcut was Wanda Telakowska, who was never allied with any group. Her interests in industrial pattern design were in turn reflected in her prints which recall the "kilim", a mechanically woven decorative wall rug produced for interior decoration [99-102]. Telakowska's generally serene, relaxing views of nature unfortunately have not survived in a large quantity of prints; the artist, who disapproved of repetition, would often vary individual prints in terms of colour.

Stefania Krzyżanowska-Pawłowska stood in complete opposition to Telakowska. Her images consisted of broken lines which, by means of lively patches of colour, served to segregate the compositional elements. In her woodcuts, realistic views of landscape were transformed into the unreal world of the fairy tale [48].

It is also worthwhile to recall the inimitable compositions of Aniela Cukier, who deconstructed her image into a multitude of tones, all widely scattered and elegantly engaged in mutual interplay. Sadly, almost the entire output of this artist perished during the war.

Less innovational yet uncommonly charming are the coloured engravings of Irena Mińska-Golińska, replete with their stained-glass-window style of rhythmic arrangements [50-52]. The compositions of this little-known artist deserve wider recognition. Her amusing impression of monkeys [53] complements her graphic work.

The coloured prints of Maria Wolska-Berezowska have charming associations with early Renaissance paintings and frescoes, which often inspired the artists of the time [109-110]. Ties with Giotto, and especially with Paolo Uccello, are readily apparent. They enhance the image of Polish printmaking with their reminiscences of the distant past.

Only rarely did the painter Aniela Pawlikowska from Medyka take up graphic art — which was a loss for the latter. In the inter-war period she completed the cycle *Mother of God*[22] as well as several religious prints curiously conceived in silhouette. *Our Lady of the moon* [65], evocative of her early work, imitates through clever use of lines and patches the effect of folk painting on glass. Such economy allowed her to convey a mood of profound reflection and religiosity, a trait which constituted one of the main components of Polish graphic art of the inter-war period.

The prevalence of the Warsaw artistic scene and the pervasive influence of "Ryt" across Poland should not overshadow what was in fact a considerably richer image of Polish graphic art at this time. Thus, for example, in the provincial town of Drohobycz, one finds the solitary genius of Bruno Schulz (1892-1942) a writer, graphic artist and illustrator. The image was also enhanced by artists working abroad whose creative efforts coincided with the prevailing artistic ideas of Paris. Suffice it to recall in

this connection Konstanty Brandel (1880-1970) and Tadeusz Makowski (1882-1932). A similar path was to be followed by several artists who had received their earlier training outside of Poland, such as the Cracow artists Wanda Komorowska (1873-1946) and Wojciech Weiss (1873-1946), or Karol Mondral, whose style evolved as a result of many years in Paris. His malleable and vividly rich little bystreets of the city of Krzemieniec [54-55] are firmly situated in the tradition of cityscape etching, which endures today both in European and American graphic art. His depictions of Krzemieniec call to mind the images of many such towns the world over. *Rain* [56], however, unequivocally portrays an image of a Polish village in the most typical characteristics of a national style, not concealing the ineluctable influence of "Ryt" on Mondral's composition.

At times echoes of Stanisław Wyspiański still resounded in the work of graphic artists. Maria Obrębska-Stieberowa's *Portrait of a little girl* [64] recalls Wyspiański's famous portraits of children in its manner of capturing the subject. She achieved this effect through her use of line and touches of light varnish, which though seemingly haphazard, effectively render the youth and beauty of the young girl.

The cycle *Trees*, by Leon Wyczółkowski, remained a constant source of inspiration. His subject, then a favoured motif not only in Polish graphic art, assumed expressively symbolic significance in an aquatint entitled *Old oak* [15], by Zofia Dembowska-Romer. Adam Herszaft often depicted this same theme, focusing his attention on the beauty and harmony of nature [32].

Leon Wyczółkowski's lithographic images of Cracow's architectural monuments served as a model that artists widely emulated. In such works, the artists combined impressionistic perception with fidelity of representation and a precise form of detail. One may include in this group Kazimierz Dzieliński [19] and Władysław Zakrzewski [111-116].

Throughout the inter-war years, artistic folders comprising scenery of various subjects proved one of the most common features of the art market. As opposed to albums, portfolios filled with prints were unbound; thus, any particular work could be removed and exhibited on a wall. As a result, few of the folders have survived intact, complete with cover, title page and the prints themselves.

The work of Aleksander Rak [73-78] remains both innovative and isolated from other artists. Intended for refined tastes, his prints effortlessly delight in their capacity to ally the traditions of seventeenth-century Dutch engraving with modern-day realism. The figures in his prints have a subtle association with, not so much the best known of the Dutch artists, Rembrandt, but rather with less known masters of Dutch etching, who with a passionate fondness depected the labours, the professions and the amusements of the people of their day. Here are discernible echoes of the etchings of Norblin (1745-1830) and Kajetan Wincenty Kielisiński (1808-1849), and in one of the prints, even a striving toward the classical, perhaps in the manner of Poussin or one of his followers [78].

* * *

The Second World War brought to a brutal conclusion the work of this refined generation of graphic artists, a generation that, with "its burin in the service of society,"[23] was intent on leaving its mark on contemporary Polish reality. For some, the war signalled their life's end, often met at the violent hand of the occupying power; for others, unable to accept the post-war realities of their homeland, it forced them into emigration and the difficult process of assimilation in new homelands. Fixed firmly on the strong contrast of black and white, the style of "Ryt", readjusted to the requirements of socialist realism, functioned in a most depressing fashion during the dark period of Stalinism. Though conformed to proletarian means of depiction, it could not find any spontaneous resonance within society. On occasion, when it was employed to commemorate communist celebrations, it paradoxically produced the effect of a nocturnal "image that creates an impression of a conspiratorial gathering, not a festive rally.[24]" From the beginning, unofficial circles of non-conformist artists in Poland stubbornly opposed this style in the interest of an extreme and stridently articulated aesthetic from America. Following the "Thaw" of 1956, art in Poland moved towards abstraction and avant-garde... and the unequalled style of graphic art of the interwar period became simply a closed chapter of certain former, indeed remarkable achievements of Polish art.

PRZYPISY – NOTES

1. Krystyna Czarnocka, *Półtora wieku grafiki polskiej* [Un siècle et demi d'arts graphiques en Pologne <> One Hundred and Fifty Years of Graphic Art in Poland], Warszawa, Wiedza Powszechna, 1962, s. 158.

2. Franciszek Siedlecki, *Grafika polska w świetle krytyki zagranicznej* [Les arts graphiques polonais à la lumière de la critique à l'étranger <> Polish Graphic Art in the Light of Foreign Criticism], Warszawa, Związek Polskich Artystów Grafików, 1927, s. 20.

3. Cf. *Piąty Salon Związku Grafików* 1937 (katalog) [Le cinquième Salon de l'Association des artistes en arts graphiques 1937 (catalogue) <> The Fifth Exhibition of the Association of Graphic Artists 1937, catalogue], Warszawa, Towarzystwo Zachęty Sztuk Pięknych, 1937, s. 19, poz. 96.

4. Cf. *Konkurs graficzny* [Concours d'arts graphiques <> Competition in Graphic Art], *Sztuka*, r. 1, z. 2/3, 1911, s. 166.

5. *Pamiątka z wystawy graficznej i konkursu II im. Henryka Grohmana, wydana staraniem Towarzystwa Przyjaciół Sztuk Graficznych* (katalog) [Souvenir d'une exposition d'arts graphiques et du IIe concours sous le nom de Grohman, publié grâce aux soins de la Société d'arts graphiques (catalogue) <> Souvenir of the H. Grohman Exhibition of Graphic Arts and Second Grohman's Competition, published by the Society of Friends of Graphic Arts (catalogue)], Warszawa, Towarzystwo Przyjaciół Sztuk Graficznych, 1914, 55 s.

6. Cf. Zofia Ameisenowa, *Katalog wystawy współczesnej grafiki* [Un catalogue de l'exposition d'arts graphiques contemporains <> A Catalogue of the Exhibition of Contemporary Graphic Art], Kraków, Biblioteka Jagiellońska, 1939, s. 8-9.

7. Franciszek Siedlecki, *op. cit.* Wystawy grafiki polskiej dotarły do Ottawy, Winnipegu i kilku innych miast Kanady; cf. „Wystawa współczesnej grafiki polskiej w Ottawie"[Des expositions d'arts graphiques polonais ont été tenues à Ottawa, Winnipeg et dans quelques autres villes du Canada; cf. «Exposition d'arts graphiques polonais contemporain à Ottawa» <> The Exhibition of Polish Graphic Art has reached Ottawa, Winnipeg and several other cities of Canada; cf. "Exhibition of Polish Contemporary Graphic Art in Ottawa"], *Grafika*, nr 6, 1930/1931, s. 46-48; *Przegląd Graficzny*, nr 48, 1930, s. 486; *Sztuki Piękne*, nr 8/9, 1931, s. 349; oraz później zob. *Polish Prints and Textiles*, Ottawa, The National Gallery of Canada, 1938 [katalog], „Przedmowa" Wiktorii Goryńskiej.

8. *Pierwsza wystawa okrężna grafiki polskiej pod protektoratem Departamentu Sztuki Ministerstwa Wyznań Religijnych i Oświecenia Publicznego* (katalog) [Première exposition itinérante d'arts graphiques polonais sous le patronage du Département d'art du ministère des Religions et de l'Instruction publique (catalogue) <> First Itinerant Exhibition of Polish Graphic Art under the Patronage of the Department of Art of the Ministry of Religions and Public Education (catalogue)], Warszawa, Związek Polskich Artystów Grafików, 1922, 25 s.

9. *Pierwsza Międzynarodowa Wystawa Drzeworytów w Warszawie* (katalog) [Première exposition internationale d'estampes à Varsovie (catalogue) <> First International Exhibition of Woodcuts in Warsaw (catalogue)], Warszawa, Instytut Propagandy Sztuki, 1933, 91 s., 48 il. *Druga Międzynarodowa Wystawa Drzeworytów w Warszawie* (katalog) [Seconde exposition internationale d'estampes à Varsovie (catalogue) <> Second International Exhibition of Woodcuts in Warsaw (catalogue)], MCMXXXVI, Warszawa, Instytut Propagandy Sztuki, 1936, xlii, 120 s.

10. Nagłośniejszą publikacją Cieślewskiego był *Drzeworyt w książce, tece i na ścianie, uwagi polemiczne o graficznej rasowości drzeworytu* [La publication la plus connue de Cieślewski est L'estampe dans le livre, le portefeuille et sur le mur, remarques polémiques sur l'indéniable authenticité de la gravure sur bois <> The most acclaimed publication written by Cieślewski is Prints in book, portfolio and on the wall, critical remarks on the undeniable authenticity of the woodcut], Warszawa, Towarzystwo Bibliofilów Polskich, 1936, 63 s.

11. Tadeusz Cieślewski, „Czarodziej rylca. O drzeworytach Stefana Mrożewskiego" [«Magicien du burin. Un mot au sujet des gravures sur bois de Stefan Mrożewski» <> "Wizard of the burin. Remarks on the wood engravings of Stefan Mrożewski"], *Arkady*, nr 11, 1936, s. 611-617

12. Cf. Stanley L. Cuba, *Stefan Mrożewski (1894-1975). Wood Engravings. A Posthumous Exhibit. November 5-21, 1976* (catalogue), New York, The Kosciuszko Foundation, 1976, [10] 16 s.

13. Jerzy Stokowski, „Arystokrata rylca. Rozmowa ze Stanisławem Ostoją-Chrostowskim" [«Aristocrate en art du burin. Entretiens avec Stanisław Ostoja-Chrostowski» <> "Aristocrat of the burin. Interview with Stanisław Ostoja-Chrostowski"], *ABC*, r. 12, nr 253, 15 VIII 1937, s. 7.

14. Krystyna Dienstl-Kaczyńska, „Prof. Stanisław Ostoja-Chrostowski chlubą polskiej grafiki" [«Professeur

Stanisław Ostoja-Chrostowski, gloire des arts graphiques polonais» <> "Profesor Stanisław Ostoja-Chrostowski, The Pride of the Graphic Art in Poland"], *Światowid*, nr 11, 1938, s. 21.

15. Zofia Niesiołowska-Rothertowa, „Stanisław Ostoja-Chrostowski", *Arkady*, nr 7, 1936, s. 371.

16. Cf. Stanisław Woźnicki, „Chrostowskiego drzeworyty szekspirowskie"[Les gravures sur bois de Chrostowski pour les œuvres de Shakespeare <> Woodcuts of Chrostowski for the illustration of the works of Shakespeare], *Arkady*, nr 4, 1939, s. 172-175; Oprócz Polaka zaproszenie otrzymali [Outre ce Polonais ont été invités <> Others invited were]: Eric Gill, Clare Leighton, Rockwell Kent, Rene ben Sussan, Emil Weiss, Frans Masereel, Pal C. Molnar i Aleksiej Krawczenko.

17. Cf. Maryla Sitkowska, *Wiktor Podoski 1901-1970* (katalog), Warszawa, Muzeum Narodowe w Warszawie, 1979, s. 9.

18. Maria Romanowska, *Świat Leli Pawlikowskiej. Prace z lat 1915-1965* (Wstęp: Jacek Woźniakowski) [Le monde de Lela Pawlikowska. Œuvres de 1915 à 1965. Introduction de Jacek Woźniakowski <> The world of Lela Pawlikowska. Works from 1915 to 1965. Introduction by Jacek Woźniakowski], Kraków, Muzeum Narodowe w Krakowie, 1997, nlb 68 s, 15 il.

19. „Bunt" współpracował z „Formistami", wśród których najaktywniejsi jako graficy byli Jan Hrynkowski i Wacław Wąsowicz [Le «Bunt» a collaboré avec les «Formistes», parmi lesquels Jan Hrynkowski et Wacław Wąsowicz furent les plus dynamiques <> "Bunt" collaborated with the "Formists", the most active of whom were Jan Hrynkowski and Wacław Wąsowicz].

20. Bruce Davis, *German Expressionist Prints and Drawings, vol. II, Catalogue of the Collection*, Los Angeles, The Robert Gore Rifking Center for German Expressionist Studies, nr 1255-1265, s. 344-345.

21. Cf. Irena Jakimowicz, *Pięć wieków grafiki polskiej* [Cinq siècles d'arts graphiques en Pologne <> Five Centuries of Polish Graphic Art], Warszawa, Muzeum Narodowe w Warszawie, 1997, s. 177.

22. Cf. Maria Grońska, *Grafika w książce, tece i albumie. Polskie wydawnictwa artystyczne i bibliofilskie z lat 1899-1945* [Les arts graphiques dans le livre, le portefeuille et l'album. Les éditions polonaises d'art et de bibliophilie des années 1899-1945 <> Graphic Art in Book, Portfolio and Album. Polish Editions of Art and Bibliophily from 1899 to 1945], Wrocław-Warszawa-Kraków, Zakład Narodowy im. Ossolińskich, 1994, s. 294, poz. 595.

23. Stanisław Ostoja-Chrostowski, *Zadania grafiki polskiej. Wykład inauguracyjny na Katedrze Grafiki Artystycznej w Akademii Sztuk Pięknych w Warszawie dnia 4 października 1937 roku* [Les objectifs d'arts graphiques polonais. Discours inaugural à la Chaire des arts graphiques à l'Académie des beaux-arts à Varsovie, le 4 octobre 1937 <> Objectives of Polish Graphic Art. An inaugural lecture at the Department of Graphic Art at the Warsaw School of Fine Arts, 4 October 1937], Warszawa, Wydawnictwo Akademii Sztuk Pięknych w Warszawie, 1937, s. 21.

24. Jan Motyka, *Twórczość Waleriana Borowczyka a „teoria odbicia rzeczywistości w sztuce". Sztuka Polska po 1945 roku* [L'œuvre de Walerian Borowczyk à la lumière de la théorie de la réalité réfléchie dans l'art. L'art polonais après 1945 <> The work of Walerian Borowczyk in Light of the Reflexibility of Reality in Arts. Polish Art after 1945], Warszawa, Państwowe Wydawnictwo Naukowe, 1987, s. 58.

DRZEWO – ARBRE – TREE

Paweł Wyczyński

Czyż drzewo, które rosło spokojnie w nadwiślańskim lesie, mogło sobie wyobrazić, że pod wpływem czarodziejskiego rylca odrodzi się nowym obrazem w drzeworycie? Więcej nawet! Zaklęciem artystycznego czynu powołane zostanie do nowego życia w świecie sztuki. Biblioteka Polska w Montrealu, okazały księgozbiór o tematyce polskiej, część integralna Polskiego Instytutu Naukowego w Kanadzie, stała się świadkiem tych baśniowych przeobrażeń. Grupuje ona w swoich zbiorach sto dwadzieścia rycin z pierwszej połowy XX wieku, w większości okazy polskiej sztuki drzeworytniczej, stworzone przez czterdziestu artystów. Jest to wymowne świadectwo ze spotkania kultur: wszystkie te dzieła, w formie oryginalnych rycin, dotarły do Montrealu i świadczą o promieniowaniu sztuki, a także o wkładzie Polaków do kulturowego dziedzictwa Kanady.

L'arbre, qui grandissait imperceptiblement aux abords de la Vistule, aurait-il pu imaginer que, sous les coups d'un burin magique, il allait renaître, comme image originale, sous forme de gravure sur bois ? Bien plus ! Par la force d'un acte créateur, il sera destiné à se manifester de bien des façons dans le monde de l'art. Imposante collection de livres sur la Pologne, partie intégrante de l'Institut polonais des arts et des sciences au Canada, la Bibliothèque polonaise de Montréal est devenue témoin de ces significatives métamorphoses ; elle se voit, de plus, dépositaire de cent vingt estampes polonaises de la première moitié du XXᵉ siècle, accomplies par quarante artistes, graveurs sur bois et aquafortistes. Heureuse rencontre des cultures, dira-t-on. Sans doute. Les illustrations regroupées dans ce livre témoignent de l'omniprésence de l'art et aussi de l'apport des Polonais au patrimoine culturel du Canada.

The tree growing imperceptibly along the Vistula could never have imagined that one day it would be reborn under the hands of a master wood engraver as an original image of a print. Even more! By the force of a creative act, it would be destined to become part of the world of art. The Polish Library in Montreal, an imposing collection of books on Poland, an integral part of the Polish Institute of Arts and Sciences in Canada, has become a witness to these significant metamorphoses; it is the depositary of one hundred and twenty Polish graphics, mostly woodcuts, from the first half of the XXth century, the work of forty artists. A fortuitous contact of different cultures, some will say. Undoubtedly. Nevertheless, the illustrations grouped in this book are a testimony to the omnipresence of art and also of the Polish contribution to the cultural patrimony of Canada.

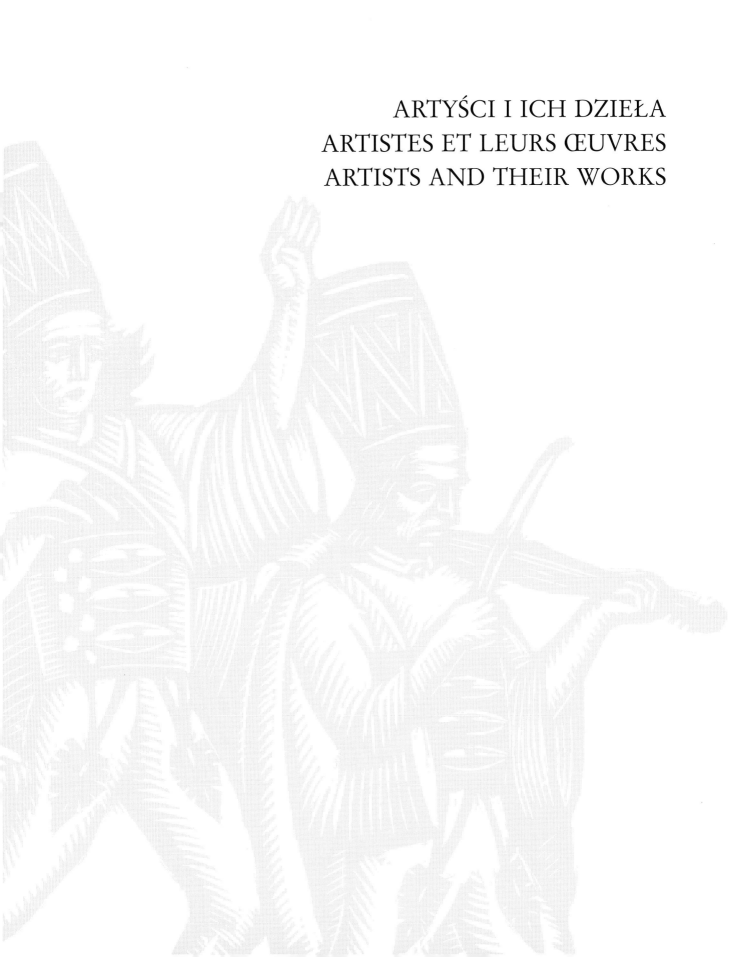

ARTYŚCI I ICH DZIEŁA
ARTISTES ET LEURS ŒUVRES
ARTISTS AND THEIR WORKS

EDMUND LUDWIK BARTŁOMIEJCZYK (1885-1950)

Po szkole ogólnokształcącej pracuje jako chromolitograf. W tym samym czasie uczy się w Szkole Rysunkowej przy Muzeum Rzemiosł. Od 1906 do 1909 roku studiuje w Akademii Sztuk Pięknych w Krakowie u Jana Stanisławskiego, Józefa Unierzyskiego i Wojciecha Weissa. W latach 1910-1913 jest słuchaczem warszawskiej Szkoły Sztuk Pięknych. Początkowo studiuje architekturę, później przenosi się na Wydział Sztuki Stosowanej do Edwarda Trojanowskiego. Około roku 1912 rozpoczyna samodzielną działalność artystyczną. Zajmuje się także pracą dydaktyczną. W latach 1917-1930 wykłada na Wydziale Architektury Politechniki Warszawskiej. W roku 1926 obejmuje pierwszą w Polsce Katedrę Grafiki Użytkowej w warszawskiej Szkole Sztuk Pięknych. Należy do Stowarzyszenia Artystów Grafików „Ryt", w latach 1930-1936 jest jego prezesem. Organizuje Koło Artystów Grafików Reklamowych. W 1942 roku włącza się do prac konspiracyjnego Koła Miłośników Grafiki i Ekslibrisu w Warszawie. Jego twórczość obejmuje grafikę użytkową i artystyczną oraz projekty dla wielu dziedzin rzemiosła artystycznego (wzory biżuterii, tkanin i wyrobów z bronzu). Projektuje ilustracje książkowe, okładki, układy graficzne, znaki drukarskie, ekslibrisy. Jest autorem plakatów, znaczków pocztowych, banknotów, druków okolicznościowych i reklamowych. Najczęściej uprawia drzeworyt, a także litografię, akwafortę i miedzioryt. W latach dwudziestych znajduje się pod wyraźnym wpływem drzeworytu ludowego, w okresie późniejszym szuka inspiracji w drzeworycie japońskim. Szczególnie interesuje go tematyka rodzajowa, często sceny z życia górali i Hucułów; poza tym tworzy także pejzaże i kompozycje religijne.

W. Cz. [Wacław CZARSKI], „Edmund Bartłomiejczyk", *Grafika polska*, nr 1, 1926, s. 4-16.

Jadwiga PUCIATA-PAWŁOWSKA, „Edmund Bartłomiejczyk", *Arkady*, nr 1, 1935, s. 49-52.

Krystyna CZARNOCKA, „Edmund Bartłomiejczyk", *Przegląd artystyczny*, nr 3, 1956, s. 100-111.

[...], *Edmund Bartłomiejczyk (1885-1950). Grafika. Rysunki. Akwarele*, Warszawa, Centralne Biuro Wystaw Artystycznych, 1956, 44 s.

Tadeusz LESZNER, *Edmund Bartłomiejczyk. Zarys życia i działalności artystycznej*, Toruń, Towarzystwo Bibliofilów, 1958, 60 s.

Bożena KOWALSKA, *Edmund Bartłomiejczyk*, Warszawa, Arkady, 1963, 39 s.

Après avoir terminé l'école secondaire, il travaille dans le domaine de la chromolithographie, tout en suivant des cours à l'école de dessin rattachée au Musée des métiers. Son instruction se poursuit, de 1906 à 1909, à l'Académie des beaux-arts de Cracovie où enseignent Jan Stanisławski, Józef Unierzyski et Wojciech Weiss. De 1910 à 1913, il est auditeur à l'École des beaux-arts de Varsovie. Au tout début, il étudie l'architecture, puis il passe à la Faculté des arts appliqués sous la direction d'Edward Trojnowski. C'est autour de 1912 que commence sa propre activité artistique, ce qui n'empêche pas l'artiste d'œuvrer dans le champ didactique. Pendant treize ans (1917-1930), Bartłomiejczyk enseigne à la Faculté d'architecture de la Polytechnique de Varsovie. En 1926, on lui confie la chaire des arts graphiques appliqués à l'École des beaux-arts de Varsovie : c'est la première chaire du genre en Pologne. Il devient membre de la Société des artistes d'arts graphiques « Ryt » dont il assume la présidence de 1930 à 1936. Il organise le Cercle des artistes graveurs de la réclame. En 1942, il se joint au Cercle clandestin des amis d'arts graphiques et d'ex-libris à Varsovie. Son œuvre comprend le dessin appliqué et le dessin artistique. Ses projets relèvent de plusieurs branches d'artisanat artistique, par exemple : des motifs d'orfèvrerie, de tissus, d'œuvres en bronze... Bartłomiejczyk conçoit des illustrations pour des livres : couvertures, mises en pages, signes d'imprimerie, ex-libris... Il signe des affiches, des timbres-poste, des billets de banque, des publications de circonstance et de réclame. Il s'adonne surtout à la gravure sur bois ; il excelle aussi en gravure à l'eau-forte et en gravure sur cuivre. Dans les années 1920, il est incontestablement sous l'influence de l'art populaire. Plus tard, il recherchera l'inspiration dans la gravure sur bois japonaise. Il s'intéresse aux thèmes folkloriques comme le montrent des scènes de la vie des montagnards et des Houtsoules. Il crée aussi des paysages et des compositions de thématique religieuse.

After finishing secondary school, Bartłomiejczyk worked in the field of chromolithography. At the same time, he studied at the School of Drawing, attached to the Museum of Arts and Crafts. He perfected his art at the Academy of Fine Arts in Cracow from 1906 to 1909. Among his professors were Jan Stanisławski, Józef Unierzyski and Wojciech Weiss. From 1910 to 1913 he took courses at the School of Fine Arts in Warsaw. In the beginning, he studied architecture, then he transferred to the Faculty of Applied Arts under the direction of Edward Trojanowski. About 1912, Bartłomiejczyk began his own artistic endeavours, which did not hinder his work in the field of teaching. For thirteen years (1917-1930), he taught in the Faculty of Architecture of the Warsaw Polytechnic. In 1926 he was named to the chair of applied graphic arts at the School of Fine Arts of Warsaw: this was the first chair of its type in Poland. He was a member of the Society of Polish Graphic Artists "Ryt" and was its president from 1930 to 1936. He also organized the Group of Artists Working in Advertising. In 1942 under the German occupation, he joined the program of resistance of the Circle of Friends of Graphic Arts and Ex Libris. His work included applied designs and artistic creations. Bartłomiejczyk's projects can be grouped under several branches of arts and crafts: designs for jewellery and textiles, works in bronze, etc. He conceived illustrations for books, book-cover art, layouts, printers' marks and book-plates. He designed posters, postage stamps, bank notes and advertising material. He worked in wood cut, etching and copper engraving. In the 1920's he became influenced by folk art. Later, he sought inspiration in Japanese woodcuts. He was especially interested in country scenes and also created some very expressive landscapes, as well as religious works.

BARTŁOMIEJCZYK

1. WYJAZD W POLE <> DÉPART POUR LE CHAMP <> STARTING FOR THE FIELDS

D.G.W.   1933   251 x 310

BARTŁOMIEJCZYK

2. VIELICO TIRNOVO

D.G.W.   1936   305 x 225

STANISŁAW CHROSTOWSKI (1897-1947)

Lata I wojny światowej spędza w Rosji. W 1917 roku kończy gimnazjum w Moskwie, podejmując jednocześnie studia architektoniczne. W roku 1923 wraca do kraju i rozpoczyna naukę w warszawskiej Szkole Sztuk Pięknych. Studiuje malarstwo u Tadeusza Pruszkowskiego, grafikę u Władysława Skoczylasa, grafikę użytkową u Edmunda Bartłomiejczyka, a także kompozycję brył i płaszczyzn, modelowanie, ceramikę, stolarstwo i kilimkarstwo. Dyplom uzyskuje w 1934 roku. Już w okresie studiów zdobywa wiele znaczących nagród. Członek Stowarzyszenia Artystów Grafików „Ryt" i Koła Artystów Grafików Reklamowych. Organizuje, przy współpracy Adama Półtawskiego, doświadczalną Pracownię Graficzną O.O. Salezjanów przy warszawskiej Salezjańskiej Szkole Rzemiosł. W roku 1932 obejmuje kierownictwo artystyczne wydawnictwa Instytutu Literackiego. Wiele lat jest wiceprezesem Book-plate Association International w Los Angeles. W latach 1936-1937 przechodzi poważną chorobę prawej ręki, co ogranicza jego działalność artystyczną. W roku 1937, po śmierci Władysława Skoczylasa, obejmuje Katedrę Grafiki Artystycznej w warszawskiej Szkole Sztuk Pięknych. W czasie II wojny światowej działa w konspiracji. Po roku 1945 zarzuca wszelką twórczość. Po zakończeniu wojny reaktywuje i reorganizuje warszawską Szkołę Sztuk Pięknych i zostaje wybrany jej rektorem. W roku 1947 wraz z Edwardem Kokoszką organizuje grupę artystyczną "Powiśle". Twórczość Chrostowskiego obejmuje pierwotnie równorzędnie drzeworyt i techniki metalowe, później ogranicza się jedynie do drzeworytu, głównie sztorcowego. Początkowo artysta znajduje się pod przemożnym wpływem stylu Władysława Skoczylasa. W dojrzałej twórczości przeciwstawia się wpływom drzeworytu ludowego, szukając inspiracji w osiągnięciach drzeworytników reprodukcyjnych II połowy XIX wieku. Około roku 1932 poświęca się niemal wyłącznie zdobnictwu książki. Jest autorem około 60 ekslibrisów. Sztukę Chrostowskiego charakteryzują mistrzostwo techniczne oraz precyzja opracowania niezwykle bogatych szczegółów kompozycyjnych.

Zofia NIESIOŁOWSKA-ROTHEROWA, „Stanisław Ostoja-Chrostowski ", Arkady, nr 7, 1936, s. 361-371.

[...] Exlibrisy Stanisława O.-Chrostowskiego, Warszawa. Wydawnictwo M. Areta, 1937, 138 s., 46 ekslibrisów. Tekst wstępny Stanisława Woźnickiego po polsku i francusku, s. 7-31. Egzemplarz nr 243, sygnowany przez artystę.

[...], Piąty Salon Związku Grafików 1937, Warszawa, Towarzystwo Zachęty Sztuk Pięknych, 1937, 29 s.

Stanisław WOŹNICKI, „Chrostowskiego drzeworyty szekspirowskie", Arkady, nr 4, 1939, s. 172-175.

Nela SAMOTYCHOWA, „Stanisław Ostoja-Chrostowski ur. 1897 — zm. 1947 w Warszawie", Wiedza i Życie, nr 6-7, 1948, s. 616-625.

[...], Stanisław Ostoja-Chrostowski. Katalog wydany z okazji wystawy pośmiertnej zorganizowanej przez Muzeum Narodowe, kwiecień-maj 1948, Warszawa, Muzeum Narodowe, 1948, 166 s.

Aurelia BORUCKA-NOWICKA, Stanisław Ostoja-Chrostowski 1897-1947. Drzeworyty (Katalog wystawy), Bydgoszcz, Muzeum okręgowe w Bydgoszczy, 1978, 8 s., il.

Pendant la Première Guerre mondiale, il séjourne en Russie. En 1917, il termine l'école secondaire (gimnazjum) à Moscou. Il entreprend des études d'architecture. En 1923, il retourne en Pologne et s'inscrit à l'École des beaux-arts de Varsovie où il étudie sous la direction de Tadeusz Pruszkowski, Władysław Skoczylas et Edmund Ludwik Bartłomiejczyk. Il perfectionne aussi ses connaissances dans plusieurs domaines : composition de plans, modelage, céramique, ébénisterie et tapisserie de haute lice. En 1934, Chrostowski-Ostoja obtient son diplôme. Encore étudiant, il s'est vu décerner des prix importants. Il fait partie de la Société des artistes d'arts graphiques « Ryt » et du Cercle des artistes graveurs de la réclame. Avec la collaboration d'Adam Półtawski, il organise un atelier expérimental en arts graphiques rattaché à l'École des métiers des pères salésiens à Varsovie. En 1932, il agit comme directeur artistique des éditions de l'Institut littéraire. Pendant plusieurs années il assume la vice-présidence de Book-plate Association International de Los Angeles. De 1936 à 1937, une maladie de la main droite freine son activité artistique. Après la mort de Władysław Skoczylas, il devient, en 1937, titulaire de la chaire des arts graphiques à l'École des beaux-arts de Varsovie. Au cours de la Seconde Guerre mondiale, il prend une part active à la résistance. L'année 1945 met fin à sa création artistique. Il va se consacrer à la réorganisation de l'École des beaux-arts de Varsovie dont il devient recteur. Avec l'aide d'Edward Kokoszka, en 1947, il forme un groupe artistique connu sous le nom de « Powiśle », quartier de Varsovie près de la Vistule. La création artistique de Chrostowski comprend, en premier lieu, la gravure sur bois et des œuvres obtenues grâce à la technique de gravure sur métaux. Plus tard, sa création se limitera à la gravure sur bois debout. Tout d'abord sous l'influence incontestable de Skoczylas, il s'en libère progressivement et, prenant conscience de l'importance du style personnel, il se montre à l'antipode de la gravure sur bois marquée par les traits folkloriques : à l'âge mûr, il se sent plus à l'aise en compagnie des artistes graveurs de la seconde moitié du XIXᵉ siècle. Au début des années 1930, il se consacre presque exclusivement à l'art décoratif des livres. Il laisse en héritage des affiches, diplômes, cartes de souhaits, invitations, étiquettes... et aussi une soixantaine d'ex-libris. L'art de Chrostowski se distingue par une remarquable saisie des sujets, autant que par une pureté, une subtilité d'exécution et une précision minutieuse des détails qui mettent en relief la richesse de ses compositions.

During the First World War, Chrostowski lived in Russia. He completed secondary school ("gimnazjum") in Moscow, where in 1917 he undertook studies in architecture. In 1923, he returned to Poland and enrolled in the School of Fine Arts in Warsaw, studying under Tadeusz Pruszkowski, Władysław Skoczylas, and Edmund Ludwik Bartłomiejczyk. He perfected his skills in several domains: composition of blocks and planes, model-making, ceramics, cabinet-making and tapestry design. He received his diploma in 1934. While still a student, he won some important awards. Chrostowski belonged to the Society of Polish Graphic Artists "Ryt" and to the Group of Artists Working in Advertising. With the collaboration of Adam Półtawski, he organized an experimental workshop in graphic arts, attached to the School of Arts and Crafts of the Salesian Fathers in Cracow. In 1932 he became the artistic director of the Literary Institute Publishers and for many years,he was also vice-president of the Book-plate Association International of Los Angeles. In 1936 and 1937 problems with his right hand limited his artistic activities. In 1937, following the death of Władysław Skoczylas, Chrostowski was named to the chair of Graphic Arts at the School of Fine Arts in Warsaw. During the Second World War, he took an active part in the resistance. In 1945 he ceased all artistic endeavours, devoting all his time to reorganizing the School of Fine Arts in Warsaw, of which he was elected Rector. With the help of Edward Kokoszka, in 1947 he formed the artistic group known as "Powiśle" [District of Warsaw near the Vistula]. The creations of Chrostowski initially included both woodcuts and metal cuts; later his works were limited to wood engravings. At the beginning he was clearly under the influence of Skoczylas; later he realized the importance of a more personal style; his work moved away from folkloric themes and he sought inspiration in the prints of the artists of the latter half of the 19th century. After 1932 he spent most of his time on the art of the illustration. He left us posters, diplomas, greeting cards, invitations, labels and also sixty or so book-plates. The art of Chrostowski is distinguished by a remarkable grasp of his subjects, as well as by purity and subtlety in the execution and precision of details which put into relief the richness of the composition.

CHROSTOWSKI

3. EKSLIBRIS JANA ZAMOYSKIEGO <> EX-LIBRIS DE JAN ZAMOYSKI <> BOOK-PLATE OF JAN ZAMOYSKI

D.G.W.   1929   105 x 54

CHROSTOWSKI

4. EKSLIBRIS MARJI SKOTNICKIEJ <> EX-LIBRIS DE MARIA SKOTNICKA <> BOOK-PLATE OF MARIA SKOTNICKA

D.G.W.   1931   101 x 41

CHROSTOWSKI

5. SMĘTEK

D.G.W. (1936) 181 x 147

PERICLES, PRINCE OF TYRE

CHROSTOWSKI

6. POETA GOWER <> GOWER, LE POÈTE <> GOWER THE POET
D.G.W. (1937) 225 x 153

CHROSTOWSKI

7. GŁOWY <> TÊTES <> HEADS
D.G.W. (1937) 225 x 165

CHROSTOWSKI

8. ZBROJA PERYKLESA <> L'ARMURE DE PÉRICLÈS <> THE ARMOUR OF PERICLES
D.G.W.   1937   222 x 162

CHROSTOWSKI

9. BURZA NA MORZU <> TEMPÊTE SUR LA MER <> STORM AT SEA

D.G.W. 1937 225 x 185

CHROSTOWSKI

10. MARYNA PORWANA PRZEZ KORSARZY <> MARYNA ENLEVÉE PAR DES CORSAIRES
<> ABDUCTION OF MARYNA BY CORSAIRS

D.G.W.   1937   228 x 160

CHROSTOWSKI

11. PERYKLES I MARYNA <> PÉRICLÈS ET MARYNA <> PERICLES AND MARYNA]
D.G.W.   (1937)   225 x 160

TADEUSZ CIEŚLEWSKI, SYN (1895-1944)

Grafik, krytyk, teoretyk sztuki i pisarz. Studiuje w Szkole Sztuk Pięknych w Warszawie: grafikę u Władysława Skoczylasa, malarstwo u Tadeusza Pruszkowskiego, grafikę książkową u Ludwika Gardowskiego. Członek wielu ugrupowań i związków artystycznych, m. in.: Stowarzyszenia Artystów Grafików „Ryt", Związku Polskich Artystów Grafików, Bloku Zawodowych Artystów Plastyków, Grupy Artystów Grafików „Czerń i Biel". Początkowo uprawia różne techniki graficzne, później, prawie wyłącznie drzeworyt (około 200 prac). Ogłasza własną teorię tej dyscypliny sztuki: *Drzeworyt w książce, tece i na ścianie – uwagi o graficznej rasowości drzeworytu*, wydany Warszawie, w 1936 roku. Tworzy głównie kompozycje architektoniczne i symboliczne. Jego ulubionym motywem jest warszawskie Stare Miasto. W ostatnim okresie twórczości wykonuje także portrety. Jest autorem wielu cykli i tek drzeworytniczych, np.: *Dawne Miasto – teka drzeworytów warszawskich* (1923), *Fiorenza – 12 drzeworytów* (1928), *Księga Miasta – cykl linorytów* (1932). Opracowuje również ilustracje i układy graficzne książek. Ważną dziedzinę twórczości Cieślewskiego stanowią ekslibrisy. Jest on także autorem rozpraw z zakresu historii, teorii sztuki oraz krytyki artystycznej. Zajmuje się także twórczością literacką.

[...], *Wystawa prac malarskich i graficznych T. Cieślewskiego syna*, Warszawa, Salon Sztuki C. Garlińskiego, 1924, 4 s.

Edward WORONIECKI, „Symbol a serce czyli rzecz o grafice Tadeusza Cieślewskiego syna", Warszawa, *Grafika*, 1933, III, zeszyt 3, s. 21-36.

Tadeusz LESZNER, *Tadeusz Cieślewski syn (1895-1944). Wspomnienie pośmiertne*, Poznań, nakładem autora, 1945, 4 s.

Andrzej BANACH, *Warszawa Cieślewskiego syna*, Warszawa, Wydawnictwa Artystyczne i Filmowe, 1962, 270 s.

Maria GROŃSKA, *Tadeusz Cieślewski syn. Życie i dzieło*, Wrocław, Zakład Narodowy im. Ossolińskich, 1962, 213 s.

[...], *Wystawa grafiki T. Cieślewskiego syna*, Gorzów, Muzeum w Gorzowie, 1962, 4 s.

[...], *Tadeusz Cieślewski syn (1895-1944). Wystawa w setną rocznicę urodzin i pięćdziesiątą rocznicę śmierci wielkiego drzeworytnika*, Warszawa, Muzeum Historyczne m. st. Warszawy, 1994, 44 s.

Artiste graveur, critique, théoricien de l'art et écrivain, Cieślewski étudie à l'École des beaux-arts de Varsovie : les arts graphiques sous la direction de Władysław Skoczylas, la peinture chez Tadeusz Pruszkowski et l'illustration de livres chez Ludwik Gardowski. Il est membre de bien des groupements et associations artistiques : Société des artistes d'arts graphiques « Ryt », Union des artistes polonais d'arts graphiques, Bloc des artistes professionnels d'arts plastiques et Groupe des artistes d'arts graphiques « Noir et Blanc ». Artiste prolifique, Cieślewski expose fréquemment au pays et à l'étranger, et remporte souvent des prix. Au début de sa carrière, il expérimente toutes sortes de techniques ; plus tard, il optera presque exclusivement pour la gravure sur bois et produira environ deux cents œuvres. Il élabore et publie sur ce sujet sa propre théorie : *Gravure sur bois, dans le livre, dans le portefeuille et sur le mur – remarques au sujet du caractère racé de la gravure sur bois* (Varsovie, 1936). Il crée avant tout des compositions architectoniques et symboliques. Son motif préféré est la vieille cité de Varsovie. Vers la fin de sa vie, il fait également des portraits. Il crée beaucoup d'œuvres cycliques et de portefeuilles dans lesquels sont groupées ses gravures sur bois, par exemple : *Ville d'autrefois – portefeuille des gravures sur bois dédiées à Varsovie* et *Livre de la Ville – série de linorites* (1932). Il conçoit aussi des illustrations et des mises en pages pour des livres. Dans ses travaux, Cieślewski attache beaucoup d'importance à l'ex-libris. L'artiste est aussi bien connu comme auteur d'études historiques traitant de la théorie de l'art, de la critique artistique et de la création littéraire.

Graphic artist, critic, writer and theoretician of art, Cieślewski studied at the School of Fine Arts in Warsaw: graphic art under the direction of Władysław Skoczylas, painting under Tadeusz Pruszkowski, and book illustration under Ludwik Gardowski. He belonged to several artistic groups and associations: Society of Polish Graphic Artists "Ryt", Association of Polish Graphic Artists, Bloc of Professional Graphic Artists and the Group of Graphic Artists "Black and White". Cieślewski, a very prolific artist, had many exhibitions both in Poland and abroad; he often received awards for his work. At the beginning of his career, he tried out many different techniques; later, he concentrated almost exclusively on woodcuts, producing a total of more than two hundred works. He wrote a well-known work on the subject: *Woodcut in books, in the portfolio and on the wall — remarks on the authenticity of woodcuts,* Warsaw, 1936. He created above all architectural and symbolic compositions. His preferred subject was the old city of Warsaw. Near the end of his life, he executed some portraits. Cieślewski produced several series and portfolios grouping his many woodcuts: *City of Yesterday — portfolio of woodcuts dedicated to Warsaw* (1923), *Florence — 12 woodcuts* (1928), *Book of the city — series of linocuts* (1932). He illustrated books and designed book-plates and layouts of books. He was well known as the author of historical studies and works on the theory of art and artistic criticism.

CIEŚLEWSKI

12. HALUCYNACJA WARSZAWSKA <> HALLUCINATION VARSOVIENNE <> WARSAW HALLUCINATION
D.G.W.   (1934)   177 x 133

CIEŚLEWSKI

13. WOLNE MIASTO GDAŃSK <> VILLE LIBRE DE GDAŃSK <> FREE CITY OF GDAŃSK
D.G.W.   1937   211 x 144

CIEŚLEWSKI

14. PRZEBUDOWA ARSENAŁU W WARSZAWIE <> RECONSTRUCTION DE L'ARSENAL À VARSOVIE
<> RECONSTRUCTION OF THE WARSAW ARSENAL

D.G.W.   1937   181 x 130

ZOFIA DEMBOWSKA-ROMER (1885-1972)

Malarka i graficzka związana ze środowiskiem wileńskim. Urodzona w Dorpacie (Estonia). W 1888 jej rodzina przenosi się do Wilna. Pierwsze lekcje rysunku pobiera w prywatnej szkole Iwana Trutniewa. Naukę malarstwa kontynuuje w Krakowie, Monachium i Paryżu. Debiutuje w 1909 roku na wystawie w krakowskim Towarzystwie Przyjaciół Sztuk Pięknych. Po ślubie osiada w rodzinnym majątku męża, Cytowianach. Krajobraz z okolic Cytowian i żyjący tam ludzie stają się ulubionymi tematami prac artystki. W 1941 roku zostaje deportowana w głąb Rosji. W roku 1943 dociera przez Teheran do Kairu, gdzie spędza cztery lata. Wiele wówczas maluje, portretując członków korpusu dyplomatycznego, krewnych króla Egiptu, malując wnętrza koptyjskich świątyń i pejzaże. W 1948 roku wyjeżdża do Londynu. Z Anglii przenosi się do Kanady, a następnie do Waszyngtonu, gdzie przebywa dziewięć lat. Od 1963 roku aż do śmierci mieszka w Montrealu. Spoczywa na cmentarzu w Sainte-Adèle, Quebek.

Née à Dorpat (Estonie). Lorsqu'elle a trois ans, sa famille déménage à Wilno. Elle prend ses premières leçons de dessin dans une école privée dirigée par Iwan Trutniew. Elle ira par la suite à Cracovie, à Munich et à Paris pour y étudier la peinture. Sa carrière d'artiste débute en 1909, à Cracovie, par une exposition organisée par la Société des amis des beaux-arts. Après son mariage, elle s'installe dans la propriété terrienne de son mari, à Cytowiany, d'où elle puisera des thèmes pour ses œuvres artistiques. En 1941, elle est déportée en Russie. En 1943, via Téhéran, elle arrive au Caire où elle résidera pendant quatre ans. Elle peint beaucoup. Naissent alors maints portraits de membres du corps diplomatique et de la parenté du roi d'Égypte ainsi que l'intérieur des temples coptes. En 1948, elle part pour Londres d'où elle passe au Canada, séjourne un certain temps à Washington et s'installe, en 1963, à Montréal. Son corps repose au cimetière de Sainte-Adèle (Québec).

Born in Dorpat (Estonia), Dembomska moved with her parents to Wilno in Poland at the age of three. Her first drawing lessons were at a private school directed by Iwan Trutniew. She went successively to Cracow, Munich, and Paris to study painting. Her artistic career began in 1909 at an exposition organized by the Society of Friends of Fine Arts. After her marriage, she lived at the estate of her husband in Cytowiany, where she found the inspiration for her work. In 1941 she was deported to Russia, but two years later she made her way to Cairo where she lived for four years. She painted continually, especially portraits of members of the diplomatic corps and the family of the King of Egypt; she also painted landscapes and the interiors of Coptic temples. She came to Canada in 1948 by way of London; then she spent several years in Washington before moving to Montreal in 1963. She is buried in the cemetery in Sainte-Adèle, Québec.

[...], „Wystawa obrazów Zofii Dembowskiej-Romerowej i J. Perkowskiego w Kownie", *Sztuki Piękne*, nr 11, 1932, s. 315.

[...], *Sofijos Dembovskytés Römerienés parodos katalogas ir dalinis paveikslu sarasas*, Kaunas Valstybnis M.K. Ciurlionio dailes muziejus, Varsovos Tautinis Muziejus 1991, 232 s. (tytuł i tekst także w językach polskim i angielskim: *Katalog wystawy obrazów i częściowy spis prac Zofii Dembowskiej-Romer*, Kowno, Państwowe Muzeum Sztuki M. K. Čiurlionisa, Warszawa, Muzeum Narodowe, 1991; *Catalogue of Picture Exhibition and incomplete list of Zofia Dembowska-Romer's works*, M. K Čiurlionis State Museum of Art, Kaunas, National Museum, Warsaw, 1991).

DEMBOWSKA-ROMER

15. STARY DĄB <> VIEUX CHÊNE <> OLD OAK

AKWAF.   (c. 1930)   228 x 185

MARIA DUNIN-PIOTROWSKA (1899-1986)

Urodzona w Kamieńcu Podolskim, studiuje w warszawskiej Szkole Sztuk Pięknych u Tadeusza Pruszkowskiego, Wojciecha Jastrzębowskiego, Ludwika Gardowskiego i Edwarda Trojanowskiego. Członek Stowarzyszenia Artystów Grafików „Ryt" oraz Związku Polskich Artystów Grafików. W 1936 odbywa się indywidualna wystawa prac artystki w gmachu warszawskiego Towarzystwa Zachęty Sztuk Pięknych. Mieszka na zmianę w Warszawie i rodzinnym Kamieńcu, zaś od roku 1936 kolejno w Sierpcu i Płońsku. Zajmuje się niemal wyłącznie drzeworytem, chętnie barwnym lub lawowanym. Sporadycznie uprawia miedzioryt i litografię. We wczesnych pracach nawiązuje do drzeworytu ludowego, np. cykl *Przysłowia polskie* (1927) czy ilustracje do psalmu *Kto się w opiekę odda...* (1928). Stosuje wówczas często tak zwane groszkowanie, potęgujące wrażenie archaizacji. Po roku 1931 kładzie w swych pracach nacisk na operowanie szerokimi, kontrastującymi plamami czerni i bieli (*Żydzi, Powódź, Madonna*). Ryciny z lat 1934-1937 ukazują zainteresowanie artystki groteską (*Akwarium, Zoo, Szympans na spacerze*) oraz tematyką sportową.

Née à Kamieniec Podolski. Elle y fait son cours primaire. Ses études se poursuivent à l'École des beaux-arts de Varsovie où enseignent Tadeusz Pruszkowski, Wojciech Jastrzębowski, Ludwik Gardowski et Edward Trojanowski. Elle fait partie de la Société des artistes d'arts graphiques « Ryt » et de l'Association des artistes polonais d'arts graphiques. En 1936, une exposition de ses œuvres se tient à Varsovie dans l'édifice de la Société des amis des beaux-arts. Elle habite alternativement à Varsovie et à Kamieniec, sa ville natale. À partir de 1936, Dunin-Piotrowska séjourne tour à tour à Sierpiec et à Płońsk. Elle se consacre quasi exclusivement à la création de gravures sur bois en couleurs et en demi-teintes. Ce n'est que sporadiquement qu'elle s'applique à la gravure sur cuivre ou à la lithographie. Ses premières œuvres montrent l'influence très nette de la gravure sur bois aux motifs folkloriques, par exemple, le portefeuille *Proverbes polonais* (1927) et les illustrations du psaume *Celui qui sous la protection...* (1928). Dans ce genre de création, l'artiste fait souvent sienne la technique au criblé, ce qui augmente l'impression des effets archaïques. Après 1931, elle se complaît dans le jeu de contrastes de larges espaces en noir et blanc : *Les Juifs, Inondation* et *Madone*. Ses œuvres graphiques, qui datent de 1934-1937, prouvent qu'elle aime introduire dans ses compositions des ornements grotesques — *L'Aquarium, Zoo, Un chimpanzé en promenade* —, de même que certains thèmes relatifs au sport.

Born in Kamiec Podolski, Dunin-Piotrowska studied at the School of Fine Arts in Warsaw under the direction of Tadeusz Pruszkowski, Wojciech Jastrzębowski, Ludwik Gardowski, and Edward Trojanowski. She belonged to the Society of Polish Graphic Artists "Ryt", and the Association of Polish Graphic Artists. There was an exhibition of her works in Warsaw in 1936. She lived alternatively in Warsaw and Kamieniec, her native village, and from 1936, in Sierpiec and Płońsk. She devoted herself almost exclusively to colour woodcuts. Occasionally she did some copper engraving and lithography. Dunin-Piotrowska's early works show the influence of folkloric woodcuts, as for example, in the series *Polish Proverbs* (1927), and the illustrations of the Psalm: *He who under the protection...* (1928). In this type of print, the artist often used the technique of pointillism, which gives the impression of ancient effects. After 1931 she took pleasure in the play of contrasts between large black and white spaces, as exemplified in *The Jews, Flood, Madonna*. Her graphic works, which date from 1934-1937, prove that the artist liked to introduce grotesque moments in compositions such as *Aquarium, Zoo, A Chimpanzee on a walk*, as well as certain themes related to sport.

▷ p. I : 18

[...], „Kolekcje prac Marii Dunin, Zygmunta Dunina", *Przewodnik po wystawie Towarzystwa Zachęty Sztuk Pięknych*, nr 115, Warszawa, Towarzystwo Zachęty Sztuk Pięknych, 1936, s. 19-24.

Mieczysław WALLIS, „Maria i Zygmunt Duninowie", *Wiadomości Literackie*, 1936, nr 43, s. 5.

DUNIN-PIOTROWSKA

16. DZIEWCZYNKA I AKWARIUM <> LA PETITE FILLE ET L'AQUARIUM <> LITTLE GIRL AND AQUARIUM]
D.G.W.   1931   191 x 254

DUNIN-PIOTROWSKA

17. CYRK : KULISY <> LES COULISSES D'UN CIRQUE <> CIRCUS: IN THE WINGS
D.G.W.   1937   298 x 244

KAZIMIERZ JAN DZIELIŃSKI (1894-1955)

Po ukończeniu Gimnazjum we Lwowie, wstępuje w 1914 roku do Legionów. W 1918 studiuje w Akademii Sztuk Pięknych w Krakowie u Józefa Mehoffera. Przerywa studia i wraca do wojska. W latach 1927-1932 ponownie studiuje na tej samej uczelni. Debiutuje w 1931 roku na wystawie w krakowskim Towarzystwie Przyjaciół Sztuk Pięknych. Pracuje jako nauczyciel rysunku w seminarium nauczycielskim w Krakowie. Wystawia wraz z członkami Towarzystwa Artystów Polskich "Sztuka". W roku 1935 wyjeżdża jako stypendysta do Francji. Członek Związku Zawodowego Artystów Plastyków i Towarzystwa Artystów Grafików w Krakowie. Czynnie uczestniczy w kampanii wrześniowej 1939, następnie walczy w szeregach Armii Krajowej. Więzień obozu koncentracyjnego w Płaszowie pod Krakowem. Odznaczony orderem Virtuti Militari. W roku 1949, w Krakowie odbywa się retrospektywna wystawa jego prac. Uprawia malarstwo o tematyce portretowej, pejzażowej i wojennej: *Oblicze wojny*, *Chwila ciszy w okopach*. Wypowiada się także w różnych technikach graficznych jak: akwaforta (*Braterstwo ognia*, 1933), akwatinta (*Czarne myśli*), mezzotinta, miedzioryt, litografia i monotypia. Jego prace znajdują się w zbiorach Muzeum Narodowego w Krakowie, a także w Muzeum Sztuki Współczesnej w Łodzi.

Après avoir terminé l'école secondaire (gimnazjum) à Lwów, il s'engage dans l'armée, notamment dans les légions de Józef Piłsudski. En 1918, il entreprend des études à l'Académie des beaux-arts de Cracovie, sous la direction de Józef Mehoffer. Il interrompt cependant son cours, retourne à l'armée, puis revient à l'Académie où il étudie de 1927 à 1932. Dzieliński fait ses débuts artistiques en 1931, lorsqu'il se fait connaître par ses œuvres au cours d'une exposition organisée par la Société des amis des beaux-arts. Il gagne sa vie comme professeur de dessin au Séminaire pédagogique de Cracovie. Avec les membres de la Société des artistes d'arts graphiques « Ryt », il continue d'exposer à Cracovie. En 1935, il part pour la France, à titre de boursier, et devient en même temps membre du Bloc des artistes professionnels d'arts plastiques et de la Société des artistes d'arts graphiques à Cracovie. Soldat durant la campagne de septembre 1939, il continue de lutter contre les Allemands dans le cadre de l'Armée du Pays (AK). Il est interné dans le camp de concentration de Płaszów, près de Cracovie. Il est décoré de l'Ordre *Virtuti Militari*. À Cracovie, en 1949, on a organisé une rétrospective de son œuvre. Le talent de Dzieliński se manifeste avantageusement dans sa peinture de portraits, de paysages et de scènes de guerre : *Visage de la guerre* et *Moment de silence dans les tranchées*. Il recourt aux différents genres graphiques ; gravure à l'eau-forte : *La Fraternité du feu* (1933) ; aquatinte : *Les Idées noires* ; mezzotinte, gravure sur cuivre, lithographie et monotype. On peut voir ses œuvres au Musée d'art contemporain à Łódź et au Musée national de Cracovie.

After finishing secondary school ("gimnazjum") in Lwów, Dzieliński enrolled in the Legions of Józef Piłsudski and fought to liberate Poland. In 1918 he undertook studies at the Academy of Fine Arts of Cracow, under the direction of Józef Mehoffer. He interrupted his studies to return to the army, but later, from 1927 to 1932, he was back at the Academy. His artistic beginnings date to 1931 when he participated in an exhibition organized by the Society of the Friends of Fine Arts. He earned his living as a teacher of drawing at the Pedagogical Seminary of Cracow and continued to exhibit with the Society of Graphic Artists "Sztuka". In 1935 he left for France on a bursary. At the same time, he became a member of the Association of Professional Artists and of the Society of Graphic Artists of Cracow. He took an active part in the campaign of September 1939 and continued to flight against the Germans as a soldier in the Underground Home Army (AK). He was captured and sent to the concentration camp at Płaszów near Cracow. For his actions during the war, he received the order of *Virtuti Militari*. A retrospective exhibition of his work was held in Cracow in 1949. The talent of Dzieliński can be seen particularly in his paintings: portraits, landscapes and war scenes such as *Faces of war*, and *Moment of silence in the trenches*. He made use of different techniques in graphic arts: etching (*Fraternity of Fire*, 1933), aquatint (*Black ideas*), mezzotint, copper plate engraving, lithography. His works can be seen in the National Museum of Cracow and in the Museum of Contemporary Art at Łódź.

[...], *Grafika hiszpańska. Malarze warszawscy. Wystawa zbiorowa K. Dzielińskiego ...*, Kraków, Towarzystwo Przyjaciół Sztuk Pięknych , 1936, 24 s.

DZIELIŃSKI

19. WAWEL OD PODZAMCZA <> WAWEL DU CÔTÉ DE PODZAMCZE <> AT THE FOOT OF WAWEL CASTLE

AKWAF.   c. 1945   414 x 280

ZOFIA ELŻBIETA FIJAŁKOWSKA (1909-1989)

Graficzka i malarka. Studiuje w Szkole Sztuk Pięknych w Warszawie, u Władysława Skoczylasa, Edmunda Bartłomiejczyka i Stanisława Chrostowskiego. Dyplom ze specjalnością w grafice uzyskuje w 1938 roku. Przed wybuchem II wojny światowej uprawia głównie drzeworyt, zaś po roku 1945 – rysunek i malarstwo ilustracyjne. Członek Związku Polskich Artystów Grafików, Grupy Artystów Grafików „Czerń i Biel", Bloku Zawodowych Artystów Plastyków. Bierze udział w wielu wystawach grafiki (debiutuje jeszcze przed otrzymaniem dyplomu, na II Międzynarodowej Wystawie Drzeworytu w Warszawie w 1936 roku). Wykonuje wiele drzeworytniczych ilustracji książkowych m. in. do Wydawnictwa *Staroświecki sklep* (Warszawa 1938) i książki Juliana Marchlewskiego *Szkice o Tatrach* (Warszawa 1951). Tworzy także wiele ekslibrisów. W drugiej połowie lat trzydziestych ulubionymi tematami Fijałkowskiej stają się pejzaże: aleje parkowe, krajobrazy nadrzeczne, leśne polany, widoki górskie, głównie Tatr. Bogata faktura prac (punktowanie, groszkowanie, drapanie) wyodrębnia z tła i dokładnie określa poszczególne gatunki roślin, efekt potęguje niezwykła dbałość w opracowywaniu szczegółów. Całość charakteryzuje nastrój uroku przyrody, dążenie do oddania jej różnorodności i zmienności.

Peintre-graveur. Elle reçoit sa formation à l'École des beaux-arts de Varsovie, où elle profite de l'enseignement de Władysław Skoczylas, d'Edmund Bartłomiejczyk et de Stanisław Chrostowski. En 1938, elle obtient un diplôme avec spécialisation en arts graphiques. Avant la Seconde Guerre mondiale, son intérêt porte principalement sur la gravure sur bois; après 1945, elle privilégie le dessin et la peinture ornementale. Membre de l'Association des artistes polonais d'arts graphiques, du Groupe des artistes d'arts graphiques « Noir et Blanc » et du Bloc des artistes professionnels d'arts plastiques, elle participe à de nombreuses expositions d'œuvres graphiques. Fait à souligner, elle débute à Varsovie en 1936, lors de la deuxième exposition internationale de la gravure sur bois avant même qu'elle soit diplômée en arts graphiques. Sous forme de gravure sur bois, elle exécute beaucoup d'illustrations pour des livres, entre autres pour les Éditions *Magasin de modes anciennes* (Varsovie, 1938), et pour *Esquisses des Tatras* de Julian Marchlewski. Elle crée un nombre considérable d'ex-libris. Après 1930, son goût artistique s'oriente vers le paysage: allées de parcs, vues sur des rivières, clairières perdues dans la forêt et paysages montagneux dont le contour est principalement inspiré par les Tatras. Sa technique au criblé est riche et variée. De l'arrière-plan, l'artiste sait faire ressortir les différentes sortes de plantes, grâce à un souci du détail. La caractéristique générale de son œuvre consiste en une ambiance crée par le charme de la nature changeante de ses paysages

Graphic artist and painter. Fijałkowska received her artistic training at the School of Fine Arts of Warsaw under the direction of Władysław Skoczylas, Edmund Bartłomiejczyk, and Stanisław Chrostowski. In 1938 she received her diploma with a specialization in graphic arts. Before the Second World War, her main interest was in woodcuts; after 1945 she turned to drawing and ornamental painting. She was a member of the Association of Polish Graphic Artists, the Group of Graphic Artists "Black and White", as well as the Bloc of Professional Graphic Artists. Fijałkowska participated in numerous exhibitions of graphic art. Her work was shown in 1936 at the Second International Exhibition of Woodcuts, while she was still a student. She created many woodcuts as book illustrations, among others for *The Store of ancient fashions* (Warsaw, 1938), and *Sketches of the Tatry-Mountains* by Julian Marchlewski (Warsaw, 1951). She designed a considerable number of bookplates. In the 1930s, her work turned more towards landscapes: alleys in the park, views of rivers, clearings in the forest, and mountain scenes inspired particularly by Tatry. Her technique is rich and varied: pointillism, scratching, etc. In her backgrounds, she has the knack of bringing out a variety of plants, with great attention to details. The general characteristic of her work is an atmosphere of charm of nature, in which diversity and versatility dominate.

Tadeusz LESZNER, *O ekslibrisach Zofii Fijałkowskiej. 6 oryginalnych drzeworytów*, Frankfurt am Maine, 1955, 4 s., 6 tabl.

FIJAŁKOWSKA

20. KONCERT <> CONCERT <> CONCERT

D.G.W.   1934   225 x 176

FIJAŁKOWSKA

21. W IZBIE <> DANS UNE ISBA <> IN AN ISBA

D.G.W.   1935   172 x 255

FIJAŁKOWSKA

22. KASZTAN <> MARRONNIER <> CHESTNUT TREE
D.G.W.   1936   197 x 246

FIJAŁKOWSKA

23. SARNY W LESIE <> BICHES DANS UNE FORÊT <> DEER IN A FOREST

D.G.W.   1937   233 x 188

BERNARD FRYDRYSIAK (1908-1970)

Malarz i grafik. Urodzony w Warszawie, umiera w Nowym Jorku. W latach 1928-1934 studiuje w warszawskiej Szkole Sztuk Pięknych u Tadeusza Pruszkowskiego. Współzałożyciel Bractwa Św. Łukasza. Członek grupy „Czerń i Biel", Bloku Zawodowych Artystów Plastyków, Grupy „Niezależnych". W dziedzinie grafiki posługuje się głównie techniką suchorytu, drzeworytu i akwaforty.

Peintre-graveur. Né à Varsovie, mort à New York. Pendant six ans, de 1928 à 1934, il étudie à l'École des beaux-arts de Varsovie, sous la direction de Tadeusz Pruszkowski. Il est très actif dans son domaine : cofondateur de la confrérie Saint-Luc, membre du groupe « Noir et Blanc », engagé dans le Bloc des artistes professionnels d'arts plastiques et inscrit au Groupe des « Indépendants ». En tant qu'artiste d'arts graphiques, il s'exprime principalement par les pointes sèches, les gravures sur bois et les eaux-fortes.

The painter and graphic artist Frydrysiak was born in Warsaw, and died in New York. He studied at the School of Fine Arts in Warsaw from 1928 to 1934 under the direction of Tadeusz Pruszkowski. He was very active in his field: a cofounder of the Brotherhood of Saint Luke, a member of the "Black and White" Group of Graphic Artists. He was involved in the Bloc of Professional Graphic Artists and in the Group of Independent Artists. As a graphic artist, he used mainly drypoint, woodcut, and etching.

[...], *Tadeusz Bernard Frydrysiak artysta malarz i grafik. Wspomnienia. Życie i twórczość, Warszawa-New York 1908-1970*, Kraków, Harcerska Oficyna Wydawnicza, 1992, 74 s.

FRYDRYSIAK

24. WIDOK NA JEZIORO <> VUE SUR LE LAC <> VIEW OF THE LAKE
M.G.E.   1934   154 x 259

HENRYK GACZYŃSKI (1901-1985)

Malarz, grafik i ceramik. Kończy szkołę Blanki Mercère w Warszawie. Następnie, w latach okupacji sam jest tam nauczycielem. Członek Związku Polskich Artystów Grafików oraz konspiracyjnego Koła Miłośników Grafiki i Ekslibrisu. Tworzy głównie ekslibrisy, posługując się przeważnie techniką drzeworytu. Pierwsze prace pochodzą z 1937 roku. W latach 1939-1941 następuje przerwa w jego działalności artystycznej. Wznowiona praca twórcza owocuje do roku 1944 wieloma rycinami. Niestety większość tego dorobku przepada w Powstaniu Warszawskim. Oprócz ekslibrisów Gaczyński wykonuje kompozycje rodzajowe i religijne. Jest także autorem kilku widoków Warszawy. Wszystkie prace artysty odznaczają się niezwykłą precyzją wykonania (przy niewielkich formatach rycin), dbałością o szczegóły i zwartością kompozycyjną.

Peintre-graveur et céramiste. Son instruction se fait à l'école Blanka-Mercère de Varsovie où il enseigne pendant l'occupation allemande. Il est membre de l'Association des artistes polonais d'arts graphiques, de même que du Cercle des amis d'arts graphiques et d'ex-libris. Il cultive principalement l'art de l'ex-libris, en employant la technique de gravure sur bois. Ses premières œuvres datent de 1937. Sa carrière d'artiste est interrompue entre 1939 et 1941. Il revient cependant à la création, et déjà, en 1944, il peut se vanter d'avoir produit plusieurs peintures. Malheureusement, la majeure partie de cet acquis sera à jamais perdue dans le feu de l'Insurrection de Varsovie. Gaczyński se complaît également à créer des compositions génériques et de thématique religieuse. On lui doit quelques vues de Varsovie. En général de petit format, ses œuvres se distinguent par une remarquable précision, un souci du détail et une volonté de doter la composition d'une harmonieuse et compacte unité.

Painter, graphic artist, and ceramist, Gaczyński was trained at the School of Blanka Mercère in Warsaw, where he then taught during the German occupation. He was a member of the Association of Polish Graphic Artists as well as of the clandestine Circle of Friends of Graphic Arts and of Ex libris. He turned his attention specifically to the art of the book-plate, using principally woodcuts. His first works date from 1937 but his artistic career was interrupted during the first years of the war. He came back to his work in 1941 and by 1944 had many prints to his credit. Unfortunately, much of the work was destroyed in that year during the uprising in Warsaw. Gaczyński was at ease with religious themes and he also left some interesting views of Warsaw. His works, generally in small format, show a remarkable precision, an attention to detail and to the harmonious impact of the whole.

Jerzy KRAM, *Henryk Gaczyński jako eklibrisista*, Warszawa ,1942, (wydane na prawach rękopisu, w 10 egzemplarzach), 16 s.
Hilary MAJKOWSKI, „Henryk Gaczyński", *Głos Wielkopolski*, nr 96, 1946, s. 180.

GACZYŃSKI

25. BAJKA <> FABLE <> FABLE
LIN. (1937) 43 x 54

GACZYŃSKI

26. EKSLIBRIS KRYSTYNY KULIKOWSKIEJ <> EX-LIBRIS DE KRYSTYNA KULIKOWSKA
<> BOOK-PLATE OF KRYSTYNA KULIKOWSKA

D.G.W.   1937   81 x 55

GACZYŃSKI

27. ŚW. KRZYSZTOF <> ST CHRISTOPHE <> ST. CHRISTOPHER

D.G.W.   1937   87 x 59

GACZYŃSKI

28. EKSLIBRIS TADEUSZA LESZNERA <> EX-LIBRIS DE TADEUSZ LESZNER
<> BOOK-PLATE OF TADEUSZ LESZNER
D.G.W.   1938   106 x 64

WIKTORIA JULIA JADWIGA GORYŃSKA (1902-1945)

Dzieciństwo spędza w Anglii. Do roku 1918 mieszka w Wiedniu, gdzie kształci się w Kunstgewerbeschule. Następnie uczy się kolejno w Warszawie, u Konrada Krzyżanowskiego, i Berlinie. Na koniec odbywa regularne studia w warszawskiej Szkole Sztuk Pięknych, u Tadeusza Pruszkowskiego i Władysława Skoczylasa. Członek Stowarzyszenia Artystów Grafików „Ryt" oraz Związku Polskich Artystów Grafików. Zajmuje się głównie drzeworytem, często kolorowanym i lawowanym. Do wybuchu II wojny światowej tworzy ponad sto prac, przeważnie o tematyce religijnej, animalistycznej, fantastycznej, a także sportowej; sama uprawia szermierkę i pisuje o niej. Oddaje się także grafice książkowej, wykonuje między innymi ilustracje do *Traktatu o czyśćcu* św. Katarzyny Genueńskiej (Warszawa 1938). Tworzy również wiele ekslibrisów. W roku 1931, w warszawskim Towarzystwie Zachęty Sztuk Pięknych, odbywa się indywidualna wystawa prac artystki. Goryńska jest autorką artykułów na temat sztuki oraz recenzji wystaw, zamieszczanych w prasie polskiej i zagranicznej. Zajmuje się także tłumaczeniami. W Polskim Radio wygłasza audycje o sztuce dla Polonii amerykańskiej. W czasie II wojny światowej aktywnie działa w konspiracji. Zginęła w obozie Ravensbrück. W zbiorach Muzeum Narodowego w Warszawie znajduje się zespół 44 klocków drzeworytniczych artystki.

Elle passe son enfance en Angleterre. Ensuite, elle habite Vienne jusqu'en 1918 où elle fréquente l'école appelée Kunstgewerbeschule. Ses études se poursuivent à Varsovie, sous la direction de Konrad Krzyżanowski, puis à Berlin. Son instruction se termine à l'École des beaux-arts de Varsovie où elle a suivi un cours régulier, donné par Tadeusz Pruszkowski et Władysław Skoczylas. Elle est membre de la Société des artistes d'arts graphiques « Ryt » et de l'Association des artistes polonais d'arts graphiques. Son domaine préféré est celui de la gravure sur bois souvent en couleurs ou en demi-teintes. Elle accepte volontiers d'exécuter des illustrations pour des livres comme le montre le *Traité du purgatoire* de sainte Catherine de Gênes, publié à Varsovie en 1938. Son œuvre compte plusieurs ex-libris. En 1931, la Société des amis des beaux-arts de Varsovie organise une exposition exclusivement dédiée aux œuvres de Goryńska. L'artiste publie également, en Pologne et à l'étranger, des articles ayant trait à l'art, de même que des comptes rendus d'expositions. Elle fait aussi des traductions et prononce à la radio polonaise des conférences sur l'art, destinées aux Polonais des États-Unis. Pendant la Seconde Guerre mondiale, elle joint les rangs de la résistance polonaise et périt dans le camp de concentration allemand de Ravensbrück. Au Musée national de Varsovie se trouvent quarante-quatre blocs de bois qui proviennent des archives privées de l'artiste.

Goryńska spent her childhood in England and later, until 1918, lived in Vienna, where she frequented the Kunstgewerbeschule. She started her artistic work in Warsaw under the direction of Konrad Krzyżanowski, then in Berlin, and finally in the School of Fine Arts of Warsaw under Tadeusz Pruszkowski and Władysław Skoczylas. She was a member of the Society of Polish Graphics Artists "Ryt", and of the Association of Polish Graphic Artists. Her preferred medium was wood engraving, often in colour or semi tints. She did many book illustrations, as can be seen in the *Treatise on Purgatory* of Saint Catherine of Genoa, published in Warsaw in 1938. Her work also includes many book-plates. In 1931 the Society of the Friends of Fine Arts in Warsaw organized an exhibition dedicated exclusively to her work. She published articles on art, both in Poland and abroad, as well as reviews of exhibitions. Goryńska did translations and gave radio on artistic subjects Polish Americans. During the Second World War she joined the Polish resistance and died in the Ravensbrück concentration camp. The National Museum in Warsaw has forty of her wood blocks.

▷ p. II : 31

Nela SAMOTYCHOWA, „Wiktoria Goryńska. (Portret podwójny)", *Praca Obywatelska*, nr 22, 1934, s. 14-16.
Wacław BOROWY, „Wspomnienie o Wiktorii Goryńskiej", *Tygodnik Powszechny*, nr 21/22, 1950, s. 7.
[...], *Wiktoria Goryńska 1902-1945. Katalog grafiki*, Warszawa, Muzeum Narodowe w Warszawie, 1977, 46 s.

GORYŃSKA

29. STEFAN BATORY <> STEFAN BATORY, ROI <> KING STEFAN BATORY

D.G.W.   1933   262 x 213

GORYŃSKA

30. SZERMIERKA <> ESCRIME <> FENCING

D.G.W.   1934   268 x 198

ADAM HERSZAFT (ABRAM) (1886-1942)

Grafik, malarz i pisarz. Studiuje w Szkole Sztuk Pięknych w Warszawie i w Akademii Sztuk Pięknych w Paryżu. Podróżuje do Niemiec i Włoch. Członek Towarzystwa Zachęty Sztuk Pięknych w Warszawie. Podczas likwidacji warszawskiego getta wywieziony zostaje przez Niemców do obozu zagłady w Treblince. Wystawia od 1907 roku. Indywidualne wystawy prac artysty odbyły się w 1924, 1936 i 1938 w Warszawie, w 1928 w Łodzi i w 1935 w Katowicach. Do 1930 zajmuje się prawie wyłącznie grafiką, stosując głównie techniki metalowe. Do najlepszych prac graficznych Herszafta należą pejzaże, sugestywnie oddające grę świateł i wibrację powietrza.

Peintre-graveur et écrivain. Il étudie à l'École des beaux-arts de Varsovie et poursuit ses études à Paris. Il voyage en Allemagne et en Italie. Il est membre de la Société des beaux-arts de Varsovie. Après la liquidation du ghetto de la capitale polonaise, il est déporté par les Allemands au camp d'extermination de Treblinka. Il expose à partir de 1907. Ses expositions solos se tiennent à Varsovie, à Łódź et à Katowice, en 1924, 1935, 1936 et 1938. Jusqu'en 1930, il se spécialise en tant qu'artiste presque exclusivement dans le domaine des estampes, en optant principalement pour la technique de gravure sur métaux. Le meilleur de l'œuvre graphique de Hershaft se résume dans ses paysages, suggestifs par le jeu des lumières et la vibration de l'air.

Graphic artist, painter and writer, Herszaft studied at the School of Fine Arts in Warsaw and in Paris, later travelling in Germany and Italy. He was a member of the Association of the Friends of Fine Arts in Warsaw. After the destruction of the Warsaw ghetto, he was deported to the death camp at Treblinka. He participated in exhibitions starting in 1907 and had solo exhibitions in Warsaw, Łódź, and Katowice in 1924, 1935, and 1936. Until 1930 he worked mainly in metal cut. His best work can be seen in his landscapes, with their strong suggestion of the play of light and vibrations of air.

Mieczysław TRETER, „Akwaforty Adama Herszafta", *Świat*, nr 33, 1925, s. 4.

[...], „Wystawa obrazów i akwafort Adama Herszafta w Katowicach", *Rocznik Towarzystwa Przyjaciół Nauk* [Katowice], t. 6, 1938, s. 496.

HERSZAFT

32. DRZEWO <> ARBRE <> TREE

AKWAT. 123 x 166

JERZY HULEWICZ (1886-1941)

Malarz, grafik i pisarz związany ze środowiskami poznańskim i warszawskim. Studiuje początkowo w krakowskiej Akademii Sztuk Pięknych, u Józefa Unierzyskiego, potem w Paryżu i Monachium. Osiada na stałe w rodzinnym majątku Kościanki. Jest jednym z głównych animatorów poznańskiego środowiska artystycznego. Uczestniczy w tworzeniu Towarzystwa Zachęty Sztuk Pięknych w Poznaniu. Członek Koła Artystów Wielkopolskich, ugrupowania „Bunt", Związku Polskich Artystów Grafików. Zostaje redaktorem dwutygodnika *Zdrój*, założonego przy współpracy Stanisława Przybyszewskiego. W roku 1925, po utracie własnego majątku, zostaje administratorem dóbr Radziwiłłów w Pełży. Około 1937 roku, na stałe osiada w Warszawie. Stały współpracownik *Kuriera Porannego* i *Zwierciadła*. Zakłada prywatną szkołę malarstwa im. Zygmunta Waliszewskiego. W czasie II wojny światowej zaangażowany w wydawanie prasy podziemnej. Dorobek malarski i rękopisy Hulewicza przepadły w czasie Powstania Warszawskiego. Na twórczość malarską artysty składają się głównie portrety, pejzaże i obrazy o tematyce religijnej. Grafika zajmuje główne miejsce w jego zainteresowaniach plastycznych około 1917 roku. Wykonuje wówczas drzeworytnicze ilustracje i ozdobniki do pisma *Zdrój*. Uprawia także akwafortę. Pierwsze prace charakteryzują się nieco secesyjną stylizacją. W późniejszych kompozycjach widoczne są wpływy kubizmu i futuryzmu, mówiące o związkach ze sztuką formistów. Zauważalne jest także silne oddziaływanie niemieckiego ekspresjonizmu. Hulewicz ozdabia rycinami wiele książek, np. *Genesis Ducha* Juliusza Słowackiego (Poznań 1918), własny dramat *Kain* (Warszawa 1920) oraz Jarosława Iwaszkiewicza *Legendy o św. Balbinie nieznanej*. Sporadycznie zajmuje się także ekslibrisem i rzeźbą. Pisze powieści, dramaty, nowele, rozprawy o sztuce, recenzje i felietony.

Joanna POLLAKÓWNA, *Formiści*, Wrocław, Zakład Narodowy im. Ossolińskich, 1972, 57 s.

[...], *Poznańskie wspominki z lat 1918-1939*, Poznań, Wydawnictwo Poznańskie, 1973, s. 364-378.

Peintre-graveur et écrivain, lié aux milieux culturels de Poznań et de Varsovie. Il commence ses études à l'Académie des beaux-arts de Cracovie sous la direction de Józef Unierzyski, et les poursuit à Paris et à Munich. Il s'installe pour de bon à Kościanki, dans son domaine ancestral. Il devient l'un des animateurs du milieu culturel de Poznań, et fait partie du Cercle des artistes de Wielkopolska [La Grande Pologne], du Groupe « Révolte » et de l'Association des artistes polonais d'arts graphiques. Le journal bimensuel *Zdrój* [La Source], fondé avec la collaboration de Stanisław Przybyszewski, lui offre le poste de rédacteur en chef. En 1937, après avoir perdu son domaine, il est choisi comme administrateur des biens de la famille Radziwiłł à Pełża. Vers 1937, il s'installe de façon permanente à Varsovie. Collaborateur aux journaux *Kurier Poranny* [Courrier du Matin] et *Zwierciadło* [Miroir], il organise une école privée de peinture qui sera nommée École Zygmunt-Waliszewski. Pendant la Seconde Guerre mondiale, il s'occupe de la préparation et de la distribution de la presse clandestine. Ses œuvres artistiques et ses manuscrits ont été détruits pendant l'Insurrection de Varsovie. Dans l'œuvre de Hulewicz — portraits, paysages, scènes religieuses — les estampes occupent une grande place, de même que les objets en matières plastiques déjà privilégiés par l'artiste autour de 1917. C'est lui qui prépare les illustrations et les motifs décoratifs pour le journal *Zdrój* [La Source]. Il laisse aussi quelques gravures à l'eau-forte. Ses premières œuvres surprennent par leur stylisation sécessionniste. Plus tard, on détecte chez lui l'influence du cubisme et du futurisme, ce qui permet d'entrevoir ses liens avec l'art des « formistes ». Il est impossible de ne pas remarquer les influences de l'expressionnisme allemand. Les illustrations de Hulewicz embellissent plusieurs livres : *La Genèse de l'Esprit* de Juliusz Słowacki (Poznań, 1918), *Caïn* (Varsovie, 1920), pièce dramatique de l'artiste et *La légende inconnue de sainte Balbine* de Jarosław Iwaszkiewicz. Sporadiquement, Hulewicz aborde l'ex-libris et la sculpture. Il convient de souligner qu'il écrit aussi des romans, des pièces de théâtre, des nouvelles, des traités sur l'art, et aussi des recensions et des feuilletons.

Painter, graphic artist, and writer, Hulewicz was involved in the cultural milieu of Poznań and Warsaw. He started his studies at the Academy of Fine Arts of Cracow under the direction of Józef Unierzyski, and continued in Paris and Munich. He settled on his family estate, Kościany. He became one of the animators of artistic life in Poznań and was one of the founders of the Group of Graphic Artists of Greater Poland. He was a member of the "Bunt" Group and of the Association of Polish Graphic Artists. The biweekly journal, *Zdrój*, founded with the collaboration of Stanisław Przybyszewski, offered him the position of editor. In 1937, after losing his estate, he became the administrator of the Radziwiłł family trust in Pałża. Later he settled in Warsaw. His articles appeared in publications such as *Kurier Poranny* [Morning Courier] and *Zwierciadła* [Mirrors]; he organized a private school of painting known as the Zygmunt Waliszewski School. During the Second World War, Hulewicz was involved in the clandestine press. Many of his paintings — portraits, landscapes, religious scenes — and manuscripts perished during the destruction of Warsaw. Graphics predominated in his artistic endeavours around 1917, when he prepared woodcut illustrations for *Zdrój*. There are also some etchings from this period. His first works are surprising by their secessionist style. Later, the influence of cubism and futurism can be discerned. One cannot help but notice the effects of German expressionism. Illustrations by Hulewicz grace many books: *The Genesis of the Spirit* by Juliusz Słowacki (Poznań, 1918); *Cain*, a dramatic work by the artist (Warsaw, 1920); *The Legend of Saint Balbinia the Unknown* by Jarosław Iwaszkiewicz. Occasionally, Hulewicz created book-plates and sculptures. He also wrote novels, plays, novellas, essays on art theory and reviews.

HULEWICZ

33. GŁOWA CHRYSTUSA <> TÊTE DU CHRIST <> HEAD OF CHRIST
D.G.W.   1936   259 x 214

HULEWICZ

34. KOBIETA I MĘŻCZYZNA W BIBLIOTECE <> HOMME ET FEMME À LA BIBLIOTHÈQUE
<> MAN AND WOMAN IN A LIBRARY

D.G.W.   1938   229 x 153

HULEWICZ

35. RÓŻE <> ROSES <> ROSES

D.G.W.   1938   182 x 133

MIECZYSŁAW JURGIELEWICZ (1900-1983)

Malarz i grafik. Studiuje malarstwo na Uniwersytecie Stefana Batorego w Wilnie u Ferdynanda Ruszczyca, później w warszawskiej Szkole Sztuk Pięknych u Mieczysława Kotarbińskiego. Grafiki uczy się w tej samej uczelni, pod okiem Władysława Skoczylasa. Od 1936 prowadzi tam wykłady rysunku, kontynuowane po wojnie, w latach 1947-1952. Wskutek choroby musi przerwać pracę pedagogiczną. Uprawia malarstwo witrażowe, scenografię, drzeworyt i grafikę użytkową. W ostatnich latach ogranicza się do malarstwa sztalugowego, rysunku i drzeworytu. Członek Związku Polskich Artystów Grafików, Stowarzyszenia Artystów Grafików „Ryt", Bloku Zawodowych Artystów Plastyków. W roku 1965 otrzymuje godność honorowego członka Akademii Sztuki we Florencji. Wystawy indywidualne prac Jurgielewicza odbyły się w Warszawie w latach 1939, 1957 i 1969, oraz w rok później w Wiedniu.

Peintre-graveur, il étudie la peinture chez Ferdynand Ruszczyc à Wilno, à l'Université Stefan Batory, ensuite chez Mieczysław Kotarbiński, à l'École des beaux-arts de Varsovie, où il apprend également l'art de graver sous la direction de Władysław Skoczylas. Plus tard, à partir de 1936, Jurgielewicz y donnera des cours de dessin, qu'il reprendra après la guerre, de 1947 à 1952. La maladie l'oblige à interrompre l'enseignement. Il s'adonne alors à la fabrication de vitraux, à la scénographie, à la gravure sur bois et à la gravure appliquée. Durant les dernières années de sa vie, il limite ses efforts aux tableaux dits de chevalet, aux dessins et aux gravures sur bois. Il est membre de trois organisations : l'Association des artistes polonais d'arts graphiques, la Société des artistes d'arts graphiques « Ryt » et le Bloc des artistes professionnels d'arts plastiques. L'Académie des arts de Florence le nomme, en 1965, membre honoraire. Des expositions exclusivement dédiées à ses œuvres se tiennent à Varsovie en 1939, 1957 et 1969 et à Vienne, en 1969.

Painter and graphic artist, Jurgielewicz studied painting under Ferdynand Ruszczyc at the Stefan Batory University in Wilno, then under Mieczysław Kotarbinski at the School of Fine Arts of Warsaw, where he also learned the art of engraving under Władysław Skoczylas. Starting in 1936, Jurgielewicz gave courses in drawing, to which he returned after the war, until illness forced him to put an end to his teaching career in 1952. He then turned to stained-glass work, stage design, and engraving. During the last years of his life, he limited himself to painting, drawing, and woodcut. He was a member of the Association of Polish Graphic Artists, the Society of Polish "Ryt" and the Bloc of Professional Graphic Artists. The Academy of Art of Florence named him an honorary member in 1965. He had solo exhibitions in Warsaw in 1939, 1957 and 1969, and in Vienna in 1970.

[...], *Wystawa zbiorowa prac Mieczysława Jurgielewicza*, Warszawa, Instytut Propagandy Sztuki, 1939, 5 s.

[...], *Wystawa prac Mieczysława Jurgielewicza*, Warszawa, „Zachęta", 1969, 7 s.

[...], *Mieczysław Jurgielewicz 1900-1983. Malarstwo*, Warszawa, Galeria „Zapiecek", 1986, 7 s.

JURGIELEWICZ

36. POWIŚLE

D.G.W.   (1933)   200 x 160

JURGIELEWICZ

37. PONT MARIE IN PARIS <> PONT MARIE W PARYŻU <> PONT MARIE À PARIS
D.G.W.   1935   124 x 99

JURGIELEWICZ

38. RUSTIC CHRIST <> CHRYSTUS FRASOBLIWY <> CHRIST AFFLIGÉ

D.G.W.   1935   260 x 215

JURGIELEWICZ

39. POLOWANIE <> LA CHASSE <> THE HUNT

D.G.W.   1937   228 x 274

JANINA KŁOPOCKA (1904-1982)

Graficzka związana ze środowiskiem warszawskim. Studiuje w Unterrichtsanstalt des Kunstgewerbemuseums Berlin, a następnie w warszawskiej Szkole Sztuk Pięknych, u Władysława Skoczylasa. Członek Związku Polskich Artystów Grafików, Bloku Zawodowych Artystów Plastyków oraz Grupy Artystów Grafików „Czerń i Biel". Oprócz drzeworytu, także barwnego, uprawia ceramikę i inne formy rzemiosła. Pierwsze prace artystki to studia kobiecych postaci wykonane techniką suchej igły. Po przyjeździe do Warszawy zajmuje się drzeworytem, prowadząc w tej dziedzinie nieustające poszukiwania techniczne. Powstałe wówczas kompozycje to głównie kwiaty i kobiece główki o wysokich walorach dekoracyjnych, przywodzących na myśl drzeworyt japoński. Prace późniejsze, z drugiej połowy lat trzydziestych, charakteryzuje obrysowywanie przedmiotów grubą czarna linią, dążenie do lapidarności formy i wzmocnienia wyrazu. Tematami stają się wówczas głównie wiejskie kobiety, zwykle na tle pejzażu, pełne smutku i zmęczenia: *Procesja, Trzy Marie, Macierzyństwo*. Niemal cały dorobek artystyczny Kłopockiej zaginął w Powstaniu Warszawskim.

Artiste graveur liée à l'activité du milieu culturel de Varsovie. Elle étudie à Unterrichtsanstalt des Kunstgewerbemuseums à Berlin, ensuite, chez Władysław Skoczylas, à l'École des beaux-arts de Varsovie. Membre de l'Association des artistes polonais d'arts graphiques, du Bloc des artistes professionnels d'arts plastiques et du Groupe des artistes d'arts graphiques « Noir et Blanc », elle s'adonne passionnément à la gravure sur bois avec ou sans couleur, à la céramique et à toutes sortes de formes d'artisanat artistique. Ses premières œuvres sont consacrées à l'étude du corps féminin d'après la technique de gravure à la pointe sèche. Une fois à Varsovie, elle cultive l'art de la gravure sur bois, tout en poursuivant la recherche de nouveautés techniques. Les compositions ainsi réalisées ont pour thèmes principaux des fleurs et de petites têtes de femme d'un style particulier, procédé qui fait penser à l'art de la gravure japonaise. Ses œuvres des années 30 se distinguent par une ligne noire qui encadre les sujets mis en relief, moyen de rendre la forme lapidaire et l'expression de l'ensemble plus significative. À cette époque, la villageoise devient de préférence le centre thématique du paysage, l'être humain accablé par la tristesse et la fatigue : *Procession, Trois Marie* et *Maternité*. Presque tout l'œuvre artistique de Kłopocka a été perdu dans les ruines de la capitale polonaise durant l'Insurrection de Varsovie, en août 1944.

A graphic artist involved in the artistic milieu of Warsaw, Kłopocka studied at the Unterrichtsanstalt des Kunstgewerbemuseums Berlin, and later under the direction of Władysław Skoczylas, at the School of Fine Arts of Warsaw. Member of the Association of Polish Graphic Artists, the Bloc of Professional Graphic Artists and the Group "Black and White", she devoted herself to woodcuts, often coloured, ceramics and a variety of artistic crafts. Her first works were centred around the female form using the technique of dry point. Once established in Warsaw, she created mostly woodcuts while continually searching for newer techniques. Kłopocka's works during this period have as their principal theme flowers and small heads of women with a particular style and decorative value, seemingly inspired by Japanese engravings. Her works from the late 1930s are distinguished by a large black line that surrounds the whole, thus highlighting it and giving it a strong outline. In this way, the village woman, with the landscape as background, becomes a human being overcome by sadness and fatigue: *Procession, Three Marias, Motherhood*. Almost all of her works perished in the destruction of Warsaw in August 1944.

[...], *Wystawa prac Janiny Kłopockiej*, Opole, Biuro Wystaw Artystycznych, 1972, 20 s.

[...], *Janina Kłopocka, autorka Rodła. Wystawa grafiki na 50-lecie zaślubin Rodła z Wisłą 1934-1984*, Warszawa, Centralne Biuro Wystaw Artystycznych, 1984, 30 s.

KŁOPOCKA

40. KOBIETY IDĄCE <> FEMMES EN PROMENADE <> WOMEN WALKING
D.G.W.   1932   183 x 293

41. KRAJOBRAZ GÓRSKI <> PAYSAGE DE MONTAGNE <> MOUNTAIN LANDSCAPE
D.G.W.   1936   217 x 280

ROMAN KŁOPOTOWSKI (1903-1986)

Malarz i grafik. Studiuje w warszawskiej Szkole Sztuk Pięknych u Mieczysława Kotarbińskiego, Karola Tichego, Władysława Skoczylasa i Wojciecha Jastrzębowskiego. Dyplom otrzymuje w 1936 roku. Często bierze udział w wystawach i zdobywa wiele nagród. W roku 1934 maluje tryptyk do jadalni B na m/s *Stefan Batory*. W części środkowej znajduje się *Chrystus kroczący po falach*, zaś na skrzydłach *św. Krzysztof* i *św. Jan Chrzciciel* oraz *Cudowny połów ryb* i *Uśmierzenie burzy*. Członek Związku Polskich Artystów Grafików. Jako grafik uprawia głównie drzeworyt zwykły i kolorowany.

Peintre-graveur, formé par Mieczysław Kotarbiński, Karol Tichy, Władysław Skoczylas et Wojciech Jastrzębowski, tous professeurs à l'École des beaux-arts de Varsovie. C'est à cette institution qu'il obtient un diplôme en 1936. Il expose souvent et mérite de nombreux prix. En 1934, il peint un triptyque pour la salle à manger du bateau *Stefan Batory*. Le panneau central représente *Le Christ marchant sur les eaux*; les deux volets montrent *Saint Christophe*, *Saint Jean-Baptiste*, *La Pêche miraculeuse* et *Jésus calmant la tempête*. Membre de l'Association des artistes polonais des arts graphiques, Kłopotowski privilégie surtout la gravure sur bois avec ou sans couleur.

Painter and graphic artist, Kłopotowski studied under Mieczysław Kotarbiński, Karol Tichy, Władysław Skoczylas and Wojciech Jastrzębowski at the School of Fine Arts of Warsaw where he obtained his diploma in 1936. He participated in numerous exhibitions and was awarded many prizes. In 1934 he painted a triptych for the dining room of the passenger liner *Stefan Batory*. At the centre of this work was the scene of *Christ walking on water*; the sides depicted *Saint Christopher*, *Saint John the Baptist*, *Christ calming the storm*, and the *Miraculous multiplication of fish*. Kłopotowski was a member of the Association of Polish Graphic Artists. He worked mainly in woodcut, sometimes coloured.

Lech NIEMOJEWSKI, „Architektura i dekoracja wnętrz polskich statków oceanicznych", *Pion*, nr 12, 1935, s. 5.

KŁOPOTOWSKI

42. ŚW. MAREK <> ST MARC <> ST. MARK

D.G.W.   (c. 1937)   170 x 116

KŁOPOTOWSKI

43. ZWIASTOWANIE <> L'ANNONCIATION <> THE ANNUNCIATION
D.G.W.   1938   130 x 165

JANINA KONARSKA-SŁONIMSKA (1902-1975)

Graficzka, malarka, ilustratorka. W latach 1919-1921 studiuje w szkole Polkowskiego, później, aż do 1926 r. w warszawskiej Szkole Sztuk Pięknych u Władysława Skoczylasa. W latach międzywojennych uprawia przede wszystkim drzeworyt, głównie barwny. Członek Związku Polskich Artystów Grafików oraz Stowarzyszenia Artystów Grafików „Ryt". Po II wojnie światowej zajmuje się ilustracją książkową. Jej prace znajdują się w zbiorach Biblioteki Jagiellońskiej, Biblioteki Narodowej, Muzeum Narodowego w Warszawie i Krakowie.

Peintre-graveur et illustrateur. De 1919 à 1921, elle étudie à l'École Polkowski; plus tard, elle s'inscrit, à Varsovie, à l'École des beaux-arts où enseigne Władysław Skoczylas: elle y demeure jusqu'en 1926. Dans l'entre-deux-guerres, elle pratique l'art de la gravure sur bois, surtout celle en couleurs. Elle fait partie de l'Association des artistes polonais d'arts graphiques et de la Société des artistes d'arts graphiques « Ryt ». Après la Seconde Guerre mondiale, elle exerce son talent d'illustratrice de livres. On peut contempler ses œuvres à la Bibliothèque jagellonnienne à Cracovie et au Musée national à Varsovie.

Graphic artist, painter, and illustrator. From 1919 to 1921 Konarska studied at the Polkowski School and later at the School of Fine Arts in Warsaw under Władysław Skoczylas, graduating in 1926. During the period before the Second World War, she mainly worked in coloured woodcut. She belonged to the Association of Polish Graphic Artists and to the Society of Polish Graphic Artists "Ryt". After the war, she devoted herself mainly to book illustration. Her work can be seen at the Jagellonian Library in Cracow and in the National Museum of Warsaw.

▷ p. III: 44

Tadeusz CIEŚLEWSKI, „Barworyty Janiny Konarskiej", *Wiadomości Literackie*, nr 45, 1933, s. 121.

[...], *Wystawa prac Janiny Konarskiej 1900-1975*, Warszawa, Muzeum Narodowe w Warszawie, 1977, 13 s.

BOGNA GRAŻYNA KRASNODĘBSKA-GARDOWSKA (1900-1986)

Studiuje w warszawskiej Szkole Sztuk Pięknych u Władysława Skoczylasa. Członek Stowarzyszenia Artystów Grafików „Ryt" i Bloku Zawodowych Artystów Plastyków. Uprawia głównie drzeworyt, najczęściej barwny. Debiutuje jeszcze w czasie studiów. Wiele wystawiała w kraju i za granicą. W jej pracach przeważa tematyka rodzajowa i religijna. Po II wojnie światowej osiada na stałe w Krakowie i tam kontynuuje działalność artystyczną. Wchodzi w skład grup „9 Grafików" i „Zagłębia". Otrzymuje wiele nagród i odznaczeń. Bierze czynny udział w wystawach grafiki w kraju i za granicą. Jej prace często tworzą cykle lub teki. Najważniejsze z nich to: *Objawienie Świętego Jana Teologa...* (1925), *Droga Krzyżowa* (1926-1928), *Drzewa polskie* (1933-1934), *Człowiek i drzewo* (1937), *Puszcza Białowieska* (1938), *Gorce* (1952-1954), *Wakacje* (1955), *Ogród* (1962-1964), *Maska* (1964-1967), *Komedia* (1966-1967), *Opowiadania włoskie* (1969-1971). W okresie międzywojennym twórczość Krasnodębskiej była typowym przykładem realizacji programu Stowarzyszenia „Ryt". W latach pięćdziesiątych artystka ulega doktrynie realizmu socjalistycznego. Po roku 1956 jej zainteresowania skupiają się wokół abstrakcji aluzyjnej i zagadnień formalnych.

Elle étudie à l'École des beaux-arts de Varsovie où elle est l'élève de Skoczylas. Membre de la Société des artistes d'arts graphiques « Ryt » et du Bloc des artistes professionnels d'arts plastiques, elle cultive l'art de la gravure sur bois, surtout de la gravure sur bois en couleurs. Elle se fait déjà connaître en tant qu'artiste pendant ses études. Ensuite, elle expose en Pologne et à l'étranger. Dans ses œuvres, ce sont les thèmes sociaux et religieux qui l'emportent. Après la Seconde Guerre mondiale, elle s'installe à Cracovie, et c'est là qu'elle va continuer son œuvre artistique. C'est là aussi qu'elle deviendra membre du groupe « 9 artistes graveurs » et de celui appelé « Bassin », nom qui fait allusion au bassin houiller de Silésie. Elle se voit décerner de nombreux prix et distinctions. Ses œuvres exposées s'ordonnent souvent en cycles ou portefeuilles dont les plus importants sont : *La Révélation de saint Jean le Théologien* (1925), *Le Chemin de croix* (1928), *Les Arbres polonais* (1933-1934), *L'Homme et l'arbre* (1937), *La Forêt de Białowieża* (1938), *Gorce* (1952-1954), *Les Vacances* (1955), *Le Jardin* (1962-1964), *Masque* (1964-1967), *La Comédie* (1966-1967) et *Les Récits italiens* (1969-1978). Pendant l'entre-deux-guerres, la création de Krasnodębska a été un exemple typique de la manière de réaliser le programme de la Société « Ryt ». Dans les années 1950, l'artiste est attirée par la doctrine du réalisme socialiste. Après 1956, elle concentre son intérêt sur l'abstraction allusive et les questions de forme.

Krasnodębska studied at the School of Fine Arts of Warsaw under the direction of Władysław Skoczylas. As a member of the Society of Polish Graphic Artists "Ryt" and of the Bloc of Professional Graphic Artists, she mainly worked in wood engraving, especially in colour. She had already exhibited her work during her studies. Later she exhibited in Poland and abroad. In her work, social and religious themes predominate. After the Second World War, Krasnodębska-Gardowska lived in Cracow and became a member of the group "9 Grafików" [9 Graphic Artists] and "Zagłębie" [Basin - Coal Mining District in Silesia]. She was awarded numerous distinctions and prizes. She completed many series and portfolios of which the most important are: *The Revelation of Saint John the Theologian* (1925), *The Way of the Cross* (1928), *Polish Trees* (1933-1934), *Man and Trees* (1937), *The Forest of Białowieża* (1938), *Gorce* (1952-1954), *Holidays* (1955), *The Garden* (1962-1964), *Masks* (1964-1967), *Comedy* (1966-1967) and *Italian Tales* (1969-1970). During the inter-war period her work was a typical example of the influence of the "Ryt" group. In the 1950s, she was attracted by the doctrine of socialist realism. After 1956 her interest turned to allusive abstraction and questions of form.

Maria ROGOYSKA, „Drzeworyty Bogny Krasnodębskiej-Gardowskiej", *Plastyka*, nr 4, 1939, s. 81-89.

[...], *Wystawa drzeworytów Bogny Krasnodębskiej-Gardowskiej*, Kraków, Centralne Biuro Wystaw Artystycznych, 1957, 10 s.

[...], *Bogna Krasnodębska-Gardowska. Grafika*, Szczecin, Związek Polskich Artystów Plastyków, 1967, 6 s.

KRASNODĘBSKA-GARDOWSKA

45. SIECI <> FILETS <> NETS

D.G.W.   (1931)   337 x 244

KRASNODĘBSKA-GARDOWSKA

46. SOSNA <> PIN <> PINE

D.G.W. (1933-4) 247 x 198

KRASNODĘBSKA-GARDOWSKA

47. TOPOLA <> PEUPLIER <> POPLAR

D.G.W.   (1933-34)   247 x 197

STEFANIA KRZYŻANOWSKA-PAWŁOWSKA (1905 - ?)

Malarka i graficzka. Studiuje w warszawskiej Szkole Sztuk Pięknych, gdzie jest uczennicą Tadeusza Pruszkowskiego i Władysława Skoczylasa. Uprawia głównie drzeworyt barwny, a także techniki metalowe. Członek Związku Polskich Artystów Grafików. Debiutuje w roku 1933. W czasie II wojny światowej traci niemal cały dorobek artystyczny. Po zakończeniu wojny osiada w Szamotułach, a następnie w Toruniu, poświęcając się prawie wyłącznie malarstwu. Jej prace graficzne sprawiają wrażenie szkiców z natury, przypominając niejednokrotnie rysunki tuszem, lawowane akwarelą. Odznaczają się one dużą swobodą i zręcznością techniczną. Ulubione tematy to motywy starej architektury utrwalające widoki Kazimierza nad Wisłą , Krzemieńca, Inowrocławia.

Peintre-graveur, elle fait ses études à l'École des beaux-arts de Varsovie, sous la direction de Tadeusz Pruszkowski et de Władysław Skoczylas. Elle se complaît dans la création de la gravure sur bois en couleurs et consent à graver sur les métaux. Membre de l'Association des artistes polonais d'arts graphiques, elle a commencé sa carrière artistique en 1933. Pendant la Seconde Guerre mondiale, presque toutes ses œuvres artistiques ont été détruites. Après la guerre, elle habite d'abord a Szamotuły et ensuite à Toruń où elle se consacre presque exclusivement à la peinture. Ses œuvres graphiques donnent l'impression d'être des esquisses de nature et rappellent les dessins à l'encre de Chine. En réalité, ce sont des objets d'art qu'on dirait recouverts des couleurs transparentes propres à l'aquarelle. On constate dans ce procédé une grande liberté et un doigté technique remarquable. Les motifs préférés de l'artiste sont ceux de la vieille architecture : c'est là que perdurent les belles vues de villes telles qu'Inowrocław, Krzemieniec et Kazimierz sur la Vistule.

The painter and graphic artist Krzyżanowska studied at the School of Fine Arts in Warsaw under the direction of Tadeusz Pruszkowski and Władysław Skoczylas. She was particularly attracted to coloured woodcut and copper engraving. Member of the Association of Polish Graphic Artists, she began her artistic career in 1933. During the Second World War she lost almost all her life's work. After the war, she lived first in Szamotuły and then in Toruń, working mainly in oils. Her prints give the impression of being sketches of nature and remind one of ink drawings covered with transparent colours reminiscent of watercolours. Her preferred themes were taken from old architecture: what remains of historical urban landscapes, such as Kazimierz on the Vistula, Krzemieniec, and Inowrocław.

▷ p. IV : 48

[...], *Wystawa malarstwa i grafiki Stefanii Krzyżanowskiej-Pawłowskiej,* Poznań, marzec-kwiecień 1947, Szamotuły, 1947, 32 s.

IGNACY ŁOPIEŃSKI (1865-1944)

Grafik, malarz i rzeźbiarz. Początkowo kształci się w Szkole Sztuk Pięknych w Warszawie pod kierunkiem Wojciecha Gersona i Antoniego Kamieńskiego. Po uzyskaniu stypendium Towarzystwa Zachęty Sztuk Pięknych, wyjeżdża na dalsze studia do Paryża, Monachium i Wiednia. Po powrocie do kraju, organizuje w Warszawie, w 1912 roku, Towarzystwo Przyjaciół Sztuk Graficznych. W dziedzinie grafiki uprawia głównie akwafortę. Z techniką tą zaznajamia wielu malarzy, gdyż jako jedyny w tym czasie posiada w Warszawie prasę graficzną. Zajmuje się zasadniczo grafiką reprodukcyjną, popularyzując dzieła malarskie Matejki, Fałata, Brandta, Gottlieba i innych. Za tę działalność otrzymuje wiele nagród w kraju i za granicą. Z czasem zaczyna także tworzyć kompozycje oryginalne: m. in. portrety, studia z natury, grafikę użytkową.

Peintre-graveur et sculpteur. Son instruction débute à l'École des beaux-arts de Varsovie, sous la direction de Wojciech Gerson et d'Antoni Kamieński. Boursier de la Société pour la promotion des beaux-arts, il se rend à Paris et à Munich pour y perfectionner ses talents artistiques. Revenu au pays, il organise en 1912, à Varsovie, la Société des amis d'arts graphiques. L'ardeur dont il fait preuve pour travailler la gravure à l'eau-forte est remarquable. Dans ce domaine précis, il sert d'exemple à plusieurs peintres. L'attrait est d'autant plus manifeste qu'à cette époque, à Varsovie, Łopieński est le seul à posséder une presse typographique pouvant imprimer des œuvres graphiques. Par le fait même, il contribue à populariser la peinture de célèbres artistes tels que Matejko, Fałat, Brandt, Gotlieb... Pour ce genre de travail, il se voit décerner plusieurs prix en Pologne et à l'étranger. Ainsi, au fur et à mesure que les années passent, son talent s'affirme : portraits, esquisses en pleine nature, objets de gravure appliquée...

Engraver, painter and sculptor, Łopieński started his studies of art at the School of Fine Arts in Warsaw under the direction of Wojciech Gerson and Antoni Kamieński. He went to Paris and Munich on a scholarship from the Society for the Promotion of Fine Arts to further his artistic talents. After returning to Poland, he founded the Society of the Friends of Graphic Arts in 1912. His single-minded devotion to etching was remarkable and served as an example to many artists. His influence was also due to the fact that he possessed the only press in Warsaw for printing engravings. Intitially he concentrated on reproduction of famous paintings and thus contributed to the popularization of the works of important artists such as Matejko, Fałat, Brandt, and Gottlieb. For his work in this field he received many awards both in Poland and elsewhere. As the years passed, his talent asserted itself in original compostions: portraits, landscapes, applied graphic art.

Henryk PIĄTKOWSKI, „Ignacy Łopieński", *Tygodnik Illustrowany*, nr 30, 1901, s. 585-588.

[...], „Kolekcja prac Ignacego Łopieńskiego", *Przewodnik po wystawie Towarzystwa Zachęty Sztuk Pięknych, nr 17*, Warszawa, Towarzystwo Zachęty Sztuk Pięknych, 1926, s. 28-29.

Wilhelm Władysław ZWIEROWICZ, *Ignacy Łopieński. Szkic biograficzny*, Warszawa, Związek Polskich Artystów Grafików [1931], 16 s.

ŁOPIEŃSKI

49. PORTRET PROF. STANISŁAWA NOAKOWSKIEGO
<> PORTRAIT DU PROFESSEUR STANISŁAW NOAKOWSKI <> PORTRAIT OF PROFESSOR STANISŁAW NOAKOWSKI

AKWAF.   c.1920   295 x 200

IRENA MIŃSKA-GOLIŃSKA (1904-1980)

Graficzka i malarka. Studiowała w warszawskiej Szkole Sztuk Pięknych w latach 1926-1928. Następnie, między rokiem 1928 a 1930, uczyła się malarstwa freskowego u Blanki Mercère i grafiki u Zofii Stankiewicz. Członek grupy „Fresk". Zajmuje się także sztuką użytkową — ceramiką, metaloplastyką, projektowaniem tkanin. W dziedzinie grafiki posługuje się głównie akwafortą i akwatintą. Indywidualna wystawa prac artystki odbyła się w Płocku w 1968 roku.

Peintre-graveur. Entre 1926 et 1928, elle étudie à l'École des beaux-arts de Varsovie. Par la suite, entre 1928 et 1930, chez Blanka Mercère, elle apprend la technique de peinture de fresque. Zofia Stankiewicz lui enseigne les arts graphiques. Membre du Groupe « Fresk », elle fait siens les arts appliqués dans toute leur diversité : céramique, métallographie, arts plastiques, tissu... En tant que graveur, elle privilégie l'eau forte et l'aquatinte. Une exposition solo à Płock, en 1968, contribue grandement à faire connaître les œuvres d'Irena Mińska-Golińska.

The painter and graphic artist. Mińska studied at the School of Fine Arts in Warsaw from 1926 to 1928, and from 1928 to 1930 she learnt the technique of fresco painting under the direction of Blanka Mercère. Zofia Stankiewicz was her teacher of graphic art. A member of the Fresco Group, she worked in several media, such as ceramics, metallography, and fabric design. As an engraver, she favoured etching and aquatint. In 1968, she had a solo exhibition in Płock.

▷ p. V-VI : 50, 51, 53

[...], *Wystawa malarstwa "Al fresco" grupy artystów p.n. „Fresk" otwarta od 4 do 16 czerwca od 9 do 7 wiecz.*, Warszawa, Salon Sztuki C. Garlińskiego, 1930, 3 s.

[...], „Trzecia dwuroczna wystawa grafiki polskiej urządzona przez Związek Polskich Artystów Grafików", *Przewodnik po wystawie Towarzystwa Zachęty Sztuk Pięknych*, Towarzystwo Zachęty Sztuk Pięknych, 1932, Warszawa, nr 71, s. 6-15.

MIŃSKA-GOLIŃSKA

52. MAHATMA GHANDI
AKWAF.*   1932   276 x 143

KAROL FRANCISZEK MONDRAL (1880-1957)

Grafik i malarz. Uczy się początkowo w warszawskiej Klasie Rysunkowej pod kierunkiem Wojciecha Gersona, a następnie w krakowskiej Akademii Sztuk Pięknych u Leona Wyczółkowskiego. W 1909 roku wyjeżdża do Paryża i osiada tam na kilkanaście lat. Pracuje wówczas głównie nad gruntownym opanowaniem technik graficznych. Wkrótce niemal wyłącznie poświęca się grafice. W okresie pobytu w Paryżu odbywa wiele podróży po Francji i Szwajcarii, czerpiąc z nich motywy do prac. W 1922 roku wraca do kraju. Obejmuje funkcję kierownika działu graficznego w Państwowej Szkole Przemysłu Artystycznego w Bydgoszczy. W roku 1931 zostaje powołany na stanowisko profesora Wydziału Grafiki w Państwowej Szkole Sztuk Zdobniczych w Poznaniu. Lata II wojny światowej spędza w Warszawie. W 1945 r. osiedla się w Poznaniu. Członek Związku Polskich Artystów Grafików, Grupy Artystów Wielkopolskich „Plastyka", Związku Plastyków Pomorskich w Bydgoszczy, Towarzystwa Zachęty Sztuk Pięknych i Związku Polskich Artystów Plastyków. Wystawia od roku 1903 (wystawy indywidualne w 1919 i 1921 w Paryżu oraz w 1930 w Warszawie). Jest przede wszystkim grafikiem. Najchętniej uprawia techniki metalowe, posługuje się także litografią i drzeworytem. Tematem jego prac jest najczęściej architektura, malownicze fragmenty miasteczek francuskich, Bydgoszczy, czy Krzemieńca, pejzaż, portret, rzadziej kompozycja figuralna czy scena rodzajowa. Duży wpływ na ukształtowanie się graficznej twórczości Mondrala ma francuski impresjonizm, do czego przyczynił się pobyt w Paryżu, a także sztuka Józefa Pankiewicza i Konstantego Brandla, z którym się przyjaźni. Próbuje swych możliwości również w rzeźbie i lutnictwie. Większość jego prac zaginęła w okresie II wojny światowej.

Władysław SKOCZYLAS, „Karol Mondral", *Tygodnik Ilustrowany*, nr 6, 1923, s. 83.

[...], „Wystawa grafiki profesora Mondrala w Bydgoszczy", *Przegląd Graficzny*, nr 20, 1930, s. 222.

[...], „Wystawa zbiorowa prac Karola Mondrala", *Przewodnik po wystawie Towarzystwa Zachęty Sztuk Pięknych*, nr 57, Warszawa, Towarzystwo Zachęty Sztuk Pięknych, 1930, s. 10-11.

[...], *Karol Mondral 1880-1957*, Poznań, Centralne Biuro Wystaw Artystycznych, 1959, 12 s.

[...], *Grafika Karola Mondrala z kolekcji Marcina Samlickiego. Wystawa zorganizowana dla uczczenia XI Walnego Zjazdu Towarzystwa Przyjaciół Książki obradującego w Bochni 25 i 26 listopada 1995 roku*, Bochnia, Towarzystwo Przyjaciół Książki, 1995, 6 s.

Maître graveur et artiste peintre. Sa formation commence à Varsovie par un cours de dessin, sous la direction de Wojciech Gerson; il étudie ensuite à Cracovie, à l'Académie des beaux-arts, chez Leon Wyczółkowski. En 1909, il part pour Paris où il demeurera pendant plusieurs années. Il passe la plupart de son temps à tenter de maîtriser les techniques d'arts graphiques auxquels il va bientôt se consacrer entièrement. Il ne se prive pas pour autant de voyager en France et en Suisse, en puisant dans ce qu'il voit des motifs utiles à ses œuvres. Il retourne en Pologne en 1922 pour devenir directeur de la section graphique à l'École d'État d'industrie artistique de Bydgoszcz. En 1931, il est nommé professeur à la Faculté des arts graphiques de l'École d'État des arts décoratifs de Poznań. Il passe les années de la Seconde Guerre mondiale à Varsovie. En 1945, il s'installe à Poznań. Il devient membre de plusieurs organisations professionnelles : Association des artistes polonais d'arts graphiques, Groupe des artistes de la Grande Pologne « Plastyka », Association des artistes d'arts plastiques de Poméranie à Bydgoszcz, Société des amis des beaux-arts et Association des artistes polonais d'arts plastiques. Mondral se définit comme un artiste épris d'arts graphiques. Sa prédilection va vers la technique de gravure sur métaux, mais il s'adonne aussi à la lithographie et à la gravure sur bois. Les thèmes de ses œuvres viennent de l'architecture : fragments pittoresques de petites villes françaises, de même que de villes polonaises telles que Bydgoszcz ou Krzemieniec. Il saisit remarquablement la beauté des paysages, exécute des portraits avec doigté et précision. Plus rarement, il conçoit des compositions de groupes ou des scènes à motifs religieux. L'impressionnisme français a exercé une grande influence sur la création artistique de Mondral. Son séjour à Paris a favorisé cette osmose. L'art de Józef Pankiewicz, ainsi que que celui de Constantin Brandel, son ami, sont pour beaucoup dans le processus de sa formation artistique. Occasionnellement, il s'essaie à la sculpture et à la fabrication d'instruments à cordes. Malheureusement, la plus grande partie de ses œuvres a été perdue pendant la Seconde Guerre mondiale.

Engraver and painter, Mondral began his artistic formation in Warsaw under the direction of Wojciech Gerson; then he continued at the Cracow Academy of Fine Arts under Leon Wyczółkowski. In 1909 he went to Paris where he spent many years perfecting his mastery of graphic arts which later became his main artistic activity. His travels in France and Switzerland served as inspiration for many of his works. He returned to Poland in 1922 becoming director of the Graphic Art Department of the State School of Art Industry in Bydgoszcz. In 1931 he was named professor at the Faculty of Graphic Arts of the School of Decorative Arts in Poznań He spent the years of the Second World War in Warsaw, returning to Poznań in 1945. He was a member of several professional organizations: the Association of Polish Graphic Artists, the Group known as "Plastyka", the Association of Graphic Artists of Pomerania at Bydgoszcz, the Society for the Encouragement of Fine Arts, and the Polish Union of Plastic Artists. Mondral was first and foremost a graphic artist. His predilection was for metal cut; however, he also worked in lithography as well as in wood engraving. The themes of his work come from architecture: picturesque fragments of small French towns, as well as Polish towns such as Bydgoszcz or Krzemieniec. He could capture the beauty of landscapes, and execute portraits with adroitness and precision. Occasionally he would also produce group portraits or scenes with religious motifs. French impressionism, to which he had been exposed in Paris, had an important influence on Mondral's artistic creation as well as the art of Józef Pankiewicz and of Constantin Brandel, his close friend. Occasionally, he tried his hand at sculpture and the making of string instruments. Unfortunately, the major part of his work was lost during the Second World War.

MONDRAL

54. ULICA KRAWIECKA W KRZEMIEŃCU <> RUE KRAWIECKA À KRZEMIENIEC
<> KRAWIECKA STREET IN KRZEMIENIEC

AKWAF.   (1938)   186 x 152

MONDRAL

55. ZAUŁEK W KRZEMIEŃCU <> UNE RUELLE À KRZEMIENIEC <> A LANE IN KRZEMIENIEC
AKWAF.   1938   182 x 153

MONDRAL

56. DESZCZ <> PLUIE <> RAIN

D.G.W. (< 1939) 255 x 373

STEFAN MROŻEWSKI (1894-1975)

Artysta grafik, ilustrator książek, malarz. Urodził się w Częstochowie, dzieciństwo spędził w Zagłębiu Dąbrowskim, zmarł w Walnut Creek, w Kalifornii. Od wczesnych lat wiedział że będzie artystą . Już w 1911 r. wysyła rysunki na wystawę „Sztuka a dziecko", zorganizowaną przez Lwowskie Towarzystwo Sztuk Pięknych. Studiował w wieczorowej Szkole Rysunku Jerzego Lehmana w Łodzi, Państwowej Szkole Sztuk Zdobniczych w Poznaniu, Wolnej Szkole Malarstwa i Rysunku Ludwiki i Wilhelma Mehofferów w Krakowie i w Szkole Sztuk Pięknych w Warszawie, gdzie był uczniem Władysława Skoczylasa. Członek Stowarzyszenia Artystów Grafików „Ryt" i Związku Polskich Artystów Grafików. Do 1952 r. uprawiał głównie drzeworyt i rysunek, potem także malarstwo witrażowe i ścienne, pastele, ceramikę. Większość życia spędza za granicą: Francja, Holandia, Anglia, Walia, Włochy, Stany Zjednoczone. Ilustrował ponad pięćdziesiąt dzieł literatury pięknej. Wśród autorów należy wymienić Dantego, Mickiewicza, Joinville'a, Dostojewskiego, Villona, Cervantesa, Sienkiewicza, Coleridge'a, von Eschenbacha; ilustrował także teksty biblijne i sceny z mitologii greckiej. Dorobek Mrożewskiego jest niezwykle bujny i bogaty. Artysta stworzył całkowicie własny, niepowtarzalny styl. Jego twórczość cechuje różnorodność formy i treści, dynamizm, wrażliwość, niezwykła wyobraźnia. Faktura prac oparta jest na mistrzowskim zróżnicowaniu cięć rylca wielorzędowego i igły drzeworytniczej, dającym wrażenie przeplatania się aksamitnej czerni i srebrzystej szarości. Ulubionym tematem artysty są wątki religijne, baśniowe, średniowieczne, sceny rodzajowe, tak miejskie jak i wiejskie, kwiaty. Wśród współczesnych mu drzeworytników był właściwie jedynym portrecistą. Stworzył własny typ portretu łączący realizm ujęcia z literacką aluzją zawartą w przydanych modelowi rekwizytach. Wykonał także wiele ekslibrisów i życzeń świątecznych. Nie można tu nie wspomnieć jego żony, Ireny z Blizińskich, którą poznał w Paryżu w r. 1929, całkowicie oddanej jego sztuce. Żarliwy patriota, ochotnik w Armii Polskiej w 1920 r., a w czasie II wojny światowej żołnierz Armii Krajowej.

Adelyn D. BREESKIN, "Stefan Mrożewski", *The American Magazine of Art*, New York, vol. 29, n° 4, April 1936, p. 228-232.

Tadeusz CIEŚLEWSKI syn, "Czarodziej rylca", *Arkady*, Warszawa, v. 2, nr 11, listopad 1936, s. 611-617.

Tadeusz LESZNER, *W pracowniach grafików i plastyków w latach wojny, kartki z notatnika*, Poznań-Szamotuły, 1946, s. 20-30.

Pierre MORNAND, «Stéfan Mrożewski», *Le Courrier Graphique*, nr 31, 1947, s. 3-10.

ID., *Vingt-deux artistes du livre*, Paris, Le Courrier graphique, 1948, s. 257-266.

Amelia BURSÓWNA, "Stefan Mrożewski, ilustrator bibliofilskich edycji", Listy bibliofilskie, Łódź, 1972, s. 31-43.

Ryszard WASITA, "Un magicien du burin", *La Pologne*, Varsovie, n° 3 (259), 1976, p. 46-47.

Marta SAMEK, *Stefan Mrożewski: grafika ze zbiorów Muzeum Narodowego w Kielcach – Stefan Mrożewski: Graphik aus der Sammlung des National Museum in Kielce*, Muzeum Narodowe, 1992, s. 72.

Anna FILIPOWICZ, *Twórczość Stefana Mrożewskiego w publicznych zbiorach polskich* (praca magisterska), Warszawa, Akademia Teologii Katolickiej, 1995, (ii) 59 s., plus "Ilustracje" (56 na 31 s.); „Aneks", s. 2; „Katalog", s. 52; „Indeksy", s. 11. Praca dostępna w Zakładzie Ikonografii Biblioteki Narodowej w Warszawie.

Andrzej H. MROŻEWSKI, «Stefan Mrożewski: interprète des œuvres littéraires», in *A Search for Knowledge and Freedom – À la recherche du savoir et de la liberté*, Ottawa, Promyk, 1995, p. 31-60.

Peintre-graveur et illustrateur de livres, Stefan Mrożewski est né à Częstochowa. Il passe son enfance dans le bassin houiller du sud-ouest de la Pologne. Il est décédé à Walnut Creek, en Californie. Encore enfant, il prend la décision d'être artiste. Déjà, en 1911, ses dessins sont inclus dans une exposition nationale, sous le thème l'Art et l'Enfant, organisée par La Société des amis des beaux-arts de Lwów. Il commence son apprentissage artistique à l'École de dessin de Jerzy Lehman à Łódź, ensuite à l'École d'État des arts décoratifs à Poznań. Il fréquente l'École libre de peinture et de dessin de Ludwika et Wilhelm Mehoffer à Cracovie. Par la suite il est admis à l'École des beaux-arts de Varsovie, où il a pour maître Władysław Skoczylas. En 1924, il quitte la Pologne pour Paris où il se fait bientôt remarquer comme illustrateur. Sauf pour la période entre 1939 à 1945, l'artiste vit à l'étranger : en France, aux Pays-Bas, en Angleterre, au Pays de Galles, en Italie et aux États-Unis. Mrożewski a illustré au-delà de cinquante chefs-d'œuvre de la littérature mondiale. Parmi les auteurs figurent Dante, Mickiewicz, Joinville, Villon, Cervantes, Sienkiewicz, Coleridge, von Eschenbach, Troyat. L'artiste a créé un style bien à lui et son œuvre est riche et varié. Sa maîtrise du métier dans le maniement du burin lui permet d'obtenir une gamme extraordinaire de noirs et de gris. Ses compositions s'inspirent de l'Écriture sainte, de la mythologie grecque, de l'histoire de Pologne, des scènes de rue et de la nature. Parmi les peintres-graveurs polonais, il est probablement le seul portraitiste ; il a exécuté les portraits de G.B. Shaw, H.G. Wells et G.K. Chesterton. Les gravures sur bois de Mrożewski se trouvent dans plusieurs collections publiques d'Europe et d'Amérique du Nord. Il a remporté plusieurs prix. L'artiste s'était marié avec Irena Blizińska, qui s'est entièrement dévouée à son art. Patriote ardent, il se porte volontaire dans l'armée polonaise en 1920, lors de la guerre contre l'Union soviétique, et fait de même durant la Seconde Guerre mondiale. Il a servi dans l'Armia Krajowa, armée de la résistance polonaise.

Painter, graphic artist, and book illustrator, Mrożewski was born in Częstochowa. He spent his childhood in the coal-mining region of south-west Poland. His artistic vocation became evident early: in 1911 some of his drawings were included in a national exhibition, under the theme Art and the Child, organized by the Society of the Friends of Fine Arts of Lwów. He began his artistic studies at the School of Drawing directed by Jerzy Lehman in Łódź, and continued at the State School of Decorative Arts in Poznań. He also attended the Free School of Painting and Drawing of Ludwika and Wilhelm Mehoffer in Cracow and later the School of Fine Arts in Warsaw, under the direction of Władysław Skoczylas. He was a member of the Society of Polish Graphic Artists "Ryt" and the Association of Polish Graphic Artists. Mrożewski left Poland for Paris in 1924 where he soon became known as an illustrator. Except for the period 1939-1945, he lived outside of Poland: in France, the Netherlands, England, Wales, Italy and the United States. He died in Walnut Creek, California. Mrożewski illustrated more than fifty books, by such authors as Dante, Mickiewicz, Joinville, Villon, Cervantes, Dostoyevski, Sienkiewicz, Coleridge, von Eschenback, and Troyat. Mrożewski created a unique style and his work is rich and varied. His mastery of the burin allowed him to obtain an extraordinary range of black and grey tones. His compositions are inspired by the Bible, Greek mythology, and the history of Poland, as well as nature and everyday events in the country and in the city. He is also well known for his portraits, G. B. Shaw, H. G. Wells, and G. K. Chesterton among others. Mrożewski's wood engravings can be found in many public collections both in Europe and North America. He was awarded numerous prizes. Mrożewski was married to Irena Blizińska, who devoted herself to the promotion of his art. An ardent patriot, he was a volunteer in the Polish army in 1920 during the war with the Soviet Union; he served again during the Second World War as a soldier in the Armia Krajowa, the underground army of Polish resistance.

Leśniczówka

MROŻEWSKI

57. LEŚNICZÓWKA <> MAISON FORESTIÈRE <> FORESTER'S COTTAGE

D.G.W.   1923   175 x 182

MROŻEWSKI

58. SIANOKOSY (OKSA) <> FENAISON <> HAYMAYKING

D.G.W.   1932   274 x 221

MROŻEWSKI

59. APOKALIPSA <> APOCALYPSE <> APOCALYPSE

D.G.W.   1933   405 x 365

MROŻEWSKI

60. „DZIUBUŚ" – PORTRET ŻONY ARTYSTY W STROJU ŁOWICKIM <> PORTRAIT DE LA FEMME DE L'ARTISTE
EN COSTUME DE ŁOWICZ <> PORTRAIT OF THE ARTIST'S WIFE IN REGIONAL COSTUME OF ŁOWICZ

D.G.W.   1934   332 x 253

MROŻEWSKI

61. KOLK <> KOLK À AMSTERDAM <> KOLK IN AMSTERDAM
D.G.W.   1936   242 x 298

MROŻEWSKI

62. CYNIE <> ZINNIA <> ZINNIAS
D.G.W.   1937   205 x 245

JANINA NOWOTNOWA (1883-1963)

Malarka, graficzka. Działa we Lwowie, po I wojnie światowej w Krakowie, gdzie studiuje na Kursach im. Adriana Baranieckiego, pod kierunkiem Jacka Malczewskiego i Franciszka Siedleckiego. Grafiką zajmuje się od 1929 , po ukończeniu Kursu Grafiki Artystycznej Ludwika Tyrowicza. Członek Związku Polskich Artystów Grafików, Związku Artystek Polskich i Związku Lwowskich Artystów Grafików. Po roku 1945 zajmuje się wyłącznie malarstwem. Prace jej znajdują się w zbiorach Biblioteki Uniwersytetu Mikołaja Kopernika w Toruniu, Muzeum Narodowego w Krakowie, Warszawie i Wrocławiu.

Artiste graveur. Active à Lwów. Elle vit à Cracovie après la Première Guerre mondiale où elle s'inscrit aux Cours Adrien-Baraniecki, et étudie sous la surveillance de Jacek Malczewski et de Franciszek Siedlecki. Après avoir terminé le cours d'arts graphiques chez Ludwik Tyrowicz, elle s'adonne, à partir de 1929, à la création. Plusieurs groupements artistiques bénéficient de son apport : l'Association des artistes polonais d'arts graphiques, l'Association des artistes polonaises et l'Association des artistes graveurs de Lwów. Après 1945, elle se limite à œuvrer dans le champ de la peinture. La Bibliothèque de l'Université Nicolas-Copernic de Toruń, le Musée national de Cracovie et les musées de Varsovie et de Wrocław possèdent dans leurs collections plusieurs œuvres de Janina Nowotnowa.

This graphic artist and painter studied in Cracow at the Adrian Baraniecki School under the direction of Jacek Malczewski and Franciszek Siedlecki. After 1929, on completing her studies in graphic arts with Ludwik Tyrowicz, she worked in this field in Lwów. Nowotnowa was a member of several organizations: the Association of Polish Graphic Artists, the Association of Graphic Artists of Lwów, and the Association of Polish Women Artists. After 1945 she devoted herself to painting. The Library of the Nicolas-Copernic University in Toruń and the National Museums in Cracow, Warsaw and Wrocław possess many of her works.

[...], „Kolekcja prac Janiny Nowotnowej", *Przewodnik po wystawie Towarzystwa Zachęty Sztuk Pięknych,* nr 72, Warszawa, Towarzystwo Zachęty Sztuk Pięknych, 1932, s. 28-29.

MDD [Marian DIENSTL-DĄBROWA], „Grafika Janiny Nowotnowej," *Światowid,* nr 17, 1938, s. 16.

NOWOTNOWA

63. THE OLD HOUSE <> STARY DOM <> LA VIEILLE MAISON
D.G.W. 1934 155 x 194

MARIA OBRĘBSKA-STIEBEROWA (1904-1995)

Malarka, graficzka i pedagog. Urodzona w Peczarze na Podolu. Przez krótki okres mieszka w Kijowie, a potem od roku 1911 w Warszawie, gdzie studiuje w Szkole Sztuk Pięknych: grafikę u Władysława Skoczylasa, malarstwo u Tadeusza Pruszkowskiego i Mieczysława Kotarbińskiego. Dyplom z grafiki uzyskuje w 1931 roku. W latach 1936-1944 interesuje się scenografią . Członek Stowarzyszenia Artystów Grafików „Ryt" i Związku Polskich Artystów Grafików. Pracą pedagogiczną zajmuje się od 1925 roku. Wykłada m. in. w Instytucie Sztuk Plastycznych we Lwowie i Wyższej Szkole Sztuk Plastycznych w Łodzi. W roku 1937 otrzymuje srebrny medal na Międzynarodowej Wystawie w Paryżu za ryciny i brązowy za prace scenograficzne.

Peintre-graveur et pédagogue, née à Peczarze, région de Podole. Après un bref séjour à Kiev, elle part pour Varsovie où elle étudie à l'École des beaux-arts : les arts graphiques avec Władysław Skoczylas et la peinture avec Tadeusz Pruszkowski et Mieczysław Kotarbiński. En 1931, elle obtient un diplôme en arts graphiques. Entre 1936 et 1944, elle est attirée par la scénographie. Membre de la Société des artistes d'arts graphiques « Ryt » et de l'Association des artistes polonais d'arts graphiques, elle participe avec dévouement aux activités qui s'y déroulent. En 1925, elle passe à l'enseignement, en donnant des cours, entre autres à l'Institut des arts plastiques de Lwów et à l'École supérieure des arts plastiques de Łódź. En 1937, lors de l'Exposition universelle de Paris, elle mérite une médaille d'argent (section estampes) et une médaille de bronze pour ses œuvres scénographiques.

Painter, engraver and pedagogue, Obrębska was born at Peczara, in the region of Podole. After a short stay in Kiev, she studied at the Warsaw School of Fine Arts, graphic arts under Władysław Skoczylas, and painting under Tadeusz Pruszkowski and Mieczysław Kotarbiński. In 1931 she obtained her diploma in graphic arts. During the period 1936-1944, she devoted much time to scenography. She was member of the Society of Polish Graphic Artists "Ryt" and of the Association of Polish Graphic Artists. From 1925 she taught at the Institute of Plastic Arts of Lwów and the School of Plastic Art of Łódź. In 1937, during the World Fair in Paris, she received a silver medal for engraving and was awarded a bronze medal for stage design.

Wiktor PODOSKI, „Maria Obrębska w kawiarni IPS-u", *ABC*, nr 368, 1933, s. 787.

Nela SAMOTYHOWA, „Maria Obrębska, Kobieta Współczesna", nr 43/44, 1933, s. 850.

OBRĘBSKA-STIEBEROWA

64. PORTRET DZIEWCZYNKI <> PORTRAIT D'UNE PETITE FILLE <>PORTRAIT OF A LITTLE GIRL

V.M.   1931   330 x 235

ANIELA (LELA) PAWLIKOWSKA (1901-1980)

Malarka i graficzka. Studiuje historię sztuki na Uniwersytecie Jana Kazimierza we Lwowie, malarstwo w krakowskiej Akademii Sztuk Pięknych, gdzie jest uczennicą Wojciecha Weissa i Kazimierza Sichulskiego. Mieszka w Medyce i Lwowie, zaś po II wojnie światowej w Anglii. Uprawia głównie malarstwo portretowe. W grafice eksperymentuje jedynie przejściowo, na początku lat 30-tych. Kompozycje graficzne Pawlikowskiej, często nawiązujące do sztuki ludowej, charakteryzuje ciemny, gruby kontur obiegający plamy czystego koloru. Najbardziej znane ryciny artystki zawarte są w tece linorytów *Bogurodzica* [ok. 1932].

Peintre-graveur. À Lwów, à l'Université de Jan Kazimierz, elle s'initie à l'histoire des beaux-arts; à Cracovie, à l'Académie des beaux-arts, elle étudie la peinture sous la direction de Wojciech Weiss et de Kazimierz Sichulski. Elle demeure à Medyka et à Lwów et, après la Seconde Guerre mondiale, elle émigre en Angleterre où elle devient portraitiste. Ses expériences en arts graphiques ne furent, au début des années 1930, que passagères. Se référant fréquemment à l'art populaire, ses œuvres de graveur se distinguent par un contour de teinte sombre qui borde des espaces colorés. Les estampes les mieux connues de Pawlikowska, réalisées autour de 1932, sont groupées dans le portefeuille *Mère de Dieu*.

The painter and engraver, Pawlikowska had her initial contact with the fine arts at the University of Jan Kazimierz in Lwów. Then she studied painting at the Academy of Fine Arts in Cracow under the direction of Wojciech Weiss and Kazimierz Sichulski. She lived in Medyka and in Lwów. After the Second World War, she emigrated to England where she became a portraitist. Her work in the graphic arts dates mainly from the 1930s. Her best-known prints, created around 1932, are part of a series titled *The Mother of God*. Much influenced by folk art, her works show an outline of sombre hues around multicolored spaces.

▷ p. VII : 65

[...], „*Jagnieszka* [akwarela Anieli Pawlikowskiej]", *The Studio*, vol. 92, nr 403, 1926, s. 303.

[...], „Widokówki świąteczne [Pawlikowskiej]", *Obrona Kultury*, nr 7, 1938, s. 8.

Maria ROMANOWSKA, *Świat Leli Pawlikowskiej. Prace z lat 1915-1965*, Kraków, Muzeum Narodowe w Krakowie, 1997, [68] 15 s. il.

Wiktor PODOSKI (1901-1970)

Grafik, pedagog, krytyk artystyczny. Studiuje w warszawskiej Szkole Sztuk Pięknych, w pracowniach Karola Tichego i Władysława Skoczylasa (1920-1926). W roku 1927 przebywa w Paryżu i Monachium jako stypendysta Funduszu Kultury Narodowej. Wykłada w Muzeum Sztuk Zdobniczych w Warszawie. Jest członkiem Stowarzyszenia Artystów Grafików „Ryt" oraz Związku Polskich Artystów Grafików. Początkowo interesuje się miedziorytem i litografią, szybko jednak obiera drzeworyt jako podstawową dziedzinę swej pracy. Sztuka Podoskiego ma charakter kameralny. Ryciny o niewielkich formatach, zrównoważone, utrzymane w jednakowym napięciu obracają się w wąskim kręgu kilku ulubionych tematów: martwych natur, aktów i pejzaży. Portrety i kompozycje figuralne są rzadkim uzupełnieniem. Częściej pojawia się ekslibris i grafika użytkowa. Kompozycje, w których tematy stają się jedynie pretekstem do szukania rozwiązań formalnych, do pokazania gry czerni i bieli, mimo prostoty środków, sprawiają wrażenie wyrafinowania. Wydają się być oparte na niemal matematycznym rachunku stanowiącym o stosunku poszczególnych elementów. Najlepsze prace to: *Martwa natura z gruszkami* (1929), *Akt* (około 1932), *Widok z St.-Tropez* (1938), zaś z okresu po II wojnie: *Akt w półcieniu*, *Pejzaż z topolami*, *Martwa natura w owalu*, *Martwa natura z fajką* i inne. W czasie Powstania Warszawskiego zostaje wywieziony do Niemiec. Po zakończeniu wojny wyjeżdża do USA, osiada w Los Angeles i tam odbudowuje swój warsztat drzeworytniczy. Wystawy indywidualne dzieł artysty odbyły się w Los Angeles i San Francisco w 1950 r. oraz w Warszawie w roku 1965. Podoski to zapalony bibliofil, znawca ksiąg, liternictwa i grafiki. Autor szeregu artykułów z zakresu sztuki, w szczególności drzeworytu, oraz recenzji wystaw. Jego prace znajdują się w zbiorach Biblioteki Jagiellońskiej, Biblioteki Uniwersytetu Warszawskiego, Muzeum Narodowego w Warszawie, Biblioteki Narodowej.

[...], *Wiktor Podoski*, Warszawa, Towarzystwo Przyjaciół Sztuk Pięknych, 1965, 5 s.

Maryla SITKOWSKA, *Wiktor Podoski 1901-1970*, Warszawa, Muzeum Narodowe, 1979, 45 s.

Graveur, enseignant et critique artistique. Son instruction commence à l'École des beaux-arts de Varsovie et dans les ateliers de Karol Tichy et de Władysław Skoczylas (1920-1926). À titre de boursier du Fonds culturel national, il passe l'année 1927 à Paris et à Munich. Il enseigne au Musée des arts décoratifs de Varsovie et fait partie de la Société des artistes d'arts graphiques « Ryt », de même que de l'Association des artistes polonais d'arts graphiques. Au tout début, il est attiré par la gravure sur cuivre et par la lithographie. Très vite, cependant, il choisit la gravure sur bois comme objet essentiel de son activité artistique. L'art de Podoski s'attribue des traits d'art d'espace limité. De petit format, bien équilibrées, ses estampes, toujours de même expressivité, se situent, à vrai dire, dans un monde thématique restreint : natures mortes, nus et paysages. Les portraits et les compositions de groupes sont plutôt rares. Plus fréquents, surgissent chez lui l'ex-libris et les objets d'arts graphiques appliqués. Ses compositions — dans lesquelles les thèmes ne sont que des prétextes pour la recherche de solutions formelles, pour montrer aussi le jeu entre le noir et le blanc, produisent l'impression de procédés raffinés malgré la simplicité des moyens. On dirait qu'elles s'appuient, en quelque sorte, sur un calcul mathématique qui détermine la proportion des éléments en jeu. Ses meilleures œuvres sont : *Nature morte : les poires* (1929), *Nus* (aux environs de 1932) et *Vue de la côte de Saint-Tropez* (1938). Après la Seconde Guerre mondiale naissent : *Nu à mi-ombre*, *Paysage de peupliers*, *Nature morte en ovale*, *Nature morte : la pipe*, et bien d'autres encore. Pendant l'Insurrection de Varsovie, il est déporté en Allemagne. À la fin de la guerre, il part pour les États-Unis et choisit de demeurer à Los Angeles. C'est là qu'il réorganise son atelier pour la gravure sur bois. Des expositions solos font connaître l'œuvre de l'artiste à Los Angeles et à San Francisco en 1950, à Varsovie en 1965. Podoski a toujours été un bibliophile passionné. Il a signé plusieurs articles sur l'art, plus particulièrement sur la gravure sur bois et les expositions. On peut trouver ses œuvres dans les collections de la Bibliothèque jagellonienne de Cracovie, de la Bibliothèque de l'Université de Varsovie et aussi dans celles du Musée national et de la Bibliothèque nationale de la capitale polonaise.

Graphic artist, pedagogue and art critic, Podoski began his studies at the School of Fine Arts in Warsaw as well as in the studios of Karol Tichy and Władysław Skoczylas (1920-1926). Thanks to a scholarship from the National Cultural Fund, he spent 1927 in Paris and Munich. He taught at the Museum of Decorative Arts in Warsaw and was a member of the Society of Polish Engravers "Ryt" as well as the Association of Polish Graphic Artists. In the beginning, he was attracted to metal engraving and lithography. Very quickly, however, he turned to woodcut as the prime from of his artistic activity. Podoski's art concentrates on the use of small spaces. His engravings have an intense expressiveness, and a limited number of themes: still life, nudes, landscapes. He also created book-plates and other applied graphic art objects. His compositions, which seem to be simply the pretext for discovering formal solutions to the problems of the tones of black and white, produce the impression of a refined technique. It almost seems that they are the product of a mathematical calculation which determines the proportions of the elements at play. His best works are: *Still Life - Pears* (1929), *Nudes* (c. 1932), *View of the Coast at St. Tropez* (1938) and, after the Second World War: *Nude in Semi Shade*, *Landscape with Poplars*, *Oval Still Life*, *Still Life with Pipe*. After the Warsaw uprising in 1944, he was deported to Germany. At the end of the war, he emigrated to the United States and settled in Los Angeles where he set up a studio specializing in woodcut. His work was also shown in solo exhibitions in Los Angeles and San Francesco in 1950 and in Warsaw in 1965. Podoski was especially devoted to bibliophily. He wrote many articles on art, especially woodcut and reviews of art exhibitions. His works can be seen in the collections of the Jagellonian Library and the Library of the University of Warsaw, as well as in the National Museum and the National Library in Warsaw.

PODOSKI

66. KOPANIE SZPARAGÓW <> RÉCOLTE DES ASPERGES <> HARVESTING ASPARAGUS

D.G.W.   1930   105 x 155

DUNIN-PIOTROWSKA

18. MARIA CZYTAJĄCA <> MARIA QUI LIT <> MARIA READING
D.G.W.*   1937   285 x 200

1935

GORYŃSKA

31. KOT SYJAMSKI <> CHAT SIAMOIS <> SIAMESE CAT
D.G.W.*   1935   236 x 180

KONARSKA-SŁONIMSKA

44. NARCIARZE <> SKIEURS <> SKIERS

D.G.W.*   1931   300 x 248

KRZYŻANOWSKA-PAWŁOWSKA

48. STARY DWOREK W KRZEMIEŃCU <> VIEUX MANOIR DE KRZEMIENIEC
<> OLD MANOR IN KRZEMIENIEC
D.G.W.* 1937 232 x 337

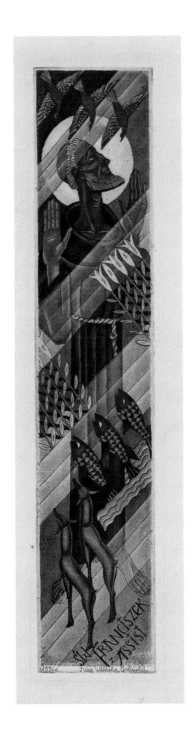

MIŃSKA-GOLIŃSKA

50. ŚW. FRANCISZEK Z ASYŻU <> ST-FRANÇOIS D'ASSISE
<> ST. FRANCIS OF ASISSI

AKWAF.*   1931   434 x 83

51. ŚW. KLARA <> SAINTE-CLAIRE <> ST. CLAIRE

AKWAF.*   1931   427 x 85

1935 „Zabawa"

Irena Mińska-Golińska

MIŃSKA-GOLIŃSKA

53. ZABAWA <> LE JEU <> AT PLAY

AKWAF.* 1935 227 x 179

PAWLIKOWSKA

65. MATKA BOSKA KSIĘŻYCOWA <> NOTRE-DAME-DE-LA-LUNE <> OUR LADY OF THE MOON

LIN.*   1949   229 x 197

SOPOĆKO

93. KOŚCIÓŁ NAZARETANEK W GRODNIE <> ÉGLISE DES SŒURS DE NAZARETH À GRODNO
<> CHURCH OF THE NAZARENE SISTERS IN GRODNO
D.G.W.*   1935   94 x 60

SOPOĆKO

94. KOŚCIÓŁ W GRODNIE <> ÉGLISE À GRODNO <> CHURCH IN GRODNO

D.G.W.*   1935   94 x 139

SOPOĆKO

95. STACYJKA <> PETITE STATION <> SMALL STATION

D.G.W.*   1935   115 x 73

SOPOĆKO

96. ULICA W CHARTRES <> RUE DE CHARTRES <> STREET IN CHARTRES
D.G.W.*   1937   94 x 105

1934

W. Telakowska 36

TELAKOWSKA

99. BIWAK <> BIVOUAC <> BIVOUAC

D.G.W.*   1934   200 x 170

1934
14F

W. Telakowska

TELAKOWSKA

100. ŻAGLÓWKI <> VOILIERS <> SAILBOATS

D.G.W.* 1934 123 x 103

1935

TELAKOWSKA

101. MOTYW Z JUGOSŁAWII <> MOTIF DE YOUGOSLAVIE <> SCENE IN YUGOSLAVIA

D.G.W.*   1935   88 x 100

TELAKOWSKA

102. REGATY (PRZYSTAŃ) <> RÉGATES <> REGATTA

D.G.W.*   1935   200 x 167

WOLSKA-BEREZOWSKA

109. ŁOWY <> LA CHASSE <> THE HUNT

AKWAT.*　(1930)　230 x 307

PODOSKI

67. FRAGMENT WIELKOMIEJSKI (ULICA MAŁA) <> FRAGMENT DE GRANDE VILLE (RUE MAŁA)
<> FRAGMENT OF A BIG CITY (MAŁA STREET)
D.G.W.   (c. 1932)   140 x 98

PODOSKI

68. SEN NA CHMURZE (AKT I) <> NU <> NUDE
D.G.W.   1932   168 x 240

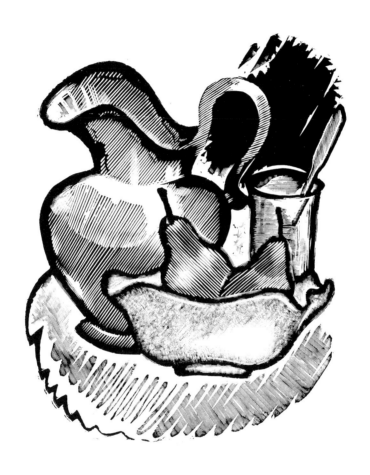

PODOSKI

69. MARTWA NATURA III <> NATURE MORTE III <> STILL LIFE III
D.G.W.   1933   98 x 75

ADAM JERZY PÓŁTAWSKI (1881-1952)

Grafik i typograf związany ze środowiskiem warszawskim, lubelskim i kieleckim. Studiuje historię sztuki, fizykę i chemię na Uniwersytecie Jagiellońskim oraz malarstwo w krakowskiej Akademii Sztuk Pięknych i Akademii w Monachium, uczęszcza do Wyższej Technicznej Szkoły Drukarskiej w Lipsku. W latach międzywojennych pracuje jako kierownik Zakładów Graficznych Bolesława Wierzbickiego w Warszawie i dyrektor techniczny Drukarni Łazarskiego. W latach 1922-1933 wykłada technikę drukarstwa i grafikę w Wyższej Szkole Dziennikarskiej, w 1926-1944 w Szkole Przemysłu Graficznego. Wraz ze Stanisławem Chrostowskim prowadzi Doświadczalną Pracownię Graficzną przy Salezjańskiej Szkole Rzemiosł w Warszawie. W latach okupacji organizuje tajne kursy graficzne. Członek Związku Polskich Artystów Grafików, Warszawskiego Towarzystwa Artystycznego, Koła Artystów Grafików Reklamowych i Towarzystwa Bibliofilów Polskich. Ma wielkie zasługi dla drukarstwa polskiego, jest autorem czcionki "antykwa polska" i "mediewal polski". Uprawia rysunek, malarstwo miniaturowe, różne techniki graficzne. Tworzy wiele ekslibrisów. Jego prace znajdują się w zbiorach Biblioteki Narodowej w Warszawie, Biblioteki Uniwersytetu Warszawskiego; komplet prac w posiadaniu rodziny artysty.

Artiste graveur et typographe, il établit des liens étroits avec les milieux artistiques de Varsovie, de Lublin et de Kielce. Il reçoit son instruction tout d'abord en histoire de l'art, en physique et en chimie à l'Université jagellonienne tout en étudiant, parallèlement, la peinture à l'Académie des beaux-arts de Cracovie. Son apprentissage continue à l'Académie de Munich et à l'École supérieure d'imprimerie de Leipzig. Durant la période de l'entre-deux-guerres, Półtawski travaille d'abord comme directeur dans l'Établissement de graphie appliquée de Bolesław Wierzbicki à Varsovie, puis comme directeur technique de l'Imprimerie Łazarski. Entre 1922 et 1933, il enseigne la technique de l'imprimé et les arts graphiques à l'École supérieure de journalisme. Entre 1926 et 1944, il donne des cours à l'École d'industrie graphique. Il a inventé deux caractères : « antykwa polska » (écriture originalement disposée perpendiculairement) et « mediewal polski » (inspiré de certains traits de l'écriture médiévale). L'artiste est connu par ses dessins, ses miniatures picturales et ses œuvres créées grâce aux différents procédés techniques. Il se complaît dans l'art de l'ex-libris. La famille de l'artiste peut se vanter d'avoir en sa possession les œuvres complètes de ce remarquable créateur. Certaines d'entre elles se trouvent à la Bibliothèque nationale et à la Bibliothèque de l'Université de Varsovie.

Graphic artist and typographer with extensive connections to the artistic milieus of Warsaw, Lublin, and Kielce, Półtawski started his studies in art history, physics, and chemistry at the Jagellonian University; at the same time, he took courses in painting at the Academy of Fine Arts of Cracow. He continued at the Munich Academy and the School of Printing in Leipzig. During the period between the two World Wars, Półtawski was the director of the Graphic Art Studio of Bolesław Wierzbicki in Warsaw, then of the Łazarski Printers. From 1922 to 1933, he taught printing techniques and graphic arts at the School of Journalism. From 1926 to 1944, he also gave courses at the School of Industrial Graphics. With Stanisław Chrostowski he directed an experimental studio of graphic arts, connected to the Trade School of the Salesian Fathers in Warsaw. During the German occupation, he organized clandestine courses in graphic arts. Półtawski was a member of the Association of Polish Graphic Artists, the Artistic Society of Warsaw, as well as the Group of Artists Working in Advertising and the Polish Bibliophile Association. He also designed two original type faces: "antykwa polska" and "mediewal polski". He was particularly fond of book-plate design. Półtawski is recognized for his drawings, his miniatures, and his works using different technical styles.

[...], *Ekslibrisy Adama Półtawskiego w drzeworytach 1942-1944 z klocków oryginalnych dziś w części nieistniejących odbite i tekstem oraz wykazem wszystkich ekslibrisów tegoż autora przez Tadeusza Lesznera opatrzone...*, Warszawa, Koło Miłośników Pięknej Książki , 1948, 49 s.

JWW, „50 lat pracy Adama Półtawskiego", *Tygodnik Powszechny*, nr 10, 1952, s. 6.

PÓŁTAWSKI

70. WODOTRYSK <> FONTAINE <> FOUNTAIN
D.G.W.   1933   164 x 110

PÓŁTAWSKI

71. ŻAGLOWIEC <> VOILIER <> SAILBOAT
D.G.W.   1933   145 x 113

PÓŁTAWSKI

72. DOMKI <> MAISONNETTES <> HOUSES

D.G.W.   (c. 1937)   180 x 142

ALEKSANDER RAK (1899-1978)

Grafik, malarz, pedagog. Urodzony w Odessie, mieszka początkowo w Kijowie. Studiuje w warszawskiej Szkole Sztuk Pięknych u Mieczysława Kotarbińskiego, Karola Tichego, Tadeusza Pruszkowskiego i Władyława Skoczylasa. Po dyplomie, aż do wybuchu wojny wykłada w macierzystej uczelni. Po II wojnie światowej osiada w Katowicach. W swej działalności graficznej duży nacisk kładzie na osiągnięcie precyzji, a nawet perfekcji cięcia, linii, różnicując jej charakter, dukt i barwę. Przeprowadza studia rycin dawnych mistrzów — Dürera, Rembrandta. Uprawia głównie techniki metalowe, sporadycznie posługuje się drzeworytem. Nadrzędnym tematem jego rycin jest człowiek, zajęty pracą, istniejący w relacji z naturą. Wiele jest także pejzaży, studiów drzew, samotnych chałup, przesyconych smutkiem i nostalgią. W ostatnich latach życia artysta opracowuje także tematy religijne.

Peintre-graveur et pédagogue, né à Odessa. Après un séjour à Kiev, il décide de s'inscrire à l'École des beaux-arts de Varsovie où il approfondit ses connaissances sous l'œil vigilant de professeurs tels que Mieczysław Kotarbiński, Karol Tichy, Tadeusz Pruszkowski et Władysław Skoczylas. Après avoir obtenu son diplôme, Rak enseigne à son *Alma Mater* jusqu'au déclenchement de la Seconde Guerre mondiale. Après la guerre, il s'établit à Katowice. Artiste consciencieux, Rak attache beaucoup d'importance à la précision d'exécution, toujours guidé par cette idée de tendre à la perfection. Lorsqu'il grave, sa ligne subit une différenciation subtile en ce qui a trait à son pouvoir de partage et à sa couleur. Il s'applique à scruter les estampes des maîtres d'autrefois, tels Dürer et Rembrandt. Rak penche volontiers vers la technique de gravure sur métaux et ce n'est que sporadiquement qu'il fait sienne la gravure sur bois. Ses estampes ont pour thème principal l'homme lié à son travail, l'homme en rapport avec la nature. On remarque chez lui un nombre considérable de paysages, d'esquisses d'arbres et de chaumières solitaires « rassasiées à l'excès » — selon l'expression même de l'artiste — de tristesse et de nostalgie. Au cours des dernières années de sa vie, Rak introduit dans son œuvre des sujets religieux.

Painter, engraver and pedagogue, Rak was born in Odessa. After a stay in Kiev, he enrolled in the School of Fine Arts in Warsaw where he studied under Mieczysław Kotarbiński, Karol Tichy, Tadeusz Pruszkowski, and Władysław Skoczylas. After receiving his diploma, Rak taught at his *alma mater* until the start of the Second World War. After the war he settled in Katowice. Rak, a most conscientious artist, attached much importance to precision of execution, always guided by the idea of reaching for perfection. In his engravings, his lines have a most subtle differentiation as far as their power to delineate spaces and colours. He spent many hours examining the engravings of past masters such as Dürer and Rembrandt. Rak was especially attracted to metal cut; only occasionally did he work in woodcut. His engravings have as their main theme man and his work, and man in relation to nature. There are also a considerable number of landscapes, sketches of trees and solitary country hovels full of sadness and nostalgia. During his last years, Rak turned to religious subjects.

[...], *Aleksander Rak. 1899-1978*, Warszawa, Centralne Biuro Wystaw Artystycznych, 1982, 33 s.

RAK

73. PIEKARZ <> BOULANGER <> BAKER

AKWAF.   1935   96 x 74

RAK

74. SZEWC <> CORDONNIER <> COBBLER

AKWAF. 1935 97 x 72

RAK

75. GRA W KARTY <> UNE PARTIE DE CARTES <> CARD GAME

AKWAF.   1936   116 x 156

R A K

76. PRACZKI <> LAVANDIÈRES <> WASHERWOMEN

AKWAF.   1936 119 x 160

R A K

77. DZWONNIK <> SONNEUR <> BELL RINGER

AKWAF. 1937 115 x 73

RAK

78. KOBIETY U STUDNI <> FEMMES PRÈS D'UN PUITS <> WOMEN AT A WELL

D.G.W.   1937   174 x 215

MARIA RUŻYCKA-GABRYEL (1905-1961)

Malarka, graficzka. Urodzona we Lwowie. Studiuje w krakowskiej Akademii Sztuk Pięknych u Józefa Mehoffera, Felicjana Szczęsnego Kowarskiego i Jana Wojnarskiego oraz w Szkole Sztuk Pięknych w Warszawie, w pracowni Władysława Skoczylasa. Po ukończeniu studiów wyjeżdża do Paryża, gdzie jest uczennicą Józefa Pankiewicza. Członek grupy „Pryzmat" i Stowarzyszenia Artystów Grafików „Ryt". Uprawia malarstwo sztalugowe, dekoracyjne, rysunek i drzeworyt. Jako graficzka debiutuje cyklem tematów huculskich wykonanym w akwaforcie. Drzeworyt zaczyna uprawiać w roku 1932. Tematów do prac, z których wiele ma charakter reportażu, dostarczają jej liczne podróże (do Austrii, Włoch, Jugosławii, Szwajcarii i Kanady) i wędrówki po kraju. Najciekawsze przykłady to: *Pejzaż z Dalmacji*, *Dubrownik*, *Mali metysi w Ottawie*, *W chacie góralskiej*. Wiele rycin obrazuje tematy sportowe. Artystka jest zapaloną narciarką, uprawia także sporty wodne (*W schronisku*, *Wiosna narciarzy*, *Smarowanie nart*, *Sporty wodne w Trokach*). Wiele prac znajduje się w tekach: *Teka kanadyjska* (1941, nie ukończona), *Zburzona Warszawa* (1948), *Dzieci koreańskie* (1953), *Biecz w drzeworytach* (1956), *Impresje bułgarskie* (1957), *Ziemia gorlicka* (1958).

Peintre-graveur, née à Lwów. Elle entreprend d'abord des études à l'Académie des beaux-arts de Cracovie, sous la direction de Józef Mehoffer, de Felicjan Szczęsny-Kowalski et de Jan Wojnarski, études suivies d'un stage à Varsovie, à l'École des beaux-arts, dans l'atelier de Władysław Skoczylas. L'artiste part ensuite pour Paris où elle aura comme professeur Jozef Pankiewicz. Elle appartient au groupe « Prisme » et à la Société des artistes d'arts graphiques « Ryt ». Ses préférences artistiques vont à la peinture sur chevalet, la peinture décorative, le dessin et la gravure sur bois. En tant qu'artiste d'arts graphiques, elle débute par un cycle de gravures à l'eau-forte qui met en évidence le thème de la vie des Houtsoules, un groupe de montagnards des Carpates. À partir de 1932, elle s'oriente vers la gravure sur bois. Beaucoup de ses thèmes, dans lesquels s'inscrivent des caractéristiques de reportage, viennent directement de ses nombreux voyages en Autriche, en Italie, en Yougoslavie, en Suisse, au Canada et aussi de ses pérégrinations dans son pays natal. En voici quelques exemples intéressants : *Paysage de Dalmatie*, *Dubrownik*, *Petits Métis à Ottawa* et *Dans une maison campagnarde*. Un certain nombre de ses œuvres ont pour thème des sujets sportifs : *Refuge dans les montagnes*, *Printemps des skieurs*, *Graissage des skis* et *Sports nautiques à Troki*. Certaines de ses œuvres sont groupées dans des portefeuilles : *Portefeuille canadien* (1941, non complété), *Varsovie en ruines* (1948), *Les Enfants de Corée* (1953), *Biecz dans les estampes* (1956), *Impressions de Bulgarie* (1957) et *La Terre de Gorlice* (1958).

The painter and graphic artist, Rużycka was born in Lwów. She began her studies at the Academy of Fine Arts of Cracow under the direction of Józef Mehoffer, Felicjan Szczęsny-Kowalski, and Jan Wojnarski, followed by a term at the School of Fine Arts in Warsaw, more particularly in the studio of Władysław Skoczylas. The artist then left for Paris where she worked under Józef Pankiewicz. She was a member of the group known as "Pryzmat", as well as the Society of Polish Graphic Artists "Ryt". Her main artistic preoccupations were easel painting, decorative painting, drawing, and woodcut. She began her career as a graphic artist with a cycle of etchings dealing with the lives of the Hutsuls, a group of Carpathian mountain dwellers. From 1932, she worked mainly in woodcut. Rużycka was much inspired by her many travels in Austria, Italy, Yugoslavia, Switzerland and Canada as well as her native Poland. Best examples of her work are *Dalmatian Landscapes*, *Dubrovnik*, *Little Metis at Ottawa*, and *In a Country House*. Some of her works have a sports motif: *Refuge in the Mountains*, *Skiers' Spring*, *Waxing Skies*, *Nautical Sports in Troki*. The artist was an excellent skier and swimmer. Many of her works are grouped in portfolios: *Canadian Portfolio* (1941, unfinished), *Warsaw in Ruins* (1948), *Korean Children* (1953), *Biecz in Woodcuts* (1956), *Impressions of Bulgaria* (1957) and *Gorlice Farms* (1958).

Irena KŁAK, „Czarno-białe symfonie. Wspomnienie Gabryel-Rużyckiej", *Kamena*, nr 16, 1962, s. 8-11.

Ewa GARZTECKA, „Twórczość Marii Gabryel-Rużyckiej", *Trybuna Ludu* , nr 267, 1963, s. 4.

[...], *Wystawa prac Marii Gabryel-Rużyckiej (1905 - 1961)*, Warszawa, Towarzystwo Zachęty Sztuk Pięknych, 1963, 32 s.

RUŻYCKA-GABRYEL

79. UMYWANIE NÓG <> LAVEMENT DES PIEDS <> WASHING OF THE FEET

D.G.W.   1935   240 x 318

RUŻYCKA-GABRYEL

80. WIOSNA NARCIARZY <> PRINTEMPS DES SKIEURS <> SPRING SKIING
D.G.W.   1935   250 x 200

RUŻYCKA-GABRYEL

81. ODPOCZYNEK NARCIARZY <> REPOS DES SKIEURS <> SKIERS AT REST
D.G.W.   1936   239 x 289

RUŻYCKA-GABRYEL

82. PORTRET ANTONIEGO KENARA <> PORTRAIT D'ANTONI KENAR <> PORTRAIT OF ANTONI KENAR
D.G.W.   1937   198 x 183

MARIA SIERACZYŃSKA (1885- ?)

Graficzka związana ze środowiskiem warszawskim. Studiuje w warszawskiej Szkole Sztuk Pięknych. Członek Związku Polskich Artystów Grafików. W zbiorach Biblioteki Jagiellońskiej przechowywanych jest kilkanaście rycin artystki z okresu studiów. Prace *Kobieta z szalem, Spotkanie z niedźwiedziem, Syrena i delfin, Królewna, Królewna na żółwiu* są zbliżone do wczesnych rycin innych uczennic Władysława Skoczylasa.

Artiste graveur fréquentant le milieu artistique de Varsovie. Elle étudie à l'École des beaux-arts de Varsovie. Elle est membre de l'Association des artistes polonais d'arts graphiques. C'est dans une collection de la Bibliothèque jagellonienne que l'on peut trouver quelques-unes de ses œuvres créées pendant ses études. Des estampes telles que *La femme et son châle, Rencontre avec un ours, Sirène et dauphin, Reine* et *Reine au dos de tortue* voisinent avec des œuvres des débutantes de l'école de Władysław Skoczylas.

This graphic artist spent much time in the artistic milieu of Warsaw. She studied at the School of Fine Arts in Warsaw. She was a member of the Society of Polish Graphic Artists. Some of the works created during her studies can be found in the collections of the Jagellonian Library. Her engravings, such as *A Woman and her Shawl, Meeting with a Bear, Siren and Dolphin, Queen,* and *Queen on the back of a Tortoise,* resemble those of the other young pupils of Władysław Skoczylas.

[...], „Trzecia dwuroczna wystawa grafiki polskiej urządzona przez Związek Polskich Artystów Grafików", *Przewodnik po wystawie Towarzystwa Zachęty Sztuk Pięknych*, nr 71, Warszawa, Towarzystwo Zachęty Sztuk Pięknych, 1932, s. 6-15.

[...], „Wystawa Koła Marynistów Polskich", *Przewodnik po wystawie Towarzystwa Zachęty Sztuk Pięknych*, nr 113, Warszawa, Towarzystwo Zachęty Sztuk Pięknych, 1936, s. 6-9.

SIERACZYŃSKA

83. POTOK GÓRSKI – FRAGMENT <> RUISSEAU DE MONTAGNE – FRAGMENT <> MOUNTAIN STREAM, FRAGMENT
D.G.W.   1937   98 x 128

WŁADYSŁAW SKOCZYLAS (1883-1934)

Rysownik, artysta malarz, rzeźbiarz, grafik i pedagog urodzony w Wieliczce, koło Krakowa. Związany głównie z warszawskim środowiskiem artystycznym. W latach 1901-1904 kształci się w Kunstgewerbeschule w Wiedniu. Dalsze studia malarskie odbywa w krakowskiej Akademii Sztuk Pięknych u Teodora Axentowicza i Leona Wyczółkowskiego, rzeźby uczy go Konstanty Laszczka. Pracę pedagogiczną rozpoczyna w 1908 r. jako nauczyciel rysunku na Oddziale Rzeźby Figuralnej w szkole Przemysłu Drzewnego w Zakopanem. W 1910 r. wyjeżdża do Paryża i studiuje rzeźbę pod kierunkiem Antoine Bourdelle. Jednocześnie uprawia grafikę korzystając ze wskazówek Jana Rubczaka. W roku 1913 udaje się do Lipska, gdzie w Akademii Sztuk Graficznych zajmuje się drzeworytem pod okiem prof. Bertholda. W 1918 roku przenosi się do Warszawy. Zostaje mianowany docentem grafiki i rysunku na Wydziale Architektury Politechniki Warszawskiej. Podejmuje się także reorganizacji Miejskiej Szkoły Rysunkowej, późniejszej Szkoły Sztuk Zdobniczych. W 1922 r. obejmuje katedrę grafiki w warszawskiej Szkole Sztuk Pięknych. W latach 1930-1931 piastuje stanowisko dyrektora departamentu sztuki Ministerstwa Wyznań i Oświecenia Publicznego. Współzałożyciel grupy „Rytm", inicjator powstania Stowarzyszenia Artystów Grafików „Ryt" oraz organizator Instytutu Propagandy Sztuki. Dorobek artystyczny Skoczylasa obejmuje malarstwo akwarelowe, rysunek i grafikę. Początkowo zajmował się technikami metalowymi, jak sucha igła i akwaforta. Od roku 1914 zaczął uprawiać drzeworyt, który wkrótce stał się główną domeną jego działalności artystycznej. Ulubionymi tematami artysty są motywy zaczerpnięte z folkloru góralskiego, kompozycje religijne i sceny mitologiczne, a także widoki architektoniczne. Wykonał trzy teki graficzne: *Tekę Zbójnicką* (1918), *Tekę Podhalańską* (1922) i tekę *Stara Warszawa* (1930). W jego dorobku znajduje się także wiele ilustracji książkowych, m. in. do dzieł: *Klasztor i kobieta* Stanisława Wasylewskiego, *Puszcza Jodłowa* Stefana Żeromskiego, *Taniec zbójnicki* Jana Kasprowicza. Skoczylas jest inicjatorem nowoczesnego drzeworytu, jako samodzielnej techniki, a także twórcą nowego spojrzenia na problemy artystyczne grafiki. Dąży do wytworzenia nowego, opartego na rodzimej tradycji, stylu. Natchnieniem stają się dla niego wartości formalne sztuki ludowej (przede wszystkim malarstwa na szkle) oraz średniowieczne drzeworyty.

Stanisław WOŹNICKI, *Władysław Skoczylas*, Warszawa, Wydawnictwo Gebethnera i Wolffa, 1925, 24 s.

Tadeusz CIEŚLEWSKI syn, *Władysław Skoczylas. Inicjator i twórca współczesnego drzeworytu w Polsce*, Warszawa, Stowarzyszenie Polskich Artystów Grafików „Ryt", 1934, 131 s.

Helena BLUM, „Twórczość Władysława Skoczylasa (1883-1934)", *Nike* (czasopismo poświęcone polskiej kulturze plastycznej), Warszawa, Wydawnictwo Instytutu Propagandy Sztuki, 1937, rocznik I, s. 87-117.

Maria GROŃSKA, *Władysław Skoczylas*, Wrocław, Zakład Narodowy im. Ossolińskich, 1966, 106 s.

Maryla SITKOWSKA & Konstancja WNOROWSKA z inicjatywy prof. Bohdana URBANOWICZA, Katalog prac Władysława Skoczylasa, zachowanych w zbiorach publicznych w Polsce, Warszawa, Akademia Sztuk Pięknych, 1991, 90 s. (Maszynopis).

Mieczysław WALLIS, „Władysław Skoczylas", *Sztuki Piękne*, Rocznik 1927-1928, s. 201-216.

Edward WORONIECKI, «La gravure moderne en Pologne. Wladyslaw Skoczylas», *L'Art et les Artistes*, nr 102, 1929, s. 90-94.

Peintre-graveur, dessinateur, sculpteur et pédagogue, né à Wieliczka, près de Cracovie. Il est surtout lié à la vie artistique de Varsovie. Après des études à Vienne, à l'école Kunstgewerbeschule (1901-1904), il continue l'apprentissage de la peinture à Cracovie, à l'Académie des beaux-arts, chez Teodor Axentowicz et Leon Wyczółkowski. Konstanty Laszczka lui enseigne l'art de la sculpture. En 1908, il enseigne le dessin dans la section de la Sculpture des formes humaines, à l'École d'industrie du bois de Zakopane. C'est là qu'il a commencé à s'intéresser aux arts graphiques. En 1910, il se rend à Paris pour approfondir l'art de la sculpture sous la direction d'Antoine Bourdelle. En même temps, il prend conseil de Jan Rubczak pour parfaire sa connaissance des arts graphiques. En 1913, on le retrouve à Leipzig où il approfondit l'art de la gravure sous l'œil du professeur Berthold. En 1918, il devient professeur de dessin et d'arts graphiques à la Faculté d'architecture de l'École polytechnique de Varsovie. Il participe également aux travaux de réorganisation de l'École municipale de dessin qui sera désignée plus tard comme École des arts décoratifs. En 1922, il est nommé titulaire de la chaire d'arts graphiques à l'École des beaux-arts de Varsovie. De 1930 à 1931, il assume la direction du Département de l'art au ministère des Religions et de l'Instruction publique. Cofondateur du groupe « Rytm », il est aussi l'initiateur de la Société des artistes d'arts graphiques « Ryt » et l'organisateur de l'Institut pour la promotion de l'art. L'œuvre artistique de Skoczylas englobe des aquarelles, des dessins et des compositions graphiques. À ses débuts, l'artiste penchait vers la pointe sèche et la gravure à l'eau-forte. Peu à peu, à partir de 1914 environ, il est attiré par la gravure sur bois qui devient vite le centre de son activité artistique. Ce faisant, il apporte un grand soin à ses compositions religieuses, scènes mythologiques, vues architectoniques et, surtout, aux motifs folkloriques inspirés des montagnards. Ainsi sont nés trois ensembles de belle originalité : *Portefeuille des brigands* (1918), *Portefeuille de Podhale* (1922) et *Vieille Varsovie* (1930). Son œuvre comprend aussi de nombreuses illustrations de livres, entre autres *Cloître et femme* de Stanisław Wasylewski, *Sapinière* de Stefan Żeromski et *Danse des brigands* de Jan Kasprowicz. Skoczylas est considéré, à juste titre, comme l'initiateur de la gravure sur bois moderne, résultat d'une technique personnelle. L'artiste propose aussi une nouvelle approche des problèmes artistiques ayant trait aux arts graphiques. Son objectif consistait, en partant d'une tradition nationale, à créer un style nouveau. Sa source d'inspiration réside dans l'emprise formelle de l'art populaire, sans ignorer pour autant la beauté de la peinture sur verre et l'attrait des gravures médiévales.

Painter, printmaker, designer, sculptor, and pedagogue, Skoczylas was born in Wieliczka, near Cracow. He was especially involved with the artistic life of Warsaw. After his studies in Vienna at the Kunstgewerbeschule (1901-1904), he continued his mastery of painting in Cracow, at the Academy of Fine Arts, under the direction of Teodor Axentowicz and Leon Wyczółkowski. Konstanty Laszczka taught him the art of sculpting. He started his teaching career in 1908 at the Section of Human Form Sculpture at the Industrial School of Wood in Zakopane. It was during this period that he became interested in graphic arts. In 1910, he went to Paris to deepen his knowledge of sculpture under the direction of Antoine Bourdelle. At the same time he worked with Jan Rubczak studying graphic art. In 1913, he was in Leipzig, where he worked in woodcut under professor Berthold. In 1918, Skoczylas became professor of design and graphic arts at the Faculty of Architecture of the Polytechnic in Warsaw and took part in the reorganization of the Municipal School of Design which became the School of Decorative Arts. In 1922, he was named to the chair of graphic arts at the School of Fine Arts in Warsaw. In 1930-1931, he was director of the Department of Art in the Ministry of Religions and Public Education. A cofounder of the group known as "Rytm", he was also the founder of the Society of Polish Graphic Artists "Ryt" and the organizer of the Institute for the Promotion of the Arts. Skoczylas's work includes watercolours, designs, and graphic compositions. In the beginning, the artist was drawn to dry point and etching. After 1914, however, he was attracted to woodcut which quickly became the centre of his artistic creation. He was particularly attracted to religious themes, to mythological scenes, to architectural compositions and especially to the folklore motifs of the mountain dwellers. Thus were born three groups of prints of great originality: *Portfolio of Brigands* (1918), *Portfolio of Podhale* (1922) and *Old Warsaw* (1930). His work also includes many book illustrations, among others *Women in Cloisters* by Stanisław Wasylewski, *Fir Forest* by Stefan Żeromski, and *Dance of the Brigands* by Jan Kasprowicz. Skoczylas is considered, with reason, as the initiator of modern woodcut, the result of a very personal technique. The artist proposed a new approach to the artistic problems of graphic arts. His object was to create a new style from the national tradition. The source of his inspiration was the formal ascendancy of folk art, the beauty of glass painting and the attraction of medieval woodcuts.

SKOCZYLAS

84. ŚW. SEBASTIAN <> ST-SÉBASTIEN <> ST. SEBASTIAN
D.G.W.   (1915)   181 x 127

SKOCZYLAS

85. ŁUCZNIK <> ARCHER <> ARCHER
D.G.W.   (1923)   170 x 220

SKOCZYLAS

87. POCHÓD ZBÓJNIKÓW III <> MARCHE DES BRIGANDS III <> MARCH OF THE BRIGANDS III

D.G.W.   (1915)   284 x 310

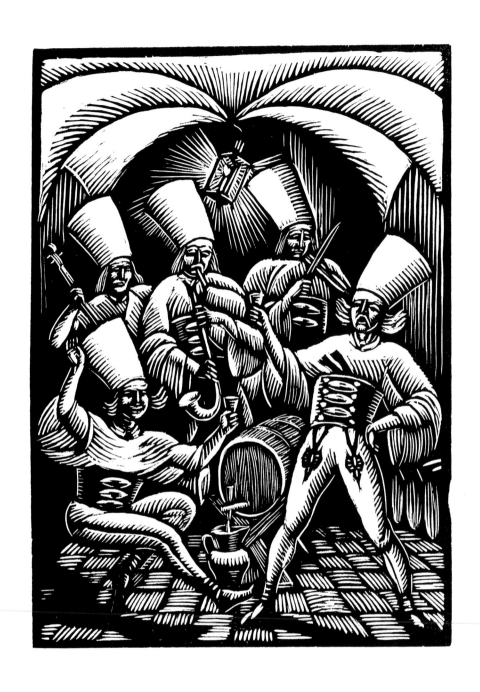

SKOCZYLAS

89. ZBÓJNICY POD ZAMKIEM <> BRIGANDS PRÈS DU CHÂTEAU FORT <> BRIGANDS NEAR THE CASTLE
D.G.W.   (c. 1929)   206 x 257

ALEKSANDER SOŁTAN (1903-1994)

Studiuje w latach 1927-1936 w warszawskiej Szkole Sztuk Pięknych u Władysława Skoczylasa i Leona Wyczółkowskiego. Dyplom z malarstwa uzyskuje w 1937 roku. Najczęściej posługuje się techniką litografii. Wykonuje wiele prac z dziedziny grafiki użytkowej: okładki do książek, etykiety, opakowania... Ceniony bardzo jako pedagog. Wykłada w Gimnazjum Poligraficznym w Warszawie. Kierownik graficzny Spółdzielni Wydawniczej „Wiedza". Jego prace często łączą się w cykle: *Walcząca Warszawa* (1940-1948), *Akwarium* (1965-1967), *Kroniki* (1968). Ryciny wydawane są przez artystę w tekach: *Kapliczki dawnej Polski*, Warszawa 1937, *Teka myśliwska*, Warszawa 1938. Ulubione tematy Sołtana to widoki miast, głównie Warszawy, oraz portrety, m. in. Ignacego Paderewskiego, Cypriana Kamila Norwida, Adama Mickiewicza, Ludwiga van Beethovena.

Entre 1927 et 1936, il étudie à l'École des beaux-arts de Varsovie, où il a pour maîtres Władysław Skoczylas et Leon Wyczółkowski. C'est une préférence marquée pour la technique de lithographie qui prévaut chez lui. Il exécute beaucoup d'œuvres qui se classent dans la catégorie des arts graphiques appliqués : couvertures de livres, étiquettes, boîtes d'expédition... Très estimé comme pédagogue, doué d'une grande facilité de communication avec les jeunes, il enseigne au Gimnazjum polygraphique de Varsovie. Pendant un certain temps, il travaille comme gérant de la coopérative des arts graphiques des Éditions Wiedza. Ses travaux constituent des ensembles qui sont en fait des suites thématiques : *Varsovie sur les barricades* (1940-1948), *Aquarium* (1965-1967) et *Chroniques* (1968). Ailleurs, ses estampes prennent place dans des portefeuilles : *Les Chapelles dans la Pologne d'autrefois* (Varsovie, 1937) et *Portefeuille de chasseurs* (Varsovie, 1938). L'artiste parvient à saisir la beauté des contours des villes, particulièrement de Varsovie. Il a exécuté également plusieurs portraits, entre autres : Ignace Paderewski, Cyprian Kamil Norwid, Adam Mickiewicz, Ludwig van Beethoven...

Between 1927 and 1936, Sołtan studied at the School of Fine Arts under the direction of Władysław Skoczylas and Leon Wyczółkowski. He showed a marked preference for lithography. His works were mainly in the field of applied graphic art: book covers, labels, packing boxes. Sołtan, acknowledged as a pedagogue with a great facility of communicating with students, taught at the Gimnazjum Poligraphique in Warsaw. For a time he worked as the manager of the graphic art studio of Wiedza Editions. His artistic works are centred around specific themes: *Warsaw on the Barricades* (1940-1948), *Aquariums* (1965-1967), and *Chronicles* (1968). He also created portfolios of prints such as *Chapels in the Poland of Yesterday* (Warsaw, 1937) and *Portfolio of Hunting Scenes* (Warsaw, 1938). This artist succeeds in capturing the beauty of cities, particularly Warsaw. He also created many portraits, among them of Ignacy Paderewski, Cyprian Kamil Norwid, Adam Mickiewicz, and Ludwig van Beethoven.

[...], „Wystawa zbiorowa Aleksandra Sołtana", *Przewodnik po wystawie Towarzystwa Zachęty Sztuk Pięknych, nr 129*, Warszawa, Towarzystwo Zachęty Sztuk Pięknych, 1938, s. 8-9.

[...], *Aleksander Sołtan. Grafika*, Warszawa, Centralne Biuro Wystaw Artystycznych, 1979, 10 s.

SOŁTAN

90. POŁUDNIE <> MIDI <> NOON

AUTOLIT.   1937   394 x 325

SOŁTAN

91. WIOSKA RYBACKA <> VILLAGE DE PÊCHEURS <> FISHING VILLAGE
AUTOLIT.   1937   260 x 375

KONSTANTY MARIA SOPOĆKO (1903-1991)

Studiuje na Politechnice Warszawskiej, a następnie w warszawskiej Szkole Sztuk Pięknych u Władysława Skoczylasa, Edmunda Bartłomiejczyka i Bonawentury Lenarta. Członek Stowarzyszenia Artystów Grafików „Ryt", Związku Polskich Artystów Grafików, Koła Artystów Grafików Reklamowych i Bloku Zawodowych Artystów Plastyków. Początkowo posługuje się różnymi technikami graficznymi, np. cykl litografii *Siedem grzechów głównych* (1927), później, od roku 1930, wyłącznie drzeworytem. Uprawia przede wszystkim grafikę użytkową: plakat, reklamę, znak firmowy, ekslibris, ilustratorstwo i zdobnictwo książki. W czasie II wojny światowej należy do tajnego Koła Miłośników Grafiki i Ekslibrisu. Indywidualne wystawy prac artysty odbyły się w Warszawie w latach 1947, 1969 i 1987.

Il étudie à la Polytechnique de Varsovie et ensuite à l'École des beaux-arts, chez Władysław Skoczylas, Edmund Bartłomiejczyk et Bonaventura Lenart. Il est membre de nombreuses sociétés et groupes artistiques : Société des artistes d'arts graphiques « Ryt », Association des artistes polonais d'arts graphiques, Cercle des artistes graveurs de la réclame et Bloc des artistes professionnels d'arts plastiques. Au début, il utilise différentes techniques, entre autres la lithographie, comme *Les sept péchés capitaux*, cycle réalisé en 1927. Mais plus tard, à partir de 1930, il opte, presque exclusivement, pour la gravure sur bois, particulièrement en ce qui a trait aux arts graphiques appliqués : affiches, réclames, logos, exlibris, illustrations et décorations de livres. Pendant la Seconde Guerre mondiale, il fait partie du groupe clandestin, Cercle des amis d'arts graphiques et d'ex-libris. Ses expositions solos eurent lieu à Varsovie en 1947, en 1969 et en 1987.

Sopoćko studied at the Polytechnic Institute of Warsaw and then at the School of Fine Arts under the direction of Władysław Skoczylas, Edmund Bartłomiejczyk, and Bonaventura Lenart. He was a member of many artistic associations: the Society of Polish Graphic Artists "Ryt", the Association of Polish Graphic Artists, the Group of Graphic Artists Working in Advertising, the Bloc of Professional Graphic Artists. In his early work he utilized lithography as in his cycle *The Seven Deadly Sins* (1927). From 1930, however, he turned almost exclusively to woodcut, especially in the field of applied graphic art producing posters, advertising, logos, book-plates, and book illustrations. During the Second World War, he was part of the clandestine Group of the Friends of Graphic Arts and Ex Libris. He had solo exhibitions in Warsaw in 1947, 1969, and 1987.

▷ p. VIII, IX, X, XI : 93, 94, 95, 96

[...], „Kolekcja prac graficznych Konstantego Marii Sopoćki", *Przewodnik po wystawie Towarzystwa Zachęty Sztuk Pięknych, nr 73*, Warszawa, Towarzystwo Zachęty Sztuk Pięknych, 1932, s. 20-21.

[...], *Konstanty Maria Sopoćko. 50 lat twórczości artystycznej*, katalog wystawy, Warszawa, 1969, 50 s.

[...], *Konstanty Maria Sopoćko. Rylcem i piórem, Ekslibrisowe wspomnienia*, Warszawa, Stowarzyszenie Księgarzy Polskich, 1986, 372 s.

[...], *Konstanty Maria Sopoćko. Książka i rycina 1924-1987. Wystawa grafiki książkowej. Katalog*, Warszawa, Biblioteka Narodowa, 1987, 58 s.

SOPOĆKO

92. NOE <> NOÉ <> NOAH

D.G.W.   1932   227 x 280

ZOFIA STANKIEWICZ (1862-1955)

Malarka i graficzka. Studiuje kolejno w warszawskiej Szkole Rysunkowej u Wojciecha Gersona i w Paryżu, w Académie Julian. Po powrocie do Warszawy kontynuuje studia pod kierunkiem Mieczysława Kotarbińskiego, Konrada Krzyżanowskiego i Kazimierza Stabrowskiego. Od 1893 roku eksponuje swoje obrazy na wystawach krajowych i międzynarodowych, między innymi w Berlinie, Monachium i Paryżu. W 1902 roku urządza wystawę indywidualną swych prac w warszawskim Salonie Krywulta. Początkowo maluje pejzaże i martwe natury. Od 1904 roku zajmuje się wyłącznie grafiką. Posługuje się głównie akwafortą i akwatintą, przez krótki okres także linorytem barwnym. Najchętniej przedstawia zabytki dawnej architektury, szczególnie Warszawy. Jej bogaty dorobek graficzny ujęty jest w teki: *Stara Warszawa, Wilno, Kraków, Pomorze, Dwory, dworki, chaty*.

Artiste peintre, très active dans le domaine des arts graphiques. Elle étudie à l'École de dessin de Varsovie, chez Wojciech Gerson et, à Paris, à l'Académie Julian. Après son retour à Varsovie, elle affine ses connaissances sous la direction de Mieczysław Kotarbiński, de Konrad Krzyżanowski et de Kazimierz Stabrowski. À partir de 1893, elle participe aux expositions nationales et universelles, entre autres à celles de Berlin, de Munich et de Paris. En 1902, une exposition solo met en évidence un choix de ses œuvres au Salon Krywult, à Varsovie. Au départ, elle peint des paysages et des nature morte mais après 1904, son intérêt se fixe exclusivement sur les arts graphiques. Ses techniques principales sont celles de la gravure à l'eau-forte, de l'aquatinte et, pendant une courte période, de la linogravure colorée. L'artiste se complaît dans la présentation de la vieille architecture, surtout de celle de Varsovie. Son œuvre abondant est groupé en plusieurs portefeuilles : *Vieille Varsovie, Wilno, Cracovie, Poméranie, Manoirs, petits manoirs, chaumières...*

The painter and graphic artist, Stankiewicz studied at the School of Drawing in Warsaw under Wojciech Gerson and in Paris at the Académie Julian. After returning to Warsaw, she improved her skills under the direction of Mieczysław Kotarbiński, Konrad Krzyżanowski and Kazimiersz Stabrowski. Starting in 1893, she participated in national and world expositions, among others those in Berlin, Munich, and Paris. In 1902 she had a solo exhibition at the Krywult Gallery in Warsaw. Initially she did landscape paintings and still life. After 1904, her interest turned to the graphic arts. Stankiewicz worked especially in etching, aquatint, and, during a short period, colour lithography. She delighted in the presentation of old buildings, especially of Warsaw. Her many varied works were grouped in portfolios: *Old Warsaw, Wilno, Cracow, Pomerania, Manors, Small Manors and Huts*.

[...], *Katalog akwafort i obrazów Zofii Stankiewicz*, Warszawa, Salon Sztuki C. Garlińskiego, 1925, 4 s.

[...], „Kolekcja akwafort Zofii Stankiewiczówny", *Przewodnik po wystawie Towarzystwa Zachęty Sztuk Pięknych, nr 55*, Warszawa, Towarzystwo Zachęty Sztuk Pięknych, 1930, s. 21-22.

[...], „Kolekcja prac Zofii Stankiewicz", *Przewodnik po wystawie Towarzystwa Zachęty Sztuk Pięknych, nr 77*, Warszawa, Towarzystwo Zachęty Sztuk Pięknych, 1932, s. 17-18.

Joanna SZCZEPAŃSKA, *Zofia Stankiewicz. Akwaforty i akwatinty*, Warszawa, Wydawnictwo Sztuka, 1954, 5 s., 16 il.

[...], *Wystawa prac graficznych Zofii Stankiewicz*, Warszawa, „Zachęta", 1954, 10 s.

[...], *Wystawa rycin Zofii Stankiewiczówny*, Toruń, Muzeum Okręgowe w Toruniu, 1971, 11 s.

STANKIEWICZ

97. TRATWY I <> RADEAUX I <> RAFTS I

AKWAF. (c. 1950) 240 x 331

STANKIEWICZ

98. TRATWY II <> RADEAUX II <> RAFTS II

AKWAF.   (c. 1950)   245 x 325

WANDA TELAKOWSKA (1905-1985)

Malarka i graficzka. Studiuje w warszawskiej Szkole Sztuk Pięknych i otrzymuje dyplom w 1931 r. Była uczennicą Władysława Skoczylasa i Edwarda Czerwińskiego. W dziedzinie grafiki uprawia głównie drzeworyt barwny (w latach 1930-1946). Po II wojnie światowej współpracuje z Instytutem Wzornictwa Przemysłowego w Warszawie. Członek Związku Polskich Artystów Grafików. Wystawia m. in. na I i II Międzynarodowej Wystawie Drzeworytu w Warszawie oraz gościnnie na wystawach Stowarzyszenia „Ryt". Ulubionym tematem prac Telakowskiej jest przyroda. Większość rycin, poza dwoma debiutanckimi pracami *Deszcz* i *Pogrzeb w deszczu* , charakteryzuje pogodny, słoneczny, wakacyjny nastrój. Nastrojowość, zmienność natury podkreślała artystka zmieniając przy odbijaniu kompozycji z klocka na papier, układ barw, ich natężenie i zestawy odcieni. Prace artystki znajdują się w zbiorach Biblioteki Jagiellońskiej, Biblioteki Uniwersytetu Warszawskiego, Muzeum Narodowego w Warszawie.

Peintre-graveur. Diplômée en 1931, elle fut l'élève de Władysław Skoczylas et d'Edward Czerwiński. Elle crée, principalement, entre 1930 et 1946, des gravures sur bois en couleurs. Après la Seconde Guerre mondiale, elle collabore aux travaux de l'Institut de modelage industriel de Varsovie. Membre de l'Association des artistes polonais d'arts graphiques, Telakowska se fait connaître par des expositions, notamment par celles de Varsovie — la première et la seconde — dédiées, à l'échelle mondiale, à la gravure sur bois. Au même titre, elle affiche sa présence aux expositions organisées par la Société « Ryt ». La nature constitue son thème préféré. La plupart de ses estampes — *Pluie* et *Enterrement dans la pluie* mis à part étant les créations de ses premiers essais — baignent dans une atmosphère sereine, de soleil, de vacances, dirait-on. L'artiste souligne l'ambiance et les variations de couleurs de la nature en changeant la combinaison des teintes, la modulation et le jeu des nuances au moment du transfert de la composition du bois sur le papier. La Bibliothèque jagellonienne de Cracovie, le Musée national et la Bibliothèque de l'Université de Varsovie possèdent un certain nombre d'œuvres de Wanda Telakowska.

Painter and graphic artist, Telakowska studied under Władysław Skoczylas and Edward Czerwiński and received her diploma in 1931. Between 1930 and 1946 she created mainly colour woodcuts. After the Second World War she collaborated in the work of the Institute of Industrial Modelling in Warsaw. Telakowska was a member of the Association of Polish Graphic Artists; her work was shown in the First and Second World Exhibitions of Woodcuts held in Warsaw in 1933 and 1936. She also exhibited with the group of artists known as "Ryt". Nature was her preferred subject. Most of her prints, except for *Rain* and *Burial in the Rain*, her early works, are suffused by a serene atmosphere, full of sun, with a tinge of holiday time. This artist touches on the feeling of the place and the variations of colours in nature, by a combination of tints, using modulation and the interplay of their nuance at the precise moment of the transfer of the inspiration to wood and paper. The Jagellonian Library in Cracow, the National Museum, and the Library of the University of Warsaw possess some of her works.

▷ p. XII, XIII, XIV, XV : 99, 100, 101, 102

Krystyna OLSZEWSKA, „Jak pracują nasze artystki plastyczki", *Rocznik Koła Byłych Wychowanek Szkoły imienia Cecylii Plater Zyberkówny*, 1936, s. 15-18.

KAZIMIERZ WISZNIEWSKI (1894-1960)

Grafik, malarz. Po ukończeniu w 1909 r. Instytutu Głuchoniemych w Warszawie, studiuje w Szkole Sztuk Pięknych pod kierunkiem Ignacego Pieńkowskiego i Stanisława Lentza, później w prywatnej szkole Konrada Krzyżanowskiego, a następnie w Miejskiej Szkole Sztuk Zdobniczych u Mieczysława Kotarbińskiego, Edmunda Trojanowskiego i Władysława Skoczylasa. W latach 1924-1939 mieszka kolejno w Lublinie, Puławach i Węgrowie Podlaskim, zaś po II wojnie światowej w Kielcach i Krakowie. Uprawia malarstwo i rysunek lecz głównym polem jego działalności jest drzeworyt. Pracuje bardzo wytrwale. Chętnie wykonuje kompozycje religijne i widoki architektoniczne. Pozostawił po sobie znaczny dorobek graficzny. Tworzył ilustracje książkowe i ekslibrisy. Prace artysty cechują stylizacja i dekoracyjność wywodzące się ze sztuki ludowej. Wyraźnie widoczne są wpływy stylu Władysława Skoczylasa i Vladimira Faworskiego. Wystawy indywidualne dzieł Wiszniewskiego odbyły się w Lublinie w 1931 i 1961 roku.

Peintre-graveur. Après avoir terminé ses études, en 1909, à l'Institut des sourds-muets à Varsovie, il fréquente l'École des beaux-arts sous la direction d'Ignace Pieńkowski et de Stanislaw Lentz. Par la suite, il poursuit sa formation, d'abord à l'école privée dirigée par Konrad Krzyżanowski, ensuite à l'École municipale des arts décoratifs, profitant ainsi des leçons de Mieczysław Kotarbiński, d'Edmund Trojanowski et de Władysław Skoczylas. Entre 1924 et 1939, il habite consécutivement à Lublin, à Puławy et à Węgrowo Podlaskie. Après la Seconde Guerre mondiale, il s'établit d'abord à Kielce et ensuite à Cracovie. Bien que peintre et dessinateur, il se complaît, cependant, dans la gravure sur bois. Créateur doué d'une endurance peu commune, Wiszniewski a laissé un héritage considérable. Ses œuvres graphiques comprennent des compositions religieuses, des vues architecturales, des illustrations de livres, des ex-libris... L'artiste aime la stylisation et le décor dont la source réside dans l'art populaire. On remarque chez lui les influences stylistiques de Władysław Skoczylas et de Vladimir Favorskij. En 1931 et en 1961, des expositions solos à Lublin font mieux connaître l'œuvre de Kazimierz Wiszniewski.

This graphic artist and painter, after leaving the Institute for the Deaf in Warsaw in 1909, studied at the School of Fine Arts under the direction of Ignacy Pieńkowski and Stanisław Lentz. Wiszniewski continued his studies first at a private school directed by Konrad Krzyżanowski, then at the Municipal School of Decorative Arts where he took course with Mieczysław Kotarbiński, Edmund Trojanowski and Władysław Skoczylas. From 1924 to 1939 he lived successively in Lublin, Puławy, and Węgrowo Podlaskie. After the war, he moved to Kielce and then to Cracow. An accomplished painter and designer, he loved to work in woodcut. With a singular devotion to artistic creation, he left a considerable legacy. His graphic works include religious compositions, architectural scenes, book illustrations and bookplates. Wiszniewski had a particular affection for the stylization and themes inspired by folk art. He was influenced by the work of Władysław Skoczylas and Vladimira Faworsky. In 1931 and again in 1961, he had solo exhibitions in Lublin.

[...], „Kolekcja prac Kazimierza Wiszniewskiego", *Przewodnik po wystawie Towarzystwa Zachęty Sztuk Pięknych, nr 115*, Warszawa, Towarzystwo Zachęty Sztuk Pięknych, 1936, s. 25.

Tadeusz LESZNER, *Kazimierz Wiszniewski. Drzeworyty*, Warszawa, Arkady, 1959, 7 s., il.

[...], *Wystawa drzeworytów Kazimierza Wiszniewskiego* (1984-1960), Lublin, Muzeum w Lublinie, 1961, 12 s.

WISZNIEWSKI

103. MADONNA Z DZIECIĄTKIEM <> LA MADONE ET L'ENFANT <> MADONNA WITH CHILD
D.G.W.   1932   350 x 250

WISZNIEWSKI

104. WILNO 1936
D.G.W.   1936   149 x 97

222

WISZNIEWSKI

105. KAZIMIERZ DOLNY NAD WISLĄ <> KAZIMIERZ DOLNY SUR LA VISTULE <> KAZIMIERZ DOLNY ON THE VISTULA
D.G.W.   1937   121 x 90

WISZNIEWSKI

106. NIEŚWIEŻ

D.G.W.   1937   90 x 137

WISZNIEWSKI

107. KAPLICZKA PRZYDROŻNA <> CALVAIRE <> WAYSIDE CHAPEL
D.G.W.   1945   78 x 60

WISZNIEWSKI

108. KOMPOZYCJA <> COMPOSITION <> COMPOSITION

D.G.W.   1946   100 x 55

MARIA WOLSKA-BEREZOWSKA (1901-1985)

Malarka i graficzka związana ze środowiskiem warszawskim. Początkowo studiuje filologię polską na Katolickim Uniwersytecie Lubelskim. Następnie malarstwo i rysunek w Szkole im. Wojciecha Gersona w Warszawie, malarstwo freskowe i grafikę w Szkole Blanki Mercère. Technikę drzeworytu doskonali w latach okupacji u Adama Półtawskiego. Członek Związku Polskich Artystów Grafików, Grupy Akwarelistów oraz konspiracyjnego Koła Miłośników Grafiki i Ekslibrisu. Od około 1950 zajmuje się wyłącznie malarstwem freskowym i ceramiką.

Peintre-graveur, étroitement liée à la vie artistique de Varsovie. Elle a commencé à suivre des cours de philologie polonaise à l'Université catholique de Lublin. Ensuite, elle étudie la peinture et le dessin à l'École Wojciech-Gerson à Varsovie, la fresque picturale et les arts graphiques à l'École Blanka-Mercère. Chez Adam Półtawski, à l'époque de l'occupation allemande, elle perfectionne sa technique de gravure sur bois. Elle est membre de l'Association des artistes polonais d'arts graphiques et fait partie du Groupe des aquarellistes et du groupe clandestin, le Cercle des amis d'arts graphiques et d'ex-libris. Autour de 1950, elle concentre ses efforts artistiques sur la peinture murale et la céramique.

A painter and graphic artist, Wolska was closely associated with the artistic life of Warsaw. She first took courses in Polish philology at the Catholic University of Lublin. Later, she studied painting and drawing at the Wojciech Gerson School in Warsaw as well as fresco painting and graphic arts at the Blanka Mercère School. During the German occupation, she perfected her technique of woodcut under Adam Półtawski. She was a member of the Association of Polish Graphic Artists, of the Watercolour Group and the clandestine Circle of the Friends of Graphic Arts and Ex Libris. From about 1950 she created mainly mural painting and ceramics.

▷ p. XVI: 109

[...], *Wystawa prac Leokadii Bielskiej-Tworkowskiej i Marii Wolskiej Berezowskiej*, Warszawa, Kordegarda, 1957, 4 s.

WOLSKA-BEREZOWSKA

110. NAWRACANIE WILKA Z GUBBIO <> CONVERSION DU LOUP DE GUBBIO
<> CONVERSION OF THE WOLF OF GUBBIO
AKWAT.* 1930 235 x 309

WŁADYSŁAW ZAKRZEWSKI (1903-1944)

Malarz i grafik związany ze środowiskiem krakowskim. Studiuje w latach 1922-1924 w krakowskiej Akademii Sztuk Pięknych pod kierunkiem Władysława Jarockiego i Józefa Pankiewicza. W 1926 r. udaje się do Paryża, gdzie kształci się w prywatnych akademiach malarskich oraz wyjeżdża na plenery do południowej Francji i na Korsykę. Powraca do kraju w roku 1930. Następnie dla pogłębienia studiów wyjeżdża do Konstantynopola, odwiedzając także Węgry, Rumunię, Jugosławię, Grecję i Włochy. W latach 1932-1937 studiuje grafikę w warszawskiej Akademii Sztuk Pięknych u Jana Wojnarskiego. Początkowo uprawia malarstwo, a od roku 1932 zajmuje się wyłącznie grafiką. Uprawia techniki metalowe (miedzioryt, akwafortę, akwatintę) jedno- i wielobarwne. Ulubioną tematyką prac artysty jest architektura miast polskich, pejzaże nadmorskie i śląskie. Wykonuje szereg cykli tematycznych: *Teka Śląska*, *Teka Morska*, *Warszawa*, *Lwów*, *Bielsko*, *Zaolzie*, *Kraków*. Autor wielu ekslibrisów. W 1947 r., w krakowskim Towarzystwie Przyjaciół Sztuk Pięknych, odbyła się pośmiertna wystawa prac artysty.

Peintre-graveur, actif plus spécialement à Cracovie. Pendant deux ans, de 1922 à 1924, il s'instruit à l'Académie des beaux-arts de Cracovie, sous la direction de Władysław Jarocki et de Józef Pankiewicz. En 1926, il part pour Paris afin d'approfondir ses connaissances dans des académies de peinture privées. Ensuite, il se lance, en artiste ambulant, à la découverte du Midi de la France et de la Corse où il pratique l'art en pleine nature. Il retourne au pays en 1930. Peu de temps après, afin d'élargir ses horizons d'artiste, il décide d'aller à Constantinople, et de visiter autant que faire se peut la Hongrie, la Roumanie, la Yougoslavie, la Grèce et l'Italie. De 1932 à 1937, il étudie à l'École des beaux-arts de Varsovie, chez Jan Wojnarski en particulier. Au début, il désirait être peintre, mais, à partir de 1932, il manifeste un engouement qui va grandissant dans la recherche du sens des arts graphiques. Il est attiré par la technique de gravure sur métaux: gravure sur cuivre, gravure à l'eau-forte, aquatinte et œuvres exécutées souvent en plusieurs couleurs. L'artiste affiche une préférence marquée pour une thématique venue de l'architecture des villes polonaises, des paysages des abords de la mer et des vues de la Silésie. Ainsi accomplit-il une série d'ensembles thématiques: *Portefeuille de Silésie*, *Portefeuille de mer*, *Varsovie*, *Lwów*, *Bielsko*, *Zaolzie*, *Cracovie*... On ne peut passer sous silence ses ex-libris nombreux et fort bien réussis. En 1947, à Cracovie, grâce au concours de l'Association des amis des beaux-arts, se tint une exposition *post mortem* des œuvres de Władysław Zakrzewski.

Zakrzewski was a painter and graphic artist who worked mainly in Cracow. During a period of two years, from 1922 to 1924, he took courses at the Academy of Fine Arts of Cracow under the direction of Władysław Jarocki and Józef Pankiewicz. In 1926 he left for Paris, where he worked to perfect his technique in two private schools. Then he became a wandering artist, travelling through the South of France and Corsica, painting landscapes. He returned to Poland in 1930 but soon set out again visiting Constantinople, Hungary, Rumania, Yugoslavia, Greece, and Italy. From 1932 to 1937 he studied at the School of Fine Arts in Warsaw, particularly under Jan Wojnarski. In his early years as an artist, he wished to be a painter, but from 1932 he showed an increasing interest in exploring the possibilities of graphic arts. He was attracted to work in metal: copper plate engraving, etching, aquatint and works using many different colours. Zakrzewski had a definite predilection for the architecture of Polish towns, seascapes and views of Silesia. He created several series of engravings: *Portfolio of Silesian Views*, *Portfolio of Maritime Views*, *Warsaw*, *Lwów*, *Bielsko*, *Zaolzie*, *Cracow*. Mention must also be made of his many book-plates. In 1947 there was a memorial exhibition of his works in Cracow, organized by the Association of the Friends of Fine Arts.

[...], „Śląsk w miedziorytach", *Przegląd graficzny*, nr 16, 1937, s. 140.

[...], *Wystawa pośmiertna Zygmunta Waliszewskiego* [...] *Grafika Władysława Zakrzewskiego*, Kraków, Towarzystwo Przyjaciół Sztuk Pięknych, 1937, 15 s.

ZAKRZEWSKI

111. PŁYTA NAGROBNA KALIMACHA W KOŚCIELE DOMINIKANÓW W KRAKOWIE
<> PLAQUE TOMBALE DE CALLIMAQUE À L'ÉGLISE DES DOMINICAINS À CRACOVIE
<> TOMB COVERING OF CALLIMACHUS IN THE DOMINICAN CHURCH IN CRACOW

M.G.E.   (< 1935)   170 x 119

ZAKRZEWSKI

112. WNĘTRZE KOŚCIOŁA ŚW. KRZYŻA W KRAKOWIE
<> L'INTÉRIEUR DE L'ÉGLISE SAINTE-CROIX À CRACOVIE
<> INTERIOR OF THE CHURCH OF THE HOLY CROSS IN CRACOW

M.G.E.   (< 1935)   280 x 188

ZAKRZEWSKI

113. GROBOWIEC KAZIMIERZA WIELKIEGO W KATEDRZE WAWELSKIEJ W KRAKOWIE
<> LE TOMBEAU DE CASIMIR LE GRAND À LA CATHÉDRALE DE WAWEL À CRACOVIE
<> TOMB OF CASIMIR THE GREAT IN WAWEL CATHEDRAL, CRACOW

M.G.E.   (1939)   250 x 180

WIZERUNEK CUDOWNEGO PANA JEZUSA
W MOGILE

ZAKRZEWSKI

114. WIZERUNEK CUDOWNEGO PANA JEZUSA W MOGILE
<> TABLEAU MIRACULEUX DU CHRIST CRUCIFIÉ À MOGIŁA
<> MIRACULOUS PAINTING OF THE CRUCIFIED CHRIST AT MOGIŁA

M.G.E.   (?)   360 x 210

ZAKRZEWSKI

116. JESIEŃ NAD OLZĄ <> AUTOMNE SUR LA RIVIÈRE OLZA <> AUTUMN ON THE RIVER OLZA
AKWAF.   (?)   169 x 203

FISZEL ZYLBERBERG (ZBER) (1909-1942)

Grafik i malarz. Studiuje w warszawskiej Szkole Sztuk Pięknych u Władysława Skoczylasa, Leona Wyczółkowskiego, Mieczysława Kotarbińskiego i Felicjana Szczęsnego Kowarskiego. W 1936 roku wyjeżdża do Paryża. Aresztowany w 1940 roku, przebywa w obozie w Beaune-la-Rolande, a następnie w Oświęcimiu, gdzie ginie z rąk hitlerowców. Uprawia drzeworyt i inne techniki graficzne oraz malarstwo sztalugowe. Członek Związku Polskich Artystów Grafików oraz grupy „Czerń i Biel". Wiele wystawia. Wystawy indywidualne odbyły się w Płocku – 1931 i 1936 , Warszawie – 1936, Londynie – 1938, Paryżu – 1939 i Izraelu – 1963 i 1964. Związek Drukarzy w Tel-Awiwie przechowuje odnalezione po wojnie w Paryżu klocki drzeworytnicze Zylberberga. Posłużyły one do wydania teki prac graficznych artysty: *F. Zber*, Tel-Awiw 1971.

Peintre-graveur. À l'École des beaux-arts de Varsovie, il a pour maîtres Władysław Skoczylas, Leon Wyczółkowski, Mieczysław Kotarbiński et Felicjan Szczęsny-Kowarski. En 1936, il se rend à Paris. Arrêté par les Allemands en 1940, il est envoyé au camp de Beaune-la-Rolande, puis transféré au camp de concentration d'Auschwitz où il trouve la mort. Comme artiste, Zylberberg essaie les différentes techniques de création, habile surtout dans la gravure sur bois et dans l'exécution des tableaux sur chevalet. Membre de l'Association des artistes polonais d'arts graphiques et du Groupe « Noir et Blanc », il participe souvent à des expositions. Ses expositions solos eurent lieu à Płock en 1931 et en 1936, à Varsovie en 1936, à Londres en 1938, à Paris en 1939 et en Israël en 1963 et en 1964. L'Union des imprimeurs de Tel-Aviv conserve les bois de l'artiste qui avaient servi à la gravure et qui furent retrouvés après la guerre à Paris. En les utilisant, on parvint à constituer à Tel-Aviv, en 1971, un portefeuille de travaux de F. Zber.

At the school of Fine Arts in Warsaw, the painter and graphic artist Zylberberg studied under Władysław Skoczylas, Leon Wyczółkowski, Mieczysław Kotarbiński and Felicjan Szczęsny-Kowarski. In 1936 he went to Paris. In 1940 he was arrested by the Germans and sent to the Beaune-la-Roland camp; later he was transferred to Auschwitz where he died. Zylberberg worked in many different media; however, he was especially renowned for his woodcuts and his easel painting. As a member of the Association of Polish Graphic Artists and the Group known as "Black and White," he often participated in their exhibitions. Solo exhibitions of his works were held in Płock in 1931 and 1936, in Warsaw in 1936, in London in 1938, in Paris in 1939 and in Israel in 1963 and 1964. The Tel-Aviv Union of Printers owns his wood blocks which were found in Paris after the war. In 1971, using these blocks, a portfolio of works by F. Zber was issued in Tel-Aviv.

Pierre MORNAND, «Zber» in *Trente artistes du livre*, Paris, Morval, 1945, p. 325-332.

Józef SANDEL, *Żydowscy artyści plastycy ofiary hitlerowskiej okupacji w Polsce*, Warszawa, Wydawnictwo Jidisz Buch, t.1, 1957, 247 s.

Michał KENIGSBERG, „Fiszel Zylberberg", *Notatki Płockie*, nr 1-2, 1964, s. 42-44.

ZYLBERBERG

117. AUTOPORTRET <> AUTOPORTRAIT <> SELF-PORTRAIT

D.G.W.   (< 1936)   220 x 150

ZYLBERBERG

118. STARY LAS <> VIEILLE FORÊT <> OLD FOREST
D.G.W.   (< 1936)   133 X 96

ZYLBERBERG

119. WIDOK NA DOM WŚRÓD DRZEW
<> VUE SUR LA MAISON ENTOURÉE D'ARBRES
<> VIEW OF A HOUSE AMONG TREES

D.G.W.   (< 1936)   170 x 202

WŁADYSŁAW ŻURAWSKI-LELIWA (1888-1963)

Malarz, grafik, ilustrator, pedagog. Studiuje w krakowskiej Akademii Sztuk Pięknych, pod kierunkiem Wojciecha Weissa, Jacka Malczewskiego i Konstantego Laszczki. Grafiki uczy się u Józefa Pankiewicza. W roku 1922 wyjeżdża na krótki okres do Paryża. Po powrocie do kraju obejmuje posadę nauczyciela rysunków w gimnazjum w Sokalu, gdzie mieszka do 1944 roku. Często przebywa na plenerach w Jaremczu. Później osiedla się w Mielcu. Jest profesorem rysunków w tamtejszym Gimnazjum. Początkowo uprawia techniki metalowe i litografię. Od 1928 zajmuje się drzeworytem, wtedy też grafika staje się główną domeną jego działalności. Jest członkiem Związku Polskich Artystów Grafików i Związku Lwowskich Artystów Grafików. Wystawy indywidualne jego prac odbyły się we Lwowie (1931), Krakowie (1932), i Warszawie (1933). Lata 1920-1939 to okres najpłodniejszy w twórczości artysty. Jego ulubionymi tematami są akty kobiece, kompozycje mitologiczne i religijne, a także sceny z życia Hucułów, sceny rodzajowe, pejzaże i portrety. W latach 1928-1929 powstaje duży cykl prac *Dwanaście miesięcy w przypowieściach ludowych*. Artysta wykonywał także wiele ilustracji książkowych, m. in. do *Balladyny* Juliusza Słowackiego, *Pawła i Gawła* Aleksandra Fredry, *Sielanek* Szymona Szymonowicza. Jest twórcą licznych ekslibrisów. Duży zbiór prac artysty znajduje się w Bibliotece Jagiellońskiej w Krakowie.

Peintre-graveur, illustrateur, pédagogue et élève de l'Académie des beaux-arts de Cracovie où ses maîtres furent Wojciech Weiss, Jacek Malczewski et Konstanty Laszczka. C'est chez Józef Pankiewicz qu'il apprend les rudiments des arts graphiques. En 1922, il fait un bref séjour à Paris. De retour au pays, il s'installe, jusqu'en 1944, à Sokal où il se consacre entièrement à l'enseignement du dessin dans une école secondaire (gimnazjum). Il cherche l'inspiration dans la nature au cœur de la région de Jaremcze, en affichant partout la curiosité d'un voyageur attentif. C'est à ce titre qu'il s'établit à Mielec. Son œuvre artistique a commencé par la lithographie et les estampes, grâce à l'utilisation de la technique de gravure sur métaux. À partir de 1928, il passe du métal au bois, avec une constance sans faille. Les expositions solos de Żurawski eurent lieu à Lwów en 1931, à Cracovie en 1932 et à Varsovie en 1933. Les années 1920 à 1939 constituent, sans l'ombre d'un doute, la période la plus fructueuse de la vie de l'artiste. Ses thèmes préférés sont les nus, les compositions mythologiques et religieuses, les scènes tirées de la vie des Houtsoules, les scènes régionales et folkloriques, les paysages de toutes sortes et les portraits. Entre 1928 et 1929, l'artiste crée un ensemble considérable d'œuvres, intitulé *Douze mois dans les contes folkloriques*. Żurawski a illustré bien des livres, entre autres *Balladyna* de Juliusz Słowacki, *Paweł et Gaweł* d'Aleksander Fredry, *Idylles* de Szymon Szymonowicz... De nombreux ex-libris font également partie de son héritage. Un choix considérable de ses œuvres se trouve dans des collections de la Bibliothèque jagellonienne de Cracovie.

Graphic artist, painter, illustrator, pedagogue, Żurawski studied at the Academy of Fine Arts of Cracow, where his teachers were Wojciech Weiss, Jacek Malczewski, and Konstanty Laszczka. He learned the rudiments of graphic arts under Jósef Pankiewicz. In 1922 he spent a short period in Paris. After returning to Poland, he lived in Sokal until 1944 devoting himself to the teaching of drawing in a secondary school. During this period, he found his creative inspiration in nature in the heart of the Jaremcze region. He then moved to Mielec. He began his artistic creation with lithography and engraving. From 1928 he turned to woodcuts and graphic art became his main preoccupation. Żurawski was a member of the Association of Polish Graphic Artists and the Association of Graphic Artists of Lwów. He held solo exhibitions in Lwów in 1931, in Cracow in 1932, and in Warsaw in 1933. The period from 1920 to 1939 was the most fruitful in his artistic career. His preferred themes were nudes, mythological and religious compositions, scenes taken from the life of the Hutsules, folklore scenes, landscapes of all description and portraits. In 1928 and 1929 the artist created a significant body of work, under the general title of *Twelve Months in Folk Tales*. Żurawski illustrated many books, such as *Balladyna* by Juliusz Słowacki, *Paweł and Gaweł* by Aleksander Fredro, and *Idylles* by Szymon Szymonowicz. He also left many book-plates. There is a large collection of his works in the Jagellonian Library in Cracow.

[...], *Wystawa grafiki Władysława Żurawskiego*, Lublin, Centralne Biuro Wystaw Artystycznych, 1957, 4 s.

ŻURAWSKI-LELIWA

120. PRZY OKNIE <> PRÈS DE LA FENÊTRE <> AT THE WINDOW

D.G.W. 1934 152 x 150

WYKAZ RYCIN
TABLE DES ILLUSTRATIONS
LIST OF ILLUSTRATIONS

BARTŁOMIEJCZYK Edmund Ludwik (1885-1950)

1. *WYJAZD W POLE* [DÉPART POUR LE CHAMP
<> STARTING FOR THE FIELDS]
D.G.W. 1933 251 x 310

2. *VIELICO TIRNOVO*
D.G.W. 1936 305 x 225

CHROSTOWSKI Stanisław (1900-1947)

3. *EKSLIBRIS JANA ZAMOYSKIEGO* [EX-LIBRIS DE JAN
ZAMOYSKI <> BOOK-PLATE OF JAN ZAMOYSKI]
D.G.W. 1929 105 x 54

4. *EKSLIBRIS MARJI SKOTNICKIEJ* [EX-LIBRIS DE
MARIA SKOTNICKA <> BOOK-PLATE OF MARIA
SKOTNICKA]
D.G.W. 1931 101 x 41

5. *SMĘTEK*
D.G.W. (1936) 181 x 147
(Il. > Melchior Wańkowicz, *Na tropach Smętka*, Bydgoszcz,
Biblioteka Polska, 1936)

6. *POETA GOWER* [GOWER, LE POÈTE
<> GOWER THE POET]
D.G.W. (1937) 225 x 153
(Il. > William Shakespeare, *Pericles, Prince of Tyre*, London, The
Limited Editions Club, The Nonesuch Press, [1940]. Anniversary
Edition. Frontispis)

7. *GŁOWY* [TÊTES <> HEADS]
D.G.W. (1937) 225 x 165
(Il. > a. I)

8. *ZBROJA PERYKLESA* [L'ARMURE DE PÉRICLÈS
<> THE ARMOUR OF PERICLES]
D.G.W. 1937 222 x 162
(Il. > a. II)

9. *BURZA NA MORZU* [TEMPÊTE SUR LA MER
<> STORM AT SEA]
D.G.W. 1937 225 x 185
(Il. > a. III)

10. *MARYNA PORWANA PRZEZ KORSARZY* [MARYNA
ENLEVÉE PAR DES CORSAIRES <> ABDUCTION OF
MARYNA BY CORSAIRS]
D.G.W. 1937 228 x 160
(Il. > a. IV)

11. *PERYKLES I MARYNA* [PÉRICLÈS ET MARYNA
<> PERICLES AND MARYNA]
D.G.W. (1937) 225 x 160
(Il. > a. V)

CIEŚLEWSKI Tadeusz syn (1895-1944)

12. *HALUCYNACJA WARSZAWSKA* [HALLUCINATION
VARSOVIENNE <> WARSAW HALLUCINATION]
D.G.W. (1934) 177 x 133

13. *WOLNE MIASTO GDAŃSK* [VILLE LIBRE DE
GDAŃSK <> FREE CITY OF GDAŃSK]
D.G.W. 1937 211 x 144

14. *PRZEBUDOWA ARSENAŁU W WARSZAWIE*
[RECONSTRUCTION DE L'ARSENAL À VARSOVIE
<> RECONSTRUCTION OF THE WARSAW ARSENAL]
D.G.W. 1937 181 x 130

DEMBOWSKA-ROMER Zofia (1885-1972)

15. *STARY DĄB* [VIEUX CHÊNE <> OLD OAK]
AKWAF. (c. 1930) 228 x 185

DUNIN-PIOTROWSKA Maria (1899-1986)

16. *DZIEWCZYNKA I AKWARIUM* [LA PETITE FILLE ET
L'AQUARIUM <> LITTLE GIRL AND AQUARIUM]
D.G.W. 1931 191 x 254

17. *CYRK : KULISY* [LES COULISSES D'UN CIRQUE
<> CIRCUS: IN THE WINGS]
D.G.W. 1937 298 x 244

18. *MARIA CZYTAJĄCA* [MARIA QUI LIT
<> MARIA READING]
D.G.W.* 1937 285 x 200

DZIELIŃSKI Kazimierz Jan (c. 1894-1955)

19. *WAWEL OD PODZAMCZA* [WAWEL DU CÔTÉ DE
PODZAMCZE <> AT THE FOOT OF WAWEL CASTLE]
AKWAF. c. 1945 414 x 280

FIJAŁKOWSKA Zofia Elżbieta (1909-1989)

20. *KONCERT* [CONCERT <> CONCERT]
D.G.W. 1934 225 x 176

21. *W IZBIE* [DANS UNE ISBA <> IN AN ISBA]
D.G.W. 1935 172 x 255

22. *KASZTAN* [MARRONNIER <> CHESTNUT TREE]
D.G.W. 1936 197 x 246

23. *SARNY W LESIE* [BICHES DANS UNE FORÊT
<> DEER IN A FOREST]
D.G.W. 1937 233 x 188

FRYDRYSIAK Bernard (1908-1970)

24. *WIDOK NA JEZIORO* [VUE SUR LE LAC
<> VIEW OF THE LAKE]
M.G.E. 1934 154 x 259

GACZYŃSKI Henryk (1901-1985)

25. *BAJKA* [FABLE <> FABLE]
LIN. (1937) 43 x 54

26. *EKSLIBRIS KRYSTYNY KULIKOWSKIEJ* [EX-LIBRIS
DE KRYSTYNA KULIKOWSKA <> BOOK-PLATE OF
KRYSTYNA KULIKOWSKA]
D.G.W. 1937 81 x 55

27. *ŚW. KRZYSZTOF* [ST CHRISTOPHE
<> ST. CHRISTOPHER]
D.G.W. 1937 87 x 59

28. *EKSLIBRIS TADEUSZA LESZNERA* [EX-LIBRIS DE
TADEUSZ LESZNER <> BOOK-PLATE OF TADEUSZ
LESZNER]
D.G.W. 1938 106 x 64

GORYŃSKA Wiktoria Julia Jadwiga (1902-1945)

29. *STEFAN BATORY* [STEFAN BATORY, ROI
<> KING STEFAN BATORY]
D.G.W. 1933 262 x 213

30. *SZERMIERKA* [ESCRIME <> FENCING]
D.G.W. 1934 268 x 198

31. *KOT SYJAMSKI* [CHAT SIAMOIS <> SIAMESE CAT]
D.G.W.* 1935 236 x 180

HERSZAFT Adam (Abram) (1886-1942)

32. *DRZEWO* [ARBRE <> TREE]
AKWAT. 123 x 166

HULEWICZ Jerzy (1886-1941)

33. *GŁOWA CHRYSTUSA* [TÊTE DU CHRIST
<> HEAD OF CHRIST]
D.G.W. 1936 259 x 214

34. *KOBIETA I MĘŻCZYZNA W BIBLIOTECE*
[HOMME ET FEMME À LA BIBLIOTHÈQUE
<> MAN AND WOMAN IN A LIBRARY]
D.G.W. 1938 229 x 153

35. *RÓŻE* [ROSES <> ROSES]
D.G.W. 1938 182 x 133

JURGIELEWICZ Mieczysław (1900-1983)

36. *POWIŚLE*
D.G.W. (1933) 200 x 160

37. *PONT MARIE IN PARIS* [PONT MARIE W PARYŻU
<> PONT MARIE À PARIS]
D.G.W. 1935 124 x 99

38. *RUSTIC CHRIST* [CHRYSTUS FRASOBLIWY
<> CHRIST AFFLIGÉ]
D.G.W. 1935 260 x 215

39. *POLOWANIE* [LA CHASSE <> THE HUNT]
D.G.W. 1937 228 x 274

KŁOPOCKA Janina (1904-1982)

40. *KOBIETY IDĄCE* [FEMMES EN PROMENADE
<> WOMEN WALKING]
D.G.W. 1932 183 x 293

41. *KRAJOBRAZ GÓRSKI* [PAYSAGE DE MONTAGNE
<> MOUNTAIN LANDSCAPE]
D.G.W. 1936 217 x 280

KŁOPOTOWSKI Roman (1903-1986)

42. *ŚW. MAREK* [ST MARC <> ST. MARK]
D.G.W. (c. 1937) 170 x 116

43. *ZWIASTOWANIE* [L'ANNONCIATION
<> THE ANNUNCIATION]
D.G.W. 1938 130 x 165

KONARSKA-SŁONIMSKA Janina (1902-1975)

44. *NARCIARZE* [SKIEURS <> SKIERS]
D.G.W.* 1931 300 x 248

KRASNODĘBSKA-GARDOWSKA Bogna Grażyna (1900-1986)

45. *SIECI* [FILETS <> NETS]
D.G.W. (1931) 337 x 244

46. *SOSNA* [PIN <> PINE]
D.G.W. (1933-1934) 247 x 198
(C.: „Drzewa polskie" [«Arbres polonais» <> "Polish trees"])

47. *TOPOLA* [PEUPLIER <> POPLAR]
D.G.W. (1933-1934) 247 x 197
(C.: „Drzewa polskie" [«Arbres polonais» <> "Polish trees"])

KRZYŻANOWSKA-PAWŁOWSKA Stefania (1905- ?)

48. *STARY DWOREK W KRZEMIEŃCU* [VIEUX MANOIR
DE KRZEMIENIEC <> OLD MANOR IN KRZEMIENIEC]
D.G.W.* 1937 232 x 337

ŁOPIEŃSKI Ignacy (1865-1944)

49. *PORTRET PROF. STANISŁAWA NOAKOWSKIEGO*
[PORTRAIT DU PROFESSEUR STANISŁAW NOAKOWSKI
<> PORTRAIT OF PROFESSOR STANISŁAW
NOAKOWSKI]
AKWAF. c.1920 295 x 200

MIŃSKA-GOLIŃSKA Irena (1904-1980)

50. *ŚW. FRANCISZEK Z ASYŻU* [ST FRANÇOIS D'ASSISE
<> ST. FRANCIS OF ASISSI]
AKWAF.* 1931 434 x 83

51. *ŚW. KLARA* [STE CLAIRE <> ST. CLAIRE]
AKWAF.* 1931 427 x 85

52. *MAHATMA GHANDI*
AKWAF.* 1932 276 x 143

53. *ZABAWA* [LE JEU <> AT PLAY]
AKWAF.* 1935 227 x 179

MONDRAL Karol Franciszek (1880-1957)

54. *ULICA KRAWIECKA W KRZEMIEŃCU* [RUE
KRAWIECKA À KRZEMIENIEC <> KRAWIECKA STREET
IN KRZEMIENIEC]
AKWAF. (1938) 186 x 152

55. *ZAUŁEK W KRZEMIEŃCU* [UNE RUELLE À
KRZEMIENIEC <> A LANE IN KRZEMIENIEC]
AKWAF. 1938 182 x 153

56. *DESZCZ* [PLUIE <> RAIN]
D.G.W. (< 1939) 255 x 373

MROŻEWSKI Stefan (1894-1975)

57. *LEŚNICZÓWKA* [MAISON FORESTIÈRE
<> FORESTER'S COTTAGE]
D.G.W. 1923 175 x 182

58. *SIANOKOSY (OKSA)* [FENAISON <> HAYMAYKING]
D.G.W. 1932 274 x 221

59. *APOKALIPSA* [APOCALYPSE <> APOCALYPSE]
D.G.W. 1933 405 x 365

60. *„DZIUBUŚ" – PORTRET ŻONY ARTYSTY W STROJU
ŁOWICKIM* [PORTRAIT DE LA FEMME DE L'ARTISTE
EN COSTUME DE ŁOWICZ <> PORTRAIT OF THE
ARTIST'S WIFE IN REGIONAL COSTUME OF ŁOWICZ]
D.G.W. 1934 332 x 253

61. *KOLK* [KOLK À AMSTERDAM
<> KOLK IN AMSTERDAM]
D.G.W. 1936 242 x 298

62. *CYNIE* [ZINNIA <> ZINNIAS]
D.G.W. 1937 205 x 245

NOWOTNOWA Janina (1883-1963)

63. *THE OLD HOUSE* [STARY DOM
<> LA VIEILLE MAISON]
D.G.W. 1934 155 x 194
(C.: „Lwów w grafice") [« Lwów en arts graphiques »
<> "Lwów in the graphic art"]

OBRĘBSKA-STIEBEROWA Maria (1904-1995)

64. *PORTRET DZIEWCZYNKI* [PORTRAIT D'UNE
PETITE FILLE <> PORTRAIT OF A LITTLE GIRL]
V.M. 1931 330 x 235

PAWLIKOWSKA Aniela (Lela) (1901-1980)

65. *MATKA BOSKA KSIĘŻYCOWA* [NOTRE-DAME-
DE-LA-LUNE <> OUR LADY OF THE MOON]
LIN.* 1949 229 x 197

PODOSKI Wiktor (1901-1970)

66. *KOPANIE SZPARAGÓW* [RÉCOLTE DES ASPERGES
<> HARVESTING ASPARAGUS]
D.G.W. 1930 105 x 155

67. *FRAGMENT WIELKOMIEJSKI (ULICA MAŁA)*
[FRAGMENT DE GRANDE VILLE (RUE MAŁA)
<> FRAGMENT OF A BIG CITY (MAŁA STREET)]
D.G.W. (c. 1932) 140 x 98

68. *SEN NA CHMURZE (AKT I)* [NU <> NUDE]
D.G.W. 1932 168 x 240

69. *MARTWA NATURA III* [NATURE MORTE III
<> STILL LIFE III]
D.G.W. 1933 98 x 75

PÓŁTAWSKI Adam Jerzy (1881-1952)

70. *WODOTRYSK* [FONTAINE <> FOUNTAIN]
D.G.W. 1933 164 x 110

71. *ŻAGLOWIEC* [VOILIER <> SAILBOAT]
D.G.W. 1933 145 x 113

72. *DOMKI* [MAISONNETTES <> HOUSES]
D.G.W. (c. 1937) 180 x 142

RAK Aleksander (1899-1978)

73. *PIEKARZ* [BOULANGER <> BAKER]
AKWAF. 1935 96 x 74

74. *SZEWC* [CORDONNIER <> COBBLER]
AKWAF. 1935 97 x 72

75. *GRA W KARTY* [UNE PARTIE DE CARTES
<> CARD GAME]
AKWAF. 1936 116 x 156

76. *PRACZKI* [LAVANDIÈRES <> WASHERWOMEN]
AKWAF. 1936 119 x 160

77. *DZWONNIK* [SONNEUR <> BELL RINGER]
AKWAF. 1937 115 x 73

78. *KOBIETY U STUDNI* [FEMMES PRÈS D'UN PUITS
<> WOMEN AT A WELL]
D.G.W. 1937 174 x 215

RUŻYCKA-GABRYEL Maria (1905-1961)

79. *UMYWANIE NÓG* [LAVEMENT DES PIEDS
<> WASHING OF THE FEET]
D.G.W. 1935 240 x 318

80. *WIOSNA NARCIARZY* [PRINTEMPS DES SKIEURS
<> SPRING SKIING]
D.G.W. 1935 250 x 200

81. *ODPOCZYNEK NARCIARZY* [REPOS DES SKIEURS
<> SKIERS AT REST]
D.G.W. 1936 239 x 289

82. *PORTRET ANTONIEGO KENARA* [PORTRAIT
D'ANTONI KENAR <> PORTRAIT OF ANTONI KENAR]
D.G.W. 1937 198 x 183

SIERACZYŃSKA Maria (1885-?)

83. *POTOK GÓRSKI – FRAGMENT* [RUISSEAU DE
MONTAGNE – FRAGMENT <> MOUNTAIN STREAM,
FRAGMENT]
D.G.W. 1937 98 x 128

SKOCZYLAS Władysław (1883-1934)

84. *ŚW. SEBASTIAN* [ST-SÉBASTIEN <> ST. SEBASTIAN]
D.G.W. (1915) 181 x 127

85. *ŁUCZNIK* [ARCHER <> ARCHER]
D.G.W. (1923) 170 x 220

86. *POCHÓD ZBÓJNIKÓW I* [MARCHE DES BRIGANDS
I <> MARCH OF THE BRIGANDS I]
D.G.W. (1915) 210 x 290

87. *POCHÓD ZBÓJNIKÓW III* [MARCHE DES
BRIGANDS III <> MARCH OF THE BRIGANDS III]
D.G.W. (1915) 284 x 310
(C.: „Teka Zbójnicka")

88. *W MUROWANEJ PIWNICY* [DANS UNE CAVE
MAÇONNÉE <> IN A STONE CELLAR]
D.G.W. c. 1929 210 x 150
(Il. > Jan Kasprowicz, *Taniec zbójnicki*, Warszawa,
Wydawnictwo Jana Mortkowicza, 1929, frontispis)

89. *ZBÓJNICY POD ZAMKIEM* [BRIGANDS PRÈS DU
CHÂTEAU FORT <> BRIGANDS NEAR THE CASTLE]
D.G.W. (c. 1929) 206 x 257
(Il. > Jan Kasprowicz, *Taniec zbójnicki*)

SOŁTAN Aleksander (1903-1994)

90. *POŁUDNIE* [MIDI <> NOON]
AUTOLIT. 1937 394 x 325

91. *WIOSKA RYBACKA* [VILLAGE DE PÊCHEURS
<> FISHING VILLAGE]
AUTOLIT. 1937 260 x 375

SOPOĆKO Konstanty Maria (1903-1992)

92. *NOE* [NOÉ <> NOAH]
D.G.W. 1932 227 x 280

93. *KOŚCIÓŁ NAZARETANEK W GRODNIE* [ÉGLISE DES
SŒURS DE NAZARETH À GRODNO <> CHURCH OF
THE NAZARENE SISTERS IN GRODNO]
D.G.W.* 1935 94 x 60

94. *KOŚCIÓŁ W GRODNIE* [ÉGLISE À GRODNO
<> CHURCH IN GRODNO]
D.G.W.* 1935 94 x 139

95. *STACYJKA* [PETITE STATION <> SMALL STATION]
D.G.W.* 1935 115 x 73

96. *ULICA W CHARTRES* [RUE DE CHARTRES
<> STREET IN CHARTRES]
D.G.W.* 1937 94 x 105

STANKIEWICZ Zofia (1862-1955)

97. *TRATWY I* [RADEAUX I <> RAFTS I]
AKWAF. (c. 1950) 240 x 331
(C.: „Szlakiem Jezior Augustowskich" [« Dans le sillage des lacs
d'Augustowo » <> "On the Trail of the Augustów Lakes"])

98. *TRATWY II* [RADEAUX II <> RAFTS II]
AKWAF. (c. 1950) 245 x 325
(C.: „Szlakiem Jezior Augustowskich" [« Dans le sillage des lacs
d'Augustowo » <> "On the Trail of the Augustów Lakes"])

TELAKOWSKA Wanda (1905-1985)

99. *BIWAK* [BIVOUAC <> BIVOUAC]
D.G.W.* 1934 200 x 170

100. *ŻAGLÓWKI* [VOILIERS <> SAILBOATS]
D.G.W.* 1934 123 x 103

101. *MOTYW Z JUGOSŁAWII* [MOTIF DE YOUGOSLAVIE
<> SCENE IN YUGOSLAVIA]
D.G.W.* 1935 88 x 100

102. *REGATY (PRZYSTAŃ)* [RÉGATES <> REGATTA]
D.G.W.* 1935 200 x 167

WISZNIEWSKI Kazimierz (1894-1960)

103. *MADONNA Z DZIECIĄTKIEM* [LA MADONE
ET L'ENFANT <> MADONNA WITH CHILD]
D.G.W. 1932 350 x 250

104. *WILNO 1936*
D.G.W. 1936 149 x 97
(Ostra Brama w Wilnie. <> Porte Ostra Brama à Vilna.
<> Ostra Brama Gate in Vilnius)

105. *KAZIMIERZ DOLNY NAD WISŁĄ* [KAZIMIERZ
DOLNY SUR LA VISTULE <> KAZIMIERZ DOLNY ON
THE VISTULA]
D.G.W. 1937 121 x 90

106. *NIEŚWIEŻ*
D.G.W. 1937 90 x 137

107. *KAPLICZKA PRZYDROŻNA* [CALVAIRE
<> WAYSIDE CHAPEL]
D.G.W. 1945 78 x 60

108. *KOMPOZYCJA* [COMPOSITION <> COMPOSITION]
D.G.W. 1946 100 x 55

WOLSKA-BEREZOWSKA Maria (1901-1985)

109. *ŁOWY* [LA CHASSE <> THE HUNT]
AKWAT.* (1930) 230 x 307

110. *NAWRACANIE WILKA Z GUBBIO* [CONVERSION
DU LOUP DE GUBBIO <> CONVERSION OF THE
WOLF OF GUBBIO]
AKWAT.* 1930 235 x 309

ZAKRZEWSKI Władysław (1903-1944)

111. *PŁYTA NAGROBNA KALIMACHA W KOŚCIELE
DOMINIKANÓW W KRAKOWIE* [PLAQUE TOMBALE
DE CALLIMAQUE À L'ÉGLISE DES DOMINICAINS À
CRACOVIE <> TOMB COVERING OF CALLIMACHUS
IN THE DOMINICAN CHURCH IN CRACOW]
M.G.E. (< 1935) 170 x 119
(C.: „Zabytki Krakowa w miedziorytach" Władysława
Zakrzewskiego, 1935).

112. *WNĘTRZE KOŚCIOŁA ŚW. KRZYŻA W KRAKOWIE*
[L'INTÉRIEUR DE L'ÉGLISE SAINTE-CROIX À
CRACOVIE <> INTERIOR OF THE CHURCH OF THE
HOLY CROSS IN CRACOW]
M.G.E. (< 1935) 280 x 188
(C.: „Zabytki Krakowa w miedziorytach" Władysława
Zakrzewskiego, 1935).

113. *GROBOWIEC KAZIMIERZA WIELKIEGO W
KATEDRZE WAWELSKIEJ W KRAKOWIE* [LE TOMBEAU
DE CASIMIR LE GRAND À LA CATHÉDRALE DE
WAWEL À CRACOVIE <> TOMB OF CASIMIR THE
GREAT IN WAWEL CATHEDRAL, CRACOW]
M.G.E. (1939) 250 x 180
(C.: „Stary Kraków w miedziorytach" Władysława
Zakrzewskiego, 1935).

114. *WIZERUNEK CUDOWNEGO PANA JEZUSA W
MOGILE* [TABLEAU MIRACULEUX DU CHRIST
CRUCIFIÉ À MOGIŁA <> MIRACULOUS PAINTING OF
THE CRUCIFIED CHRIST AT MOGIŁA]
M.G.E. (?) 360 x 210

115. *PAŁAC BRUHLA* [PALAIS DE BRUHL
<> BRUHL PALACE]
AKWAF. (?) 132 x 201
(C.: „Warszawa", 1934-1938)

116. *JESIEŃ NAD OLZĄ* [AUTOMNE SUR LA RIVIÈRE
OLZA <> AUTUMN ON THE RIVER OLZA]
AKWAF. (?) 169 x 203
(C.: „Zaolzie", 1934-1938)

ZYLBERBERG Fiszel (ZBER) (1909-1942)

117. *AUTOPORTRET* [AUTOPORTRAIT
<> SELF-PORTRAIT]
D.G.W. (< 1936) 220 x 150

118. *STARY LAS* [VIEILLE FORÊT <> OLD FOREST]
D.G.W. (< 1936) 133 x 98

119. *WIDOK NA DOM WŚRÓD DRZEW* [VUE SUR LA
MAISON ENTOURÉE D'ARBRES <> VIEW OF A HOUSE
AMONG TREES]
D.G.W. (< 1936) 170 x 202

ŻURAWSKI-LELIWA Władysław (1888-1963)

120. *PRZY OKNIE* [PRÈS DE LA FENÊTRE
<> AT THE WINDOW]
D.G.W. 1934 152 x 150

BIBLIOGRAFIA OGÓLNA
BIBLIOGRAPHIE GÉNÉRALE
GENERAL BIBLIOGRAPHY

Andrzej H. Mrożewski • Paweł Wyczyński

ARONSON, Chil, *Art polonais moderne* [Polska sztuka nowoczesna <> Modern Polish Art], Paris, Éditions Bonaparte, 1929, 95 p.

BIAŁOSTOCKI, Jan, «Polish Contemporary Graphic Art – L'Art graphique polonais contemporain», in *Exhibition of Polish Graphic Art – Exposition de l'art graphique polonais*, Warszawa, Polish Committee for Cultural Relations with Foreign Countries – Comité polonais des relations culturelles avec l'étranger, 1956, p. 3-12.

BLUM, Helena, „Podstawy drzeworytu nowoczesnego" [Les principes de base de la gravure sur bois moderne <> Basic Principals of the Modern Woodcut], *Plastyka*, nr 5, 1936, s. 321-330.

BOŁDOK, Sławomir, „Stowarzyszenie Polskich Artystów Grafików «Ryt»", in *Z zagadnień plastyki polskiej* [Société des artistes polonais d'arts graphiques «Ryt», in *Problèmes des arts plastiques polonais* <> Society of Polish Graphic Artists "Ryt", in *Problems of Polish Graphic Art*], t. I: 1918-1939, Wrocław, 1963, s. 207-238.

CIEŚLEWSKI, Tadeusz syn, „Z dziejów «Rytu». W dziesiątą rocznicę pierwszej wystawy «Rytu»" [De l'histoire de la «Ryt». À l'occasion du dixième anniversaire de la première exposition de la «Ryt» <> Historical Note on "Ryt". On the occasion of the 10th anniversary of the first exhibition of "Ryt"], *Plastyka*, nr 1, 1936, s. 149-181.

CZARNOCKA, Krystyna, *Półtora wieku grafiki polskiej* [Un siècle et demi d'arts graphiques en Pologne <> Hundred and Fifty Years of Graphic Art in Poland], Warszawa, Wiedza Powszechna, 1962, 379 s., 193, il.

DOBROWOLSKI, Tadeusz, *Nowoczesne malarstwo polskie, 1764-1939* [La peinture polonaise moderne, 1764-1939 <> Modern Polish Painting, 1764-1939], t. III, rozdział 21: „Rozkwit sztuk graficznych" [Épanouissement des arts graphiques <> Development of Graphic Arts], Wrocław, Zakład Narodowy im. Ossolińskich, 1964, s. 343-365.

GORYŃSKA, Wiktoria J., "Contemporary Wood engraving in Poland" [Współczesny drzeworyt w Polsce <> La gravure sur bois contemporaine en Pologne], *The Print Collector's Quarterly*, Kansas City, MO, vol. 22, nr 4, 1935, p. 325-347.

GROŃSKA, Maria, *Nowoczesny drzeworyt polski* [La gravure sur bois moderne en Pologne jusqu'en 1945 <> Modern Woodcut in Poland until 1945], Wrocław, Zakład Narodowy im. Ossolińskich, Wydawnictwo Polskiej Akademii Nauk, 1971, 512 s., vi, 300 il.

ID., *Ekslibrisy – wiadomości zebrane dla kolekcjonerów* [Les ex-libris – renseignements aux collectionneurs <> Book-plates – information for Collectors], Warszawa, Biblioteka Narodowa, 1992, 190 s.

ID., *Grafika w książce, tece i albumie, Polskie wydawnictwo artystyczne i bibliofilskie z lat 1899-1945* [Les arts graphiques dans le livre, le portefeuille et l'album, Édition polonaise d'art et de bibliophilie des années 1899-1945 <> Graphic Art in Book, Portfolio and Album, Polish Art and Bibliophilic Editions in the years 1899-1945], Wrocław, Zakład Narodowy im. Ossolińskich, 1994, 359 s., 100 il.

INSTYTUT SZTUKI POLSKIEJ AKADEMII NAUK, *Słownik artystów polskich i obcych w Polsce działających. Malarze, rzeźbiarze, graficy* [Dictionnaire des artistes polonais et étrangers œuvrant en Pologne. Peintres, sculpteurs, graveurs <> Dictionary of Polish and Foreign Artists Working in Poland. Painters, Sculptors, Printmakers], Wrocław, Zakład Narodowy im. Ossolińskich, 1971-1993, 5 t.: t. I, A-C, 1971, xxii, 417+34+20 s., t. II, D-G, 1975, ix, 532+17+20 s., t. III, H-Ki, 1979, viii, 418+18 s., t. IV, Kl-La, 1986, ix, 470+10 s. (pod tytułem dodano „zmarłych przed 1966 r."), t. V, L-M, Warszawa, Wydanie Krąg, 1993, ix, 684 s. t. VI, N-Pc, Warszawa, Instytut Sztuki PAN, 1998, IX, 483 s.

JAKIMOWICZ, Irena, *Polska grafika współczesna 1900-1960, Katalog* [La gravure contemporaine polonaise 1900-1960, Catalogue <> Polish Contemporary Graphic Art 1900-1960, Catalogue], Warszawa, Muzeum Narodowe, 1960, 69 s.

ID., *Pięć wieków grafiki polskiej* [Cinq siècles des arts graphiques polonais <> Five Centuries of Polish Graphic Art], Warszawa, Muzeum Narodowe, 1997, 445 s., 320 il.

KLEMENSIEWICZ, Zygmunt, *Bibliografia ekslibrisu polskiego* [Bibliographie de l'ex-libris polonais <> Bibliography of Polish Book-plates], Wrocław, Zakład Narodowy im. Ossolińskich, 1952, vi, 154, 154 s.

MAKOWSKA, Hanna & Jan STRAUS, *Sztuka polskiej książki literackiej 1918-1939. Katalog wystawy* [L'art du livre littéraire polonais 1918-1939. Catalogue de l'exposition <> Art of the Polish Literary Book 1918-1939. Exhibition Catalogue], Warszawa, Muzeum Literatury im. Adama Mickiewicza & Oddział Warszawski Towarzystwa Przyjaciół Książki, 1986, 87 s.

MROZIŃSKA, Maria & Stanisława SAWICKA, *Grafika i rysunki polskie w zbiorach polskich* [Les estampes et les dessins polonais dans les collections polonaises <> The Polish Prints and Drawings in Polish Collections], Warszawa, Arkady, 1979, 199 s.

ID., *Polskie kolekcjonerstwo grafiki i rysunku* [Les collections d'estampes et de dessins en Pologne <> Prints and Drawings Collections in Poland], Warszawa, Arkady, 1980, 217 s.

MULCZYŃSKI, Jarosław, *Słownik grafików Poznania i Wielkopolski XX wieku urodzonych do 1939 roku* [Dictionnaire des artistes d'arts plastiques de Poznań et de Wielkopolska du XXᵉ siècle, nés avant 1939 <> Dictionary of Graphic Artists of Poznań and of Wielkopolska born before 1939], Poznań, Dom Wydawniczy Krzysztof Matusiak, Koziołki Poznańskie, 1996, 524 s., II: 454 il.

NATIONAL GALLERY OF CANADA, *Polish Prints and Textiles. Exhibition Catalogue* [Grafiki polskie i tekstylia artystyczne. Katalog Wystawy <> Estampes polonaises et tapisseries. Catalogue de l'Exposition], Ottawa, National Gallery of Canada, 1938, 29 p., 19 il. Introduction [Wstęp <> Liminaire] by/par Wiktoria J. Goryńska.

NOWAKOWSKA, Małgorzata, *Grafika polska 1900-1939 ze zbiorów Biblioteki Narodowej. Katalog wystawy* [Les arts graphiques polonais 1900-1939 dans les collections de la Bibliothèque nationale. Catalogue de l'exposition <> Polish Graphic Art 1900-1939 from the Collections of the National Library. Exhibition catalogue], Warszawa, Biblioteka Narodowa, 1991, 88 s.

OZDOBA-KOSIERKIEWICZ, Wiesława, *Muzeum Narodowe w Kielcach. Grafika Polska. Katalog zbiorów* [Musée national à Kielce. Les arts graphiques polonais. Catalogue des collections <> National Museum in Kielce. Polish Graphic Art. Catalogue of the Collection], Kraków, Agencja Wydawnicza, 1986, 184 s.

PIOTROWSKA, Irena, *The Art of Poland* [Sztuka w Polsce <> L'art en Pologne], New York, Philosophical Library, 1947, xiv, 238 p.

RYLSKA, Irena, *Muzeum Narodowe we Wrocławiu – Katalog zbiorów. Grafika polska w latach 1901-1939* [Musée national de Wrocław. Catalogue du Cabinet des estampes. Les arts graphiques polonais de 1901 à 1939 <> National Museum in Wrocław. Catalogue of Prints Collection. Polish Graphic Art 1901-1939], Wrocław, Muzeum Narodowe, 1983, 344 s., 100 il.

RYSZKIEWICZ, Andrzej, *Ekslibris polski* [Les ex-libris polonais <> Polish Book-plates], Warszawa, Wydawnictwo Artystyczno-Graficzne RSW Prasa, 1959, x, 149 s.

SERAFIŃSKA, Maria [red.], *Artyści plastycy Okręgu warszawskiego ZPAP, 1945-1970. Słownik biograficzny* [Les artistes de la région de Varsovie, 1945-1970. Dictionnaire biographique <> Artists of the Warsaw Region, 1945-1970. Biographical Dictionary], Warszawa, ZPAP, x, 714 s.

WEJMAN, Mieczysław [red.], *Wprowadzenie do problemów i warsztatu grafiki artystycznej. Praca zbiorowa. Wydział Grafiki Polskiej Akademii Sztuk Pięknych w Krakowie* [Introduction aux problèmes et à l'activité des arts graphiques. Ouvrage collectif. Faculté d'arts graphiques de l'Académie polonaise des beaux-arts de Cracovie <> Introduction to the problems and to the work in graphic art. Collective work. Faculty of Graphic Art of the Polish Academy of Fine Arts in Cracow], *Zeszyty Naukowe Akademii Sztuk Pięknych w Krakowie 3*, Kraków, Akademia Sztuk Pięknych w Krakowie, 1971, 79 s.

WERNER, Jerzy, *Technika i technologia sztuk graficznych* [Technique et technologie d'arts graphiques <> Technique and Technology of Graphic Art], Kraków, Wydawnictwo Literackie, 1972, 332 s., 118 il.

WIERCIŃSKA, Janina i Maria LICZBIŃSKA, *Polska Bibliografia Sztuki 1801-1944; t. II: Rysunek, Grafika, Sztuka książki i druku* [Bibliographie de l'art polonais 1801-1944; t. II: Dessin, arts graphiques, art du livre et de l'imprimé <> Bibliography of Polish Art 1801-1944; v. II: Drawing, Graphic Art, Art of Book and Printing], Wrocław, Zakład Narodowy im. Ossolińskich, Wydawnictwo Polskiej Akademii Nauk, 1979, xxiii, 222 s.

WOJCIECHOWSKI, Aleksander [red.], *Polskie życie artystyczne w latach 1915-1939* [La vie artistique en Pologne dans les années 1915-1939 <> Artistic Life in Poland between 1915-1939], Warszawa, Instytut Sztuki Polskiej Akademii Nauk, Wrocław, Wydawnictwo Polskiej Akademii Nauk, 1974, 742 s.

WSPÓŁAUTORZY
COLLABORATEURS
CONTRIBUTORS

Kazimierz KOWALSKI
> Profesor, prezes Polskiej Akademii Umiejętności, Kraków
> Professeur, président de l'Académie polonaise des sciences et des lettres, Cracovie
> Professor, President of the Polish Academy of Arts and Sciences, Cracow

Krzysztof KRUŻEL
> Kierownik Gabinetu Rycin, Biblioteka Polskiej Akademii Nauk, Kraków
> Chef du Cabinet des estampes, Bibliothèque de l'Académie polonaise des sciences, Cracovie
> Head of the Department of Prints, Library of the Polish Academy of Sciences, Cracow

Józef LITYŃSKI
> Profesor, prezes Polskiego Instytutu Naukowego w Kanadzie, Montreal
> Professeur, président de l'Institut polonais des arts et des sciences au Canada, Montréal
> Professor, president of the Polish Institute of Arts and Sciences in Canada, Montreal

Andrzej H. MROŻEWSKI
> Profesor i bibliotekarz emeritus, Uniwersytet Laurentien, Sudbury
> Professeur et bibliothécaire émérite, Université Laurentienne, Sudbury
> Professor and Librarian emeritus, Laurentian University, Sudbury

Hanna M. PAPPIUS
> Profesor, Uniwersytet McGill, dyrektor Biblioteki Polskiej, Montreal
> Professeur, Université McGill, directeur de la Bibliothèque polonaise, Montréal
> Professor, McGill University, Director of the Polish Library, Montreal

Richard SOKOLOSKI
> Profesor, Uniwersytet Ottawski, dyrektor Wydziału Języków i Literatur Nowożytnych, Ottawa
> Professeur, Université d'Ottawa, directeur, Langues et littératures modernes, Ottawa
> Professor, University of Ottawa, Director, Modern Languages and Literatures, Ottawa

Paweł WYCZYŃSKI, O.C, s.r.c.
> Profesor emeritus, Uniwersytet Ottawski, Ottawa
> Professeur émérite, Université d'Ottawa, Ottawa
> Professor emeritus, University of Ottawa, Ottawa

SKOROWIDZ NAZWISK
INDEX DES NOMS
NAME INDEX

przygotowany przez – préparé par – compiled by
Régine Delabit - Wyczyńska

LISTA SUBSKRYBENTÓW
LISTE DES SOUSCRIPTEURS
SUBSCRIPTION LIST

Pierre ARPIN
Manela BABIŃSKA
Leszek BANASIK
Bożena BIAŁA
Karol & Alina BŁASZCZYK
John BORZĘCKI
Leszek CHEŁMIŃSKI
Jacek & Regina CZAPIEWSKI
Anna CZERWIŃSKA
Irena DEMBEK
Alicja FARMUS-PIETRUS
Ursula FEIST
Izabella GÓRSKA
Ludwik GRABOWSKI
Paweł GROCHULSKI
Ryszard GRYGORCZYK
Stan Ludwik GRZESIEWICZ
Zbigniew GUTTER
Marylin HOLZSCHUH
Edmund IDZIAK
Aleksander M. & Joanna M.
    JABŁOŃSKI
Wojciech JAKÓBIEC
Sophie JANIK
Jerzy JARMASZ
Bogusław JAROSZEK
Renata JENTYS
Jan JEŻEWSKI
Jan KACZKOWSKI
Wacław & Krystyna KAMOCKI
Zdzisław & Zofia KATA
Zofia KIRSTE
Karol KRÓTKI
Sylwester & Danuta KRZANIAK
Olga KRZYCZKOWSKA
Stefan KUCZYŃSKI
Maciej KURNICKI
Joanna KWAST-WELFELD

Irena KWILECKA
Damian LABUDA
Romuald LAKOWSKI
Danièle LETOCHA
Jacek LITWIN
Józef LITYŃSKI
Czesław LORENC
Juliusz ŁUKASIEWICZ
Thomas MALLOCH
Zbigniew MAŁECKI
Mieczysław MARCINKIEWICZ
Maria MATERNIAK
Stanisław MAZEWSKI
Bronisława MICHAŁOWSKA
Helena MIKOŁAJEWSKA
Michał MINKOWSKI
Leszek MISSALA
Monika MROŻEWSKA-
    PAHAPILL
Andrzej & Janina MROŻEWSKI
Jan & Jennifer MROŻEWSKI
Jerzy MROŻEWSKI
Matjash MROŻEWSKI
Stefan MROŻEWSKI
Tomasz MROŻEWSKI
Kazimiera MURAWSKA
Małgorzata MURAWSKA
Maria NOWACZEK
Czesław OCHMAN
Stanisław OFRECHT
Marzena OLSZOWY
Marceli PIŃSKI
POLSKO-KANADYJSKI
    INSTYTUT
    DOBROCZYNNOŚCI
Anna POPŁAWSKA
Anna PORAY-WYBRANOWSKA
George RODE

Waldemar ROMANOWSKI
Teresa ROMER
Wanda de ROUSSAN
Zofia RUEBENBAUER
Andrzej & Irena RUSZKOWSKI
Anna RYBCZYŃSKA
Barbara SÉGUIN
Teresa SOKOLNICKA
Tadeusz SOŁOWIJ
Krystyna SPARKS
Józef & Barbara STACHULAK
Leszek & Leontyna STRUZIK
Kazimierz STYŚ
Alicja & Andrzej SZKUTOWIE
Maria TILEY
Irena TOMASZEWSKA
Mirek WŁODARCZYK
Jan & Teresa WOJAKOWSKI
Jan WAWRZKÓW
Jerzy & Cécile WOJCIECHOWSKI
Henryk WÓJCIK
Andrzej WOLSKI
Izabela & John WYCZYŃSKA-
    COPELAND
Rita & Paul WYCZYŃSKA-
    CRAMPTON
Monika & Donald WYCZYŃSKA-
    SMYTH
Anna & Roberto WYCZYŃSKA-
    SPADA
Bernard & Anita WYCZYŃSKI
Marek & Danielle WYCZYŃSKI
Michał & Suzanne WYCZYŃSKI
Paweł & Régine WYCZYŃSKI
Maria ZAŚCIŃSKA
Zofia ZAWIDZKA

SPIS TREŚCI
TABLE DES MATIÈRES
TABLE OF CONTENTS

AGMV
MARQUIS
Québec, Canada
1999